O Intervalo Semântico

CARLOS VOGT

O Intervalo Semântico

(Contribuição para uma Teoria Semântica Argumentativa)

Ateliê Editorial

EDITORA UNICAMP

1ª edição – Ática, 1977.
2ª edição, revista – Ateliê Editorial / Editora Unicamp, 2009.

Dados Internacionais de Catalogação na Publicação (CIP)
(Câmara Brasileira do Livro, SP, Brasil)

Vogt, Carlos, 1943-
O intervalo semântico: (contribuição para uma teoria semântica argumentativa) / Carlos Vogt. – 2. ed. rev. – São Paulo: Ateliê Editorial / Campinas: Editora da Unicamp, 2009.

Bibliografia
ISBN 978-85-7480-253-4 (Ateliê Editorial)
ISBN 978-85-268-0806-5 (Editora da Unicamp)

1. Lingüística 2. Semântica I. Título

08-03118 CDD-412

Índices para catálogo sistemático:
1. Semântica: Lingüística 412

ATELIÊ EDITORIAL
Estrada da Aldeia de Carapicuíba, 897
06709-300 – Granja Viana – Cotia – SP
Telefax: (11) 4612-9666
www.atelie.com.br
atelie@atelie.com.br

EDITORA DA UNICAMP
Rua Caio Graco Prado, 50
Campus Unicamp – CP 6074
13083-892 – Campinas – SP
Telefax: (19) 3521-7718 / 7728
www.editora.unicamp.br
vendas@editora.unicamp.br

Printed in Brazil 2009
Foi feito depósito legal

Sumário

Para Marianna,
que me ensinou que os olhos
nascem sem travas.

Ao prof. Antonio Candido,
Ao prof. Oswald Ducrot,
que me contaram as estórias
de dignidade e afeição. Desta
história este trabalho existe.

Prefácio

A situação de prefaciar implica certas vantagens. A menor delas é o pequeno espaço de que se dispõe e dá o direito – hipocritamente apresentado como um dever – de negligenciar minúcias e nuanças, e de reduzir a seus traços essenciais (àqueles que pretenderíamos essenciais) o trabalho do qual se vai falar. Vou portanto silenciar a respeito dos problemas e dificuldades técnicas que Carlos Vogt encontrou e, minuciosamente, resolveu: além da riqueza e da novidade de suas observações, gostaria de ressaltar o que me parece constituir a originalidade profunda de sua pesquisa, o que suscita não somente a convicção, mas também a adesão. Freqüentemente, ao longo de nossas discussões, aconteceu-me de reprovar a Vogt por "radicalizar" certos temas que eu abordava de maneira mais prudente, ou mais reservada. Ele me perdoará portanto por aproveitar, hoje, da confortável situação de prefaciador, e radicalizá-lo, por minha vez.

Segundo os hábitos universitários (pelo menos na França), quanto mais contestáveis forem as coisas que se têm a dizer, tanto mais venerável e tranqüilizadora deverá ser a autoridade atrás da qual nos abrigamos; eis por que vou colocar-me, e colocar Vogt também, sob a proteção de Platão. Este, abrigando-se, por sua vez, atrás do misterioso personagem do "Estrangeiro", apresenta, em *O Sofista*, uma teoria da alteridade que ainda não deixa de causar espanto aos que querem lê-la bem e cuja necessidade a Lingüística moderna vem redescobrindo desde Saussure, não sem inquietudes, hesitações e retornos. Tendo empreendido o inventário dos "gêneros primeiros", ou, se se preferir, das categorias fundamentais da realidade, ele enumera primeiramente o Movimento, o Repouso, o Mesmo e o Ser. Até aí, nada de surpreendente, e nem muito surpreendente também o fato de que ele acrescente um quinto gênero, o Outro. O paradoxo começa quando ele assinala que este quinto gênero possui uma natureza absolutamente singular, que o distingue radicalmente dos anteriores, e que faz dele, por assim dizer, o gênero dos gêneros e o fundamento de todos os outros: "Da essência do Outro, diremos que ela circula através de todas, porque se cada uma delas, individualmente, é diferente das demais, não é em virtude de sua própria essência, mas de sua participação na natureza do Outro" (255 e).

Parafraseemos Platão. Se o Movimento é diferente do Repouso, não é porque o Movimento possui em si mesmo tal ou qual característica positiva que podemos perceber quando o consideramos isoladamente, característica que se revelaria diferente daquelas, igualmente positivas, que possui o Repouso. Ao contrário, a diferença entre o Movimento e o Repouso é constitutiva dessas mesmas noções. O Movimento é aquilo que ele é, pelo fato de que ele é outro, diferente do Repouso, do Mesmo... etc. Espanto do senso comum. Se eu digo que esta mesa é diferente desta cadeira, é porque, antes de mais nada, parece-me, observei cada uma delas – o que me permite, em seguida, notar em que elas se assemelham ou se distinguem. Como saber que A é diferente de B, se não se sabe antes o que é A e o que é B? Esse Platão é louco. Aliás, é um filósofo. Mas Saussure, neste caso, é louco também (ou talvez filósofo mesmo). Pois o *Cours de linguistique générale*, no capítulo sobre o Valor, não faz senão aplicar às palavras da língua o que Platão disse sobre as Idéias. A oposição, para Saussure, é constitutiva do signo da mesma forma que a alteridade é, para Platão, constitutiva das idéias. O valor de uma palavra – ou seja, sua realidade lingüística – é o que a opõe às outras. Indo mais longe, é a de se opor às outras. Seu ser é ser outro. E todas as vezes que tentamos atribuir-lhe uma característica positiva, escondemos sua verdadeira natureza, traição talvez inevitável – porque, afinal, se falamos, é certamente para dizer "alguma coisa" – mas que continua sendo uma traição.

Reconheçamos que Saussure nem sempre soube manter a pureza desta doutrina fundamental, e que lhe acontece, mesmo a ele, caracterizar os signos positivamente, e deduzir suas oposições de suas próprias naturezas. É isto que farão, em seguida, a maior parte de seus sucessores, fonólogos ou lexicólogos. É que, para ele e para eles, falar é comunicar; e comunicar é, necessariamente, comunicar alguma coisa. Para reencontrar na sua essência o platonismo saussuriano, é preciso reconhecer na linguagem uma função mais fundamental. Uma função que se satisfaça com a pura alteridade, ou mesmo que a implique. É justamente o que fazem, há alguns anos, certos lingüistas cuja reflexão alimentou-se das pesquisas de Émile Benveniste. Para eles, e para Vogt especialmente, a língua é, antes de mais nada, o lugar da intersubjetividade, o lugar onde os indivíduos se confrontam, o lugar onde encontro outrem. Ora, outrem, ou não é nada, ou é este outro constitutivo de que fala Platão, este outro que me constitui a mim mesmo, porque é somente através dele que posso me ver e é através do seu reconhecimento que posso me conhecer. Pensar que sou este ou aquele é sempre imaginar alguém que me vê como este ou como aquele, e cujo olhar me constitui. Mas se outrem tem esta função constitutiva do Outro platoniano, e se a língua é, antes de mais nada, o terreno onde afronto outrem, não nos surpreenderemos com o fato de a realidade lingüística ser, como viu Saussure, fundamentalmente opositiva. Pois uma entidade lingüística (um enunciado, por exemplo) não poderá definir-se independentemente de seu emprego num diálogo. Dar sua significação será indicar qual ato está sendo realizado quando o utilizamos para nos dirigir a um interlocutor. E o ato lingüístico fundamental será o de impor ao interlocutor tal ou qual tipo de resposta, impedindo simultaneamente tal ou qual outra. O enunciado se definirá então pelas possibilidades de resposta que abre e por aquelas que fecha. E dizer que sua realidade não se localiza nele, mas fora dele – nos outros enunciados cujo uso ele oferece ou proíbe a um eventual interlocutor. Resumo – prometendo ao leitor não voltar mais ao assunto – esta "metafísica lingüística". Se falar é, antes de mais nada, constituir seu próprio pensamento obrigando outrem a nos enviar dele um reflexo, e se a língua tem por função primordial permitir este jogo da fala, o enunciado (tomado aqui como protótipo da entidade lingüística) não é mais nada em si mesmo, não é senão uma alusão a outros enunciados – aqueles pelos quais ele quer ser continuado, este futuro discursivo que projeta diante de si esta sombra de si mesmo que é a sua única realidade.

Tranqüilizemo-nos; não encontraremos uma tão má "filosofia" no trabalho de Vogt, muito positivo, muito sensato – e que procura satisfazer todas as exigências da decência lingüística atual. Eu mesmo não me teria aventurado a tais considerações sem a desculpa do prefácio: um prefácio, todos sabem, não traz graves conseqüências (já que o autor do prefácio, não sendo o do livro, não está obrigado a realizar o que prometeu. De qualquer maneira, quem o lê? E o Brasil está tão longe...). E ainda assim o intervalo semântico de que fala Vogt assemelha-se de perto com o Outro de Platão – a um Outro metamorfoseado, como já dissemos, em outrem. Um rápido olhar sobre o conteúdo do livro fará compreender melhor esta aproximação.

Primeira etapa da demonstração de Vogt: tudo, na língua, é comparação ou, pelo menos, muita coisa – muito mais do que se pensa habitualmente. Em especial estas partículas que voltam sem cessar no discurso (*mas*, *também*, *mesmo*, *ainda*...) e que a lingüística tradicional considera com um certo desprezo – ainda que, sem elas, o discurso perca toda organização, toda coerência e toda vida, e se reduza a uma sucessão de exemplos de gramática. Estas partículas, desde que se experimente descrevê-las um pouco minuciosamente, revelam-se como comparações implícitas. Mesmo que estabeleçam uma concessão, um excesso, uma compensação, terminam sempre por confrontar dois dados, por colocá-los na balança. Empregar essas palavras já é colocar-se fora das coisas que se dizem, no seu intervalo. O leitor verificará que o mesmo acontece com o *já* da frase precedente. Se o empreguei, é que eu não estava mais naquilo que dizia. É que eu pensava numa outra afirmação que virá ampliar a primeira, e dar-lhe seu pleno valor. Eu me colocava, e tentava colocar o leitor, a meio caminho desta nova afirmação, no movimento de realização que conduz de uma à outra, que conduz a esta segunda etapa de que vamos falar agora.

Esta segunda etapa é uma concepção particular do comparativo, uma concepção que chamarei "constitutiva". Para compreendê-la é preciso interrogar-se primeiramente a respeito do que se faz, na vida de todos os dias, quando comparamos dois termos A e B. A questão, à primeira vista, não é muito embaraçosa, tão evidente parece a resposta. Se comparo o preço de dois objetos, é que eu tenho necessidade de saber qual é a relação existente entre eles (tenho necessidade de saber, por exemplo, antes de me decidir a comprar, qual é o melhor preço).

O conhecimento da relação parece, portanto, sem nenhuma dúvida possível, o objetivo da comparação. Ora, acontece que, para atingir este objetivo, devo começar, habitualmente, por informar-me sobre cada um dos objetos, tomados individualmente. Assim, para determinar qual é o menos caro, sou obrigado a procurar, antes de mais nada, qual é o preço de um e de outro – o conhecimento dos termos aparecendo aqui como um simples meio de conhecimento de suas relações. Não há nada mais claro, mais simples, mais lógico – aparentemente – que esta descrição da comparação: considero sucessivamente as duas coisas comparadas, e concluo, em seguida, que relação elas têm entre si. Poderia ser diferente? Para saber se A é diferente de B, e em que é diferente, é preciso começar por saber o que é A e o que é B. Compreende-se que Platão, para dizer o contrário, tenha feito vir um "Estrangeiro". O que é um estrangeiro, senão alguém que se surpreende com o que não é surpreendente?

Que a comparação às vezes siga este caminho, ninguém – nem mesmo Vogt – o contestará. Mas é evidente, também, que a maioria de nossas comparações não o seguem. É por esta razão, primeiramente, que não há, a maior parte do tempo, nenhum sistema de medida possível, nenhuma gradação, que permita situar, uma em relação à outra, as coisas que comparamos. Pois a comparação de preço, tomada acima como exemplo, representa na realidade uma situação totalmente excepcional: acontece que a instituição monetária fornece, neste caso, um critério objetivo para situar as coisas, umas em relação às outras. Mas quando eu digo que Pedro é mais inteligente que João, eu me refiro a uma escala segundo a qual estariam marcados os diferentes graus de inteligência, e onde eu poderia medir, sucessivamente, Pedro e João? E quando eu digo que ele é mais elegante, mais corajoso, mais guloso, mais apaixonado? Seria absurdo pretender, aqui, que se comece por atribuir a cada um deles um certo grau, uma certa nota, de coragem, de elegância, de gulodice... etc., e depois que se comparem estas notas. Vamos mais longe ainda. Não apenas a caracterização individual dos termos é freqüentemente impossível antes de sua comparação, mas acontece, na maioria das vezes, que esta caracterização é o fim, o objetivo da comparação, e que portanto ela não saberia ser senão o seu meio. Comparo João a Pedro para determinar o que é João ou o que é Pedro: constituo uma imagem de João atribuindo-lhe a propriedade de ser mais inteligente, mais guloso... etc. que Pedro. A confrontação surge então como um simples instrumento da descrição: a coisa não é aquilo que é senão por referência a uma outra – o que o "Estrangeiro" já havia dito, e bem melhor. Qual dessas duas formas de comparação é a mais honesta, a mais tranqüilizadora, a mais estimável, aquela que menos abre o caminho para a discussão e o conflito? Certamente a primeira, e é a única que deveria ser permitida na Cidade de Deus. Mas o mundo que se exprime através da língua não é a Cidade de Deus, e o lingüista não é Santo Agostinho.

O que Vogt procura justamente mostrar é que as formas lingüísticas do enunciado comparativo realizam, fundamentalmente, o segundo tipo de comparação indicado aqui. Não a comparação-resultado, mas a comparação-meio. Não aquela em que a relação é derivada dos termos, mas aquela onde ela os constitui. Esta é, parece-me, a lição das páginas em que Vogt lembra que o enunciado comparativo de base tem sempre a estrutura tema-comentário. Dizendo que Pedro é tão grande quanto João, não afirmo, como o matemático, que dois objetos verificam uma relação de equivalência. Na verdade, afirmo a respeito de Pedro uma certa propriedade, positiva, a de ser superior a João em tamanho (ou, então, afirmo de João, se for ele o tema, que possui a propriedade, negativa desta vez, de ter Pedro como igual). Nos dois casos, a relação não está mais fora das coisas, mas nelas. Aí está a segunda etapa que eu anunciava, nesta reconstrução rápida, e necessariamente esquemática, da tese de Vogt: após ter visto a onipresença do intervalo, da relação, da comparação, no campo semântico, é preciso ver que este intervalo, contrariamente à etimologia, não se situa "entre" os objetos que ele separa. Está no fundo deles mesmos, ele os torna aquilo que eles são. Há aí uma contradição? O lingüista caiu na armadilha que lhe preparou uma filosofia por demais sutil para que se possa manejá-la sem risco se não se é um profissional? É para responder a esta inquietude que é preciso realizar uma terceira etapa.

Deve intervir agora, como eu tinha anunciado no começo, o personagem do outro, que me parece, no domínio lingüístico, o agente privilegiado da alteridade. Foi, sem dúvida, porque não o notaram que os saussurianos deixaram a teoria do valor degradar-se, substancializar-se. E é introduzindo-a que creio possível evitar as dificuldades surgidas no fim da segunda etapa. Se Vogt tem razão, a forma fundamental da comparação lingüística consiste em determinar um objeto por referência a um outro. Donde o paradoxo: para determinar A em relação a B, é preciso conhecer a relação entre A e B, e para conhecer esta relação, é preciso antes de mais nada conhecer A e B. Tudo isto é pouco contestável, e o círculo parece fechar-se sobre nós. Mas o que significa, ao certo, "determinar A em relação a B"? Se se trata de fazer conhecer o que é A, de dar informações sobre suas propriedades reais, suas dimensões, sua cor, seu preço..., nós certamente não sairemos do círculo. Para encontrar uma saída, é preciso admitir – sob o risco de ser acusado de lingüística-ficção – que o ato de fala fundamental, aquele, em todo caso, que se exprime através da maioria das frases comparativas, é o ato de argumentar, de obrigar outrem, através das palavras que pronunciamos, a dirigir-se para tal ou qual tipo de conclusão. A significação do enunciado residiria então menos no que ele diz do que na orientação que dá à seqüência do discurso. Descrever um enunciado seria, antes de qualquer outra coisa, descrever aonde ele conduz. Absurdo? Mas descrever uma estrada é, na verdade, descrever para onde ela vai. Porque um enunciado não se assemelharia, neste ponto, a uma estrada (ou a uma encruzilhada, se se quiser considerar as ambigüidades possíveis, que abrem, a partir do mesmo enunciado, várias orientações diferentes, mas não quaisquer orientações)? Esta aproximação não é aliás sugerida pela própria palavra sentido, que designa simultaneamente a significação e a direção?

Vou agora supor o leitor bastante amigável para ter admitido sem demonstração o que precede (para ter admitido que, se eu não o demonstro, é porque não tenho espaço para fazê-lo). O problema da comparação se esclarece então. Se digo que Pedro é tão inteligente quanto João, não procuro – em todo caso, a estrutura semântica do enunciado não implica que eu procure – dar uma informação sobre o quociente intelectual de um ou de outro dos dois indivíduos em questão. O que eu procuro (mais exatamente, o que pareço procurar) é dirigir meu interlocutor em direção a um certo gênero de conclusão. Para dizer as coisas rapidamente, posso querer levá-lo (fingir querer levá-lo) seja a confiar mais na inteligência de Pedro, seja a confiar menos na de João – o fato lingüístico fundamental sendo que o enunciado em questão nunca pode se apresentar, em revanche, como falando a favor da inteligência de João, nem contra a de Pedro, ainda que coisa alguma, na informação dada, impeça, em boa lógica, de tirar tais conclusões (o que mostra que a argumentação é completamente diferente da dedução lógica).

Concluí, no final de nossa segunda etapa, que a comparação de Pedro e de João serve para "determinar" seja uma seja outra das duas pessoas comparadas. É possível determinar, agora, a natureza desta "determinação". Não se trata de descrever o que é Pedro nem o que é João. Trata-se de *argumentar* pró ou contra eles, de orientar em relação a eles a apreciação do interlocutor (este outro necessário para que meu enunciado tenha um sentido, este outro presente na própria significação de minhas palavras). Não há mais paradoxo então, nem círculo vicioso, no fato de a comparação ser primeira e constitutiva em relação à determinação dos termos comparados. Pois esta determinação tirada do enunciado comparativo é de ordem argumentativa. Não é aquela, puramente factual, real, que é uma condição prévia do ato de comparação. É lógico que não posso, honestamente, comparar a inteligência de Pedro e a de João se não as conheço antes, uma e outra. Mas esta forma de conhecimento dos indivíduos que é exigida pelo ato de comparar – se este é motivado e sério – não é a que é expressa no enunciado. O "conhecimento" que exprimo, ou, antes, que imponho a outrem – o que constitui o sentido de minha fala – é totalmente de outra ordem, é, perdoem-me a expressão, um "conhecimento argumentativo". Ele diz respeito não ao que é a inteligência de Pedro ou de João, mas ao que disso se deve concluir, às conseqüências que disso se devem tirar. Através da comparação, lanço uma espécie de advertência à pessoa a quem me dirijo: não subestime a inteligência de Pedro (ou não superestime a de João). Se o intervalo semântico pode, sem contradição, constituir os termos, ao mesmo tempo que os separa, se não é preciso, pois, imaginá-lo como um mar entre dois continentes, é que o termo, em lingüística, é, ele mesmo, relação, relação entre mim e outrem, obrigação feita a outrem de concluir num certo sentido. E o intervalo expresso na comparação, o fato de pôr os dois termos em relação, a inteligência de Pedro e a de João, remete, no final das contas, a um intervalo muito mais essencial, o que separa o locutor e o destinatário, obrigando-me a nada poder dizer, portanto pensar, sem solicitar outrem a continuar minha fala, a entrar no movimento do meu pensar.

Tendo chegado ao final deste prefácio, percebo que pouco falei do primeiro capítulo de Vogt, e que precisarei apresentar, como uma quarta e última etapa, o que, no espírito do autor é, sem dúvida, um ponto de partida, antes de tudo. É que este capítulo propõe uma opção teórica que, segundo o que penso (isso já discuti muitas vezes com Vogt), não é necessária para a compreensão dos seguintes. Muito mais, penso que o problema, absolutamente essencial, em relação ao qual Vogt toma posição neste capítulo, não pode ser verdadeiramente medido senão no final do trabalho inteiro – e considero mesmo como um dos grandes méritos da obra permitir que a questão seja colocada com uma singular acuidade.

Este problema faz com que o intervalo intervenha uma quarta vez no trabalho de Vogt. Mas trata-se desta vez de um intervalo metodológico, separando, na teoria lingüística em geral, o dado e as estruturas. A ciência e a lingüística em particular (é um dos ensinamentos de Saussure) não saberiam contentar-se com descrever o dado observável, mas constroem um objeto distinto dele, e destinado a explicá-lo (donde oposições como língua-fala, língua-discurso, competência-performance, ou, em semântica, significação-sentido). A construção deste objeto ideal, cujo caráter puramente relacional permite que seja chamado uma estrutura, determina, em sentido contrário, um corte no interior do dado – porque sempre pareceu que um certo número de fatos não podem encontrar senão na estrutura sua completa explicação. Os outros dados, o resíduo, supõe-se que procedam, ao menos parcialmente, de outras ciências, às quais se reconhece generosamente o poder de vencer, lá onde nós mesmos fracassamos. Atitude certamente um pouco hipócrita – onde a preocupação de rigor e a falsa modéstia formam uma estranha cumplicidade – mas necessária e sem a qual nenhuma ciência poderia constituir-se. Eis-nos, portanto, diante de um novo intervalo, aquele que separa o objeto formal da lingüística e seu dado empírico, ou, o que dá no mesmo, a parte do dado que ela assume e a que, com maior ou menor elegância, ela abandona.

Vê-se, então, o problema que levanta o trabalho de Vogt, problema que Vogt apresenta como uma preparação, e que eu antes consideraria, de minha parte, como um prolongamento. Onde situar, com relação ao intervalo metodológico, o que chamamos o intervalo semântico, isto é, estas relações do locutor ao destinatário que constituem o próprio sentido de nossos enunciados, e que lhes dão uma organização fundamentalmente comparativa? A resposta de Vogt é que estes dois intervalos, na realidade, não constituem senão um só. Para fazer justiça ao papel constitutivo do Outro na língua, seria necessário sempre, num momento qualquer, deixar o domínio da estrutura, e colocar-se entre a estrutura e o dado. Não apenas a língua, mas também a lingüística, teriam assim o intervalo por lugar privilegiado. Não apenas o locutor, que fala na língua, mas também o lingüista, que fala sobre a língua, não poderiam formular uma fala que não fosse arremesso, apelo, alusão. Talvez Vogt tenha razão. Mas talvez seja preciso, incansavelmente, tentar não concordar com ele. Talvez a tarefa do lingüista seja justamente a de integrar nas estruturas que ele constrói uma parte cada vez maior desse intervalo semântico, talvez sua vocação seja a de teorizar continuadamente as relações do eu e do outro, do locutor e do destinatário. E, supondo que o fracasso seja necessário, talvez consista, como a morte, num fracasso que nada "significa", e a quem se deve até, obstinadamente, recusar toda significação.

Que o projeto de uma semântica científica seja sem esperança, uma confidência - disto estou intimamente convencido. Mas toda coisa sensata que se pode dizer sobre a significação lingüística é dita, sem dúvida, somente dentro e pela constituição desta inverossímil semântica científica. Justo retorno das coisas, eis o lingüista que constrói, ele também, uma impossível torre de Babel. Aliás o trabalho de Vogt não faz também parte desta construção? De tal forma que há um intervalo imenso entre o lingüista Vogt e o teórico Vogt. Responderá ele que os fatos descobertos em lingüística fundamentam sua teoria, que o intervalo lingüístico constitui o intervalo epistemológico? Sorriso do "Estrangeiro".

Oswald Ducrot
École Pratique des Hautes Études, Paris.

I | Por que Intervalo?

Mais d'un "entre" qui retraverse la question de l'entrer. Et diversement. Rendant caduques les dichotomies, la simplicité des dichotomies, divisions, entrer/sortir, dedans/dehors, intérieur/extérieur, etc. Ce qu'on pourrait provisoirement, et entre autres, formuler ainsi: vous n'entrerez jamais en analyse, car ça fonctionnait toujours déjà, ou ça aura toujours fonctionné. L'impossible *de la règle fondamentale est de* dire maintenant cela.

Luce Irigaray, "Le Sexe Fait 'Comme' Signe".

Não: devagar.
Devagar, porque não sei
Onde quero ir.
Há entre mim e os meus passos
Uma divergência instintiva.
Há entre quem sou e estou
Uma diferença de verbo
Que corresponde à realidade.

Álvaro de Campos, "Ficções do Interlúdio".

1. Que a lingüística tenha percorrido, de maneira exemplar, os caminhos que a Ciência se permite e exige é hoje um fato incontestável.

Que tal caminho a levasse necessariamente a explorar a linguagem a partir de teorias e métodos cada vez mais formalizados, está aí a gramática gerativa para atestar essa sofisticação.

Que este *status* de ciência desse à lingüística um papel piloto em relação às demais chamadas ciências humanas provam-no o sentido do desenvolvimento da antropologia, da psicologia, da sociologia etc.

Mas que o cientificismo também tenha, no tratamento das línguas naturais, deixado marcas de insatisfação, mostra-o, de maneira privilegiada, o estado em que até hoje, apesar ou por causa de todo aparato técnico da lingüística, se encontram os estudos semânticos.

É verdade que a semântica conheceu – tanto com o estruturalismo, principalmente o europeu, como com o transformacionalismo – um desenvolvimento que, se lhe permitiu a riqueza, mostrou-lhe também as limitações.

Sem pretender entrar, desde já, numa polêmica que me parece cansativa e estéril, na medida em que o limite das possibilidades de algo só se explicita quando estas possibilidades se esgotam, é necessário, contudo, situar, ainda que de modo geral, o espaço teórico que este trabalho pretende esboçar.

2. No momento em que a lingüística procurou o *status* de ciência, que desde Saussure lhe tem acompanhado, o seu universo teórico teve de dividir o universo fenomenológico que lhe competia.

É assim que nascem as dicotomias funcionais: sincronia/diacronia, língua/fala, sentido/significação, enunciado/enunciação, competência/performance etc. que, apesar da especificidade que encontram no interior da teoria que as estabelece, podem, de um modo geral, representar-se como a expressão única, mas em níveis diferentes do mesmo anseio de cientificidade a que a lingüística tem procurado responder.

E enquanto ciência ela não poderia deixar de operar sem estas dicotomias, na medida em que a dispersão e a opacidade do fenômeno (a linguagem) impedi-la-iam de se constituir como tal.

Em outras palavras, toda ciência necessita de instituir, no nível teórico, uma transparência que o fenômeno não tem. Tal transparência – sobretudo quando a ciência se constitui metodologicamente como hipotético-dedutiva – é conseguida por um processo de redução do fenômeno a objeto de ciência, ou, para usar a terminologia de Granger, a objeto de estrutura[1].

1. G. G. Granger, "Object, Structure et Significations", *Revue internationale de philosophie*, n.os 73-74, fasc. 3-4, pp. 251-290, 1965. Retomado e modificado em A. Colin, *Essai d'une philosophie du style*, Paris, 1962. Ver também a este propósito C. Vogt, "A Palavra Envolvente", *Cadernos do I.F.C.H.*, n. 2, Campinas, Unicamp, e "Finalmente Peirce", *RAE*, n. 2, Rio de Janeiro, Fundação Getúlio Vargas, 1973, vol. 13, onde discuto mais detalhamente o procedimento da lingüística enquanto ciência e o problema da redução e do residual na relação do objeto estruturado com a diversidade do fenômeno.

Este objeto é transparente na medida em que se define como relações precisas entre entidades precisas. Abstrato, ele é geral e deve poder representar, na metalinguagem que o constitui, a especificidade do fenômeno que a ciência deve explicar.

Que a margem do residual deixado pela redução do fenômeno a objeto de estrutura seja proporcional à provisoriedade com que as teorias científicas modernamente se propõem, é um fato que teóricos e epistemólogos insistem em afirmar e que levará a teoria lingüística a optar, para instituir-se, por procedimentos de avaliação e não de descoberta ou de decisão[2].

Este corte, quando a lingüística se pretendeu ciência, teve de ser feito, e foi de dentro desta postura teórica que ecoou o refrão de que o seu objeto é a língua e não a fala, a competência e não a performance, e desta predileção original é que nasceram as equivalências que de um lado situaram, por exemplo, *enunciado* e *sentido* e de outro *enunciação* e *significação*[3].

2. Ver, a este propósito: Ch. S. Peirce, "Concerning the Author", em *The Collected Papers of Charles Sanders Peirce*, vol. I, Book 1, cap. 1, pp. 3-14, onde se pode ler: "Sempre senti que minha filosofia brotava de um contrito falibilismo, combinado com decidida fé na realidade do conhecimento e de um intenso desejo de investigação". Ora, o *falibilismo* como método científico, contrariamente a outros métodos – o da tenacidade, o da autoridade e o método *a priori*, que o autor discute no artigo "The Fixation of Belief", *op. cit.*, vol. V, Book 2, Paper IV, pp. 223-247 – admite, fundamentalmente, que toda tentativa no sentido de descobrir a verdade pode estar laborando em erro e é exatamente à espreita do erro provável que a verdadeira pesquisa científica avança, na medida em que a certeza absoluta, a precisão absoluta, a universalidade absoluta e mesmo o chamado inexplicável são cuidadosamente examinados e afastados como entraves à pesquisa pelo método científico ou experimental. Ver ainda K. B. Popper, *The Logic of Scientific Discovery*, New York, Basic Books Inc., 1961. Para o problema da distinção entre o estruturado e o residual deixado pela ciência, ver Granger, pp. 252 ss., onde o autor interpretando a tricotomia de Peirce – signo, objeto, interpretante – situa a atividade científica como operando na relação signo/objeto e o residual como constituído na relação dos interpretantes com estes dois elementos. Quanto aos diferentes procedimentos teóricos – avaliação, decisão e descoberta – cf. N. Chomsky, *Syntactic Structures*, Paris/La Haye, Mouton, 1957 e *Aspects of the Theory of Syntax*, Cambridge, Mass., MIT Press, 1965, principalmente o primeiro capítulo, todo ele dedicado a questões de metodologia. Para uma visão geral dos problemas metodológicos em lingüística ver P. L. Garvin, *On Linguistic Method: Selected Papers*, La Haye, Mouton, 1964.
3. Para uma discussão mais detalhada destas distinções ver o meu artigo "A Palavra Envolvente", pp. 4 ss.

Mas, se tais equivalências se sustentaram durante muito tempo e a lingüística se conformou rigidamente com o espaço silenciado pela barra, que graficamente representou os limites de suas possibilidades, do interior mesmo desta conformidade iriam aparecendo dúvidas e ansiedades que acabariam por levá-la a pensar-se licitamente.

3. A distinção língua/fala, competência/performance, assim como as dicotomias resultantes, são decisões teóricas.

O problema é que o segundo termo da distinção sempre recobriu um domínio negativo que a lingüística, por não poder explicar, relegou à tarefa de outras ciências, que um dia o explicariam.

Mas, como as demais ciências humanas, num movimento comum na direção da parente rica, tentaram também os caminhos da formalização, tais termos continuaram a esperar sua positividade e foram, na espera, ampliando uma região de inconveniências que a lingüística já não podia evitar.

E tais inconveniências eram tanto maiores quanto mais se mostravam com uma existência sistemática naquilo que a lingüística continuou chamando de seu objeto – a língua – e no qual tentava preservar a ausência de toda subjetividade, que é própria da linguagem.

É nesta linha de indagação que se pode sentir a importância dos trabalhos de Benveniste sobre a intersubjetividade na língua, o seu artigo sobre a natureza dos pronomes, enfim, toda a seção dos *Problèmes de linguistique générale* intitulada "L'homme dans la langue"[4].

É no sentido dessa mesma contribuição que a descoberta – por Austin – dos verbos performativos e a sua teoria sobre os atos de fala, quando distingue na linguagem um ato locucional, um ato ilocucional e um ato perlocucional – aparece[5].

4. Cf. E. Benveniste, *Problèmes de linguistique générale*, Paris, Gallimard, 1966. Cf. também E. Benveniste, "L'appareil formel de l'énonciation", *Langages*, 17 "L'énonciation", org. por Todorov, Paris, Didier/Larousse, 1970. É da mesma forma interessante, porque rico em sugestões, o artigo de R. Jakobson acerca dos deíticos: "Les embrayeurs, les catégories verbales et le verbe russe", em *Essais de linguistique générale*, Paris, Ed. de Minuit, 1963, pp. 176-196.

5. Cf. J. L. Austin, *Philosophical Papers*, ed. by J. O. Urmson and G. J. Warnock, Oxford, Oxford University Press, 1961 e *How to do Things with Words*, Cambridge, Mass.,

Verbos como *prometer*, *ordenar*, *interrogar* etc., empregados na primeira pessoa do presente do indicativo, fazem mais do que simplesmente informar o interlocutor do conteúdo que lhes é próprio. Dizer, por exemplo, *eu prometo*, não é simplesmente informar o ouvinte de minha promessa, mas é sobretudo realizá-la. Por isso tais verbos dificilmente podem reduzir-se a uma análise de tipo significante/significado. Dizê-los é efetuar o conteúdo da ação dita.

Uma propriedade interessante destes verbos é talvez a que se pode identificar no fato de que eles criam, a partir da primeira pessoa do indicativo presente, uma nova conjugação semântica, na medida em que, guardando as flexões, toda a conjugação se contamina do valor performativo da primeira pessoa.

Assim, o verbo *passar* em português, cujo sentido de dicionário é "transcorrer", "atravessar", "estar por pouco tempo", se vê contaminado do valor performativo que o verbo tem quando empregado no jogo de pôquer – *eu passo*, para significar "não jogo", "não aposto", "estou fora".

A descoberta dos performativos levará Austin à perspectiva mais ampla de uma teoria geral dos atos de fala e ao reconhecimento de níveis diferentes de realização destes atos: o nível locucional, o nível ilocucional e o nível perlocucional.

No nível locucional, a língua se apresenta como a produção de sons pertencentes a um certo vocabulário, cuja organização se faz segundo as regras de uma gramática e possuindo, além disso, uma certa significação, isto é, sons a que se atribuem um certo sentido e uma certa referência.

Mas, se este ato se realiza de maneira regular na língua, é preciso reconhecer que esta cumpre, regularmente também, outras funções, outros atos. É à sua descoberta que o estudo de Austin sobre os performativos irá conduzir.

Tal é o caso dos atos ilocucionais e perlocucionais.

Harvard University Press, 1962. Acerca dos performativos, ver também o artigo de E. Benveniste, "La philosophie analytique et le langage", em *Problèmes de linguistique générale*, *op. cit.*, pp. 258-266, onde o autor trata de um tipo de verbo especial que ele chama de "delocutivo".

Por ato perlocucional entende-se a ação que "um ato de enunciação pode produzir quando o falante se serve da língua". Assim, quando alguém dá uma ordem a uma outra pessoa, tal ordem pode realizar ações como "amedrontar", "ameaçar" etc., cujo efeito, produzido ou não, depende de fatores outros do que os propriamente lingüísticos e cujo testemunho só o ouvinte pode dar.

Poder-se-ia, de um modo talvez abusivo, pensar neste nível da linguagem como correspondendo ao que Frege chama de nível das "representações associadas"[6].

Mais importante, do ponto de vista lingüístico, do que o nível perlocucional é, no entanto, o nível ilocucional da linguagem.

É nesse nível que se instala o conjunto de atos que se realizam, específica e imediatamente, pelo exercício da fala. Porque o ato ilocucional, além de fazer o que faz enquanto locução, isto é, enquanto diz alguma coisa, produz alguma coisa *in saying*, como diz Austin.

Dizendo *eu prometo*, além de enunciar a minha promessa, eu a realizo, da mesma forma que realizo as ações contidas em *felicitar*, *condenar*, *ordenar* quando digo *eu te felicito*, *eu te condeno*, *eu te ordeno*, se não estou mentindo e se tenho a investidura necessária que permite praticar tais atos[7].

Tal descoberta é tão importante que, mesmo no interior da teoria transformacional, na sua versão semântico-gerativa, Lakoff será levado a formular o que ele chama de hipótese performativa, para dar conta, na metalinguagem lógica que utiliza, da presença desta subjetividade, desde o nível mais profundo da língua[8].

6. Cf. C. Frege, "Über Sinn und Bedeutung", *Zeitschrift für Philosophie und philosophische, Kritik*, 100, 1892, pp. 25-50. Trad. francesa, com o nome de "Sens et dénotation", na coletânea: *Écrits logiques et philosophiques*, Paris, Seuil, 1971, pp. 102-126.
7. Ver, também, para uma teoria dos atos da fala, J. R. Searle, *Speech Acts*, Cambridge, Cambridge University Press, 1969. Sobre a enunciação, ver T. Todorov (org.), "L'énonciation", *Langages*, Paris, Didier/Larousse, 17, 1970. Para uma bibliografia mais ampla sobre os atos da fala e os performativos, ver bibliografia geral, no fim do trabalho.
8. Cf., principalmente, o cap. IV, "Performative Verbs", de G. Lakoff, "Linguistics and Natural Logic", em *Synthese*, Dordrecht, Holanda, D. Reidel Publishing Company, vol. 22, n. 1-2, dez. 1970, pp. 151-271.

Assim, a título de mera ilustração e de maneira bastante simplificada, a estrutura profunda dos enunciados

Vem! /1/

João fuma. /2/

será então representada, respectivamente, pelas figuras 1a e 2a, onde se pode observar não só a presença dos interlocutores, mas também a indicação do ato ilocucional que se pratica quando o locutor enuncia cada um dos enunciados.

FIGURA 1A

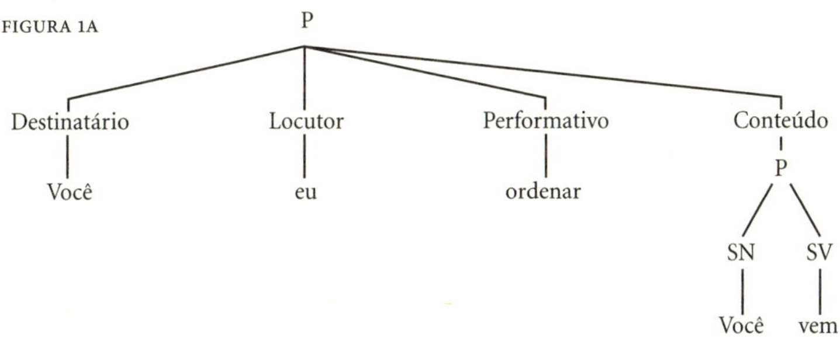

FIGURA 2A

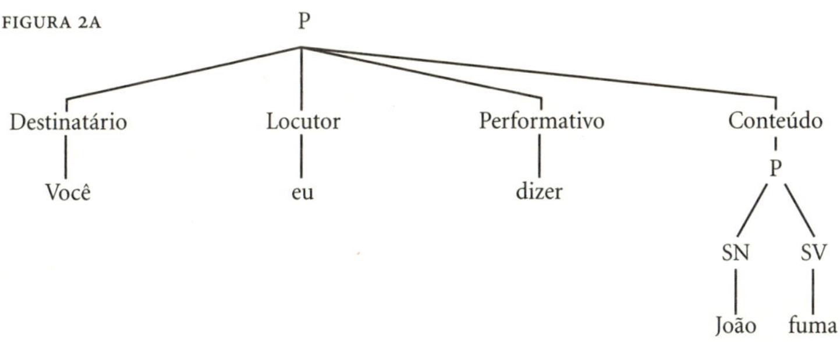

Mesmo na linha de lingüistas mais tradicionais, cuja preocupação teórica com a linguagem foi sobretudo descritiva, o reconhecimento destas marcas de subjetividade na língua é evidente.

Penso em Morris Swadesh e na descrição que faz do Chitimacha, língua indígena da América do Norte, e particularmente num artigo todo dedicado à análise de verbos de apreciação desta língua, assim como na sua descoberta de morfemas cuja função é, no interior do sistema da língua, marcar a presença de atitudes e intenções dos locutores[9].

É também neste sentido que a descoberta da pressuposição lingüística é fundamental[10].

9. Cf. M. Swadesh, "Chitimacha", em *Linguistic Structures of Native America*, New York, Viking Fund Publications in Anthropology, n. 6, Cornelius Osgood editor, 1946, pp. 312-336. E, principalmente, "Chitimacha Verbs of Derogatory or Abusive Connotation with Parallels from European Languages", *Language*, Baltimore, 9, 1933, pp. 192 ss. Segundo Swadesh, os verbos depreciativos do Chitimacha consistem de:
a) *Ketic-* e *Ketup:* ir-se embora; fr. = "s'en aller"
b) a cópula e auxiliar *pe (h)*
c) muitos verbos de movimento caracterizados pelos determinantes verbais *-t'a-* e *-t'ca-*. A raiz *Keti-(t-)* ocorre mais freqüentemente com o prefixo direcional *hi-* (indica movimento de distanciamento em relação ao locutor) no imperativo *hiKetic:* fr. = "va-t-en".
Ketup = imperativo
hiKetúp = masculino
hiKetéc = feminino
A cópula e o auxiliar são quatro em número e se distinguem significativamente de acordo com a posição do sujeito, que implicam:
tci (*h*) = estar (verticalmente, de pé, ereto);
pe (*h*) = estar (horizontalmente, deitado);
ci (*h*) – fem.; *hi* (*h*) masc. = estar (sentado ou em posição indiferente);
pe (*h*) – é desrespeitoso quando aplicado a pessoas, e a polidez exige o uso do auxiliar de posição indiferente.
O grupo maior dos verbos de conotação depreciativa é caracterizado pelos determinantes *-t'a* (para verbos singulares) e *-t'a* (para verbos plurais) quando presos na raiz de certos verbos.
Como *pe (h)*, tanto *t'a-* como a forma correspondente do plural *t'ca-* tem conotação depreciativa, podendo o infinitivo de um "*–t'a–* verbo" ocorrer com o auxiliar *pe (h)*.

10. Como são fundamentais os trabalhos de Ducrot, onde esta noção recebe, a nosso ver, o seu tratamento mais adequado. Cf. O. Ducrot, "La description sémantique des énoncés français et la notion de présupposition", *L'homme*, Paris-La Haye, Mouton, 1968, vol. VIII, cahier I, pp. 37-53; "Presupposés et sous-entendus", em *Langue française*, Paris, Larousse, 1969, 4: "La sémantique", pp. 30-43; " 'Peu' et 'Un Peu' ", *Cahiers de lexicologie*, Paris, Didier/Larousse, 1970, 16: 21-52; *Dire et ne pas dire – Principes de sémantique linguistique*, Paris, Hermann, 1972, col. Savoir; *La preuve et le dire – Langage et logique*, Paris, Mame, 1973, col. Repères. A reunião desses diversos autores dentro de um mesmo propósito não significa, de forma alguma, que tenhamos a pretensão de ignorar as suas origens teóricas diferentes e, às vezes, até mesmo inconciliáveis. Trata-se apenas de uma enumeração que visa, não a aplastá-los teoricamente, mas a apresentá-los dentro da coerência ditada pela identidade de certos fenômenos lingüísticos que, com maior ou menor intensidade, aparecem em suas obras.

4. Sabemos hoje, graças aos trabalhos de Ducrot, que há critérios objetivos para validar a distinção, no nível lingüístico, entre o elemento posto, de um enunciado, e o elemento pressuposto.

Assim, se considerarmos um enunciado como:

O *povo continua a exigir mudanças.* /3/

é fácil admitir que, semanticamente, ele comporta dois elementos:

a) "o povo exigia mudanças"

b) "o povo exige mudanças"

Quando submetemos este enunciado à negação, verificamos que só o elemento b) é modificado, da mesma forma que se o submetermos à interrogação.

Por outro lado, se quiséssemos dar seqüência a um discurso iniciado pelo enunciado /3/ e o encadeássemos, por exemplo, através de uma conjunção, a um outro enunciado, veríamos que tal encadeamento não concerne senão ao elemento b), como se pode verificar em:

O *povo continua a exigir mudanças, porque a situação está bastante ruim.* /4/

O elemento a) é que constitui o elemento pressuposto, enquanto que o elemento b) constitui o elemento posto.

É neste sentido que o posto constitui a significação explícita do enunciado e o pressuposto, a sua significação implícita.

A distinção entre significação explícita e significação implícita é uma classificação lógica das formas de significação proposta por Ducrot[11], e ela recobre, de certa forma, a distinção entre sentido e significação ou entre língua e fala, a que o estruturalismo tradicionalmente obedeceu.

Assim, a significação explícita situar-se-ia ao nível da língua, enquanto código, enquanto objeto estruturado, e constituir-se-ia, necessariamente, como o valor diferencial que a relação dos signos no interior do sistema produz.

Nestes termos é que ela pode ser entendida como logicamente necessária, porque produzida abstratamente pelo sistema que na língua se institui, mas cuja natureza é puramente teórica e não fenomenológica.

11. Cf. O. Ducrot, *Dire et ne pas dire*. Paris, Hermann, 1972, cap. 1: "Implicite et Présupposition".

É aqui que a língua deve ser entendida como comunicação e se oferece com a transparência codificada de objeto de ciência.

Ao contrário, a significação implícita poderia ser colocada do lado da fala. Como o residual que a ciência não pode estruturar e que, escapando à necessidade que o sistema impõe, perde-se na multiplicidade dos atos de fala e das situações em que a linguagem é prática entre os indivíduos.

Dois tipos de implícito podem ser identificados:

a) um implícito baseado no enunciado, de tal maneira que, quando um locutor A diz, por exemplo:

João veio me ver, logo ele tem problemas. /5/

um interlocutor B, a quem A se dirige, compreenda que João só vem ver A quando tem problemas.

b) um implícito baseado no ato da fala, na enunciação, de tal modo que, quando numa reunião que já durou muito tempo, alguém diz:

São oito horas. /6/

os demais participantes compreendam este enunciado como significando

"É hora de terminar". /7/

Em ambos os casos, a significação produzida requer do interlocutor uma espécie de raciocínio que, num caso, baseado no próprio enunciado, e no outro, baseado no ato da fala do locutor, o leve a estes modos de compreensão dos enunciados.

Neste sentido, porque para chegar a esta significação é preciso recorrer à situação de discurso em que se encontram os interlocutores, é que podemos, por oposição a formas de significação logicamente necessárias, falar em formas de significação historicamente necessárias.

Em outras palavras, enquanto o sentido, a significação explícita, de um enunciado é dado por uma espécie de razão lógica, a sua significação implícita se produz a partir de uma espécie de razão histórica.

A semântica que se praticou em todo o estruturalismo e que tem sido a prática do transformacionalismo pode, de um modo geral, caracterizar-se como preocupada quase que exclusivamente com a significação explícita.

O resto não competiria à lingüística tocar. Onde começa o mundo a semântica terminaria e outras ciências, como a psicologia, a sociologia, um dia deveriam poder contribuir para a constituição de uma teoria da fala ou da performance[12].

Acontece, porém, que a distinção entre significação explícita e significação implícita não recobre inteiramente as distinções língua/fala, competência/performance, enunciado/enunciação, sentido/significação. Por isso, ao dizermos que correspondia, poremos a restrição "de certa forma".

Porque o pressuposto é também uma forma de implícito, mas um implícito do enunciado.

Ele não requer, como as outras duas formas de implícito, nenhum raciocínio do destinatário de um ato de fala para ser identificado. Está no enunciado como o posto também está, mas a título diferente.

Enquanto aquele, constituindo a significação explícita do enunciado, comunica e informa, o pressuposto constitui o conteúdo de um ato de fala específico, o ato de pressupor.

E, se o modo de ver a pressuposição em Ducrot[13] for correto, este ato tem como função, não informar objetivamente, mas impor ao interlocutor as condições sobre as quais o locutor de um enunciado pretende constituir o seu diálogo.

Ele institui, assim, no momento mesmo do ato de fala, o universo no qual o diálogo deve desenvolver-se, criando para o interlocutor um quadro jurídico de obrigações, instaurando, enfim, uma espécie de acordo entre os interlocutores, mas de tal modo que a adesão do destinatário seja o resultado do envolvimento a que a palavra do locutor o expõe[14].

12. Ver, por exemplo, o espaço que Katz & Fodor desenham para a semântica, quando dizem que o seu limite inferior é dado pela sintaxe e o superior pela situação. Onde termina a sintaxe começa a semântica e esta termina onde o mundo começa. Cf. J. J. Katz & J. A. Fodor, "The Structure of a Semantic Theory", em *The Structure of Language – Readings in the Philosophy of Language*, Englewood, New Jersey, Prentice Hall, Inc., 1964, pp. 479-518.
13. Sobretudo em *Dire et ne pas dire*, cap. 3: "La notion de présupposition: l'acte de présupposer".
14. Ver, neste sentido, o meu artigo "A Palavra Envolvente".

Se, portanto, o pressuposto está no enunciado como conteúdo de um ato de fala específico e se, por outro lado, ele constitui uma forma de implícito da significação lingüística, é que a sua natureza é dupla, não podendo ser esgotada ao nível da língua ou da competência, como as concebe o estruturalismo e o transformacionalismo, mas tampouco podendo ser relegada para o campo negativo e residual da fala ou da performance.

Estando na língua, ele não pode ser negado, interrogado ou encadeado. Estando na fala, ele pode ser identificado sistematicamente.

E o fato de que a sua negação implica uma obstrução do diálogo e constitui uma forma de agressão ao locutor, substituindo a discussão possível pela controvérsia provável, dá a essa negação um estatuto polêmico, metalingüístico, que só pode ser compreendido quando se aceita que a língua reserva, na rigidez do sistema, espaços de subjetividade, onde a prática da linguagem se inscreve ao mesmo título que a verdade. Deste modo, a pressuposição, os pronomes pessoais, os verbos performativos, as marcas de apreciação que Swadesh aponta no Chitimacha, são elementos que não podem ser compreendidos senão como a criação de uma orientação do discurso e que não podem ser descritos como uma espécie de idéia à qual eles pudessem corresponder.

O seu modo de ser é a maneira pela qual eles ligam o discurso a outros discursos no interior da língua.

O seu espaço de existência não é nem o que desenha o objeto de ciência no interior do fenômeno, nem o espaço complementar do residual.

É no intervalo entre a língua e a fala, entre a competência e a performance, entre o enunciado e a enunciação, que estes marcadores de subjetividade habitam, pondo em xeque a rigidez destas dicotomias e criando sob a barra (/) do silêncio lógico os túneis de passagem dos murmúrios da história[15].

É neste intervalo que a linguagem é atividade e é nele que o homem a possui e é possuído.

15. Strawson (no artigo "Phrase et acte de parole", em *Langages*, 17, pp. 23 ss.) já leva em conta esta noção de intervalo quando trata dos diferentes tipos de significação.

É dentro deste quadro geral de preocupação teórica que a pesquisa sobre a argumentatividade lingüística deverá organizar-se.

5. A escolha da comparação e de alguns operadores de argumentação como objeto específico do trabalho foi sendo determinada pelo falso acaso da opção teórica e por um sentimento de aventura em relação à linguagem.

A opção teórica estava dada.

O sentimento era o de que o comparativo representava uma estrutura privilegiada do intervalo: a intuição de que ele guardava, de alguma forma, a força primitiva de um julgamento que, antes de dizer o grau ou a medida, situava o homem diante do mundo e, de dentro desta situação, confundia-os na subjetividade do ponto de vista.

Foi este sentimento e esta intuição que procurei explorar. O trabalho não é mais do que a sua aventura.

Mas ela tem conseqüências.

De um lado, ela recusa a idéia de que se possa chegar à estrutura do sentido se se considerarem os enunciados de uma língua isoladamente, ainda que se descrevam e se determinem as entidades menores e os mecanismos de combinação que as regem na formação das frases desta língua.

Esta foi a prática tradicional do estruturalismo.

Por outro lado, ela recusa definir a língua através de relações com o que não é a língua, isto é, a idéia de que é possível fabricar uma notação universal na qual se poderia exprimir todas as significações lingüísticas.

A representação das línguas naturais numa linguagem mental, isto é, numa metalinguagem lógica, é o procedimento que essencialmente caracteriza o transformacionalismo.

Ao contrário, sempre enquanto aventura teórica, ela aceita que o dado de observação, de que o semanticista dispõe, é o fato de que os falantes de uma dada língua são capazes de compreender os enunciados dessa língua e de produzi-los significativamente.

Isto é, eles são capazes de estabelecer entre um dado enunciado e outros enunciados ocorridos ou possíveis, na língua, relações como de sinonímia, de exaustividade, de implicação etc., que lhes permitem a compreensão.

Mas tais relações não se fazem necessariamente nos limites da objetividade artificial a que a ciência reduziu a língua.

Trata-se ainda de uma forma de estruturalismo, mas agora, para usar a dicotomia, de um estruturalismo da fala ou do discurso, no qual a estrutura do sentido deverá ser concebida como o conjunto das relações, que se institui na atividade da língua entre os indivíduos que a utilizam.

São as marcas desta intersubjetividade que o intervalo semântico contém e foi em sua busca que esta expedição partiu, quando tropeçou na estrutura comparativa.

De uma certa forma, este estudo poderá também contribuir no sentido da constituição de um componente pragmático na descrição lingüística, mas concebendo-o, não isoladamente do resto da análise, de modo a deixar intactos os outros componentes tradicionalmente reconhecidos, isto é, o componente sintático e o componente semântico, mas como um componente integrado[16].

É neste sentido que ele poderia situar-se como uma indagação em torno das condições de uma pragmática integrada ou em torno daquilo que Peirce chama de "retórica pura".

Como se sabe, para Peirce o signo tem uma natureza triádica. Segundo ele, "um signo, ou *representamen* é algo que, sob certo aspecto ou de algum modo, representa alguma coisa para alguém. Dirige-se a alguém, isto é, cria na mente dessa pessoa um signo equivalente ou talvez um signo melhor desenvolvido".

Ao signo assim criado Peirce denomina interpretante do primeiro signo.

E acrescenta: "O signo representa alguma coisa, seu objeto. Coloca-se no lugar desse objeto, não sob todos os aspectos, mas com referência a um tipo de idéia que tenho, por vezes, denominado o fundamento do *representamen*".

16. Cf. a este propósito o artigo de J. Milner, "Wieso Pragmatik?", *Documentation et recherche en linguistique allemande contemporaine,* Paris, Vincennes, 1973, Papier n. 7.

Se não há no homem nenhum poder intuitivo puro, e se a mente não é, em absoluto, independente ou introspectiva, e se a natureza do pensamento é relacional, a tarefa do pragmatismo é estabelecer a natureza desta relação, isto é, determinar o significado dos signos.

A partir do caráter triádico do signo, Peirce divide a semiótica em três ramos: a) o da *gramática especulativa* (segundo a denominação de Duns Scotus) ou da *gramática pura* (segundo o autor) e que tem como objetivo "determinar o que deve ser verdadeiro a propósito do *representamen* utilizado por toda inteligência científica para que possa incorporar um significado"; b) o da *lógica* propriamente dita, isto é, da "ciência formal das condições de verdade das representações"; c) o da *retórica pura*, cujo objetivo é determinar as leis em obediência às quais, em toda inteligência científica, um signo dá surgimento a outro e, especialmente, um pensamento provoca outro"[17].

É neste ponto que se pode buscar uma correspondência com a noção de "representação associada" em Frege, como também aí se poderiam situar os trabalhos de Ch. Perelman e L. Olbrechts-Tyteca sobre argumentação e retórica[18].

Evidentemente, o termo *retórica* não recobre, em nosso trabalho, mesmo parcialmente, nenhum conceito normativo.

Ele é utilizado para designar certas estruturas da linguagem, cujos mecanismos acreditamos não poderem ser reduzidos a um tratamento puramente lógico-demonstrativo.

Aliás, o termo *lógico* aparecerá freqüentemente no desenvolvimento de nosso estudo. Seu emprego não se refere a este ou àquele tipo de lógica existente ou possível, mas a uma concepção da linguagem que a vê fundamentalmente como raciocínio e, neste sentido, como função exclusiva do entendimento humano.

Nosso objetivo é tentar mostrar, sobre alguns fatos – e a comparação é aqui o principal – que é preciso conceber um mecanismo mais amplo de descrição do sentido nas línguas naturais.

17. Cf. Ch. S. Peirce, "The Division of Signs", em *The Collected Papers of Charles Sanders Peirce*, vol. II, Book 2, cap. 2, pp. 134-135.
18. Cf., por exemplo, o excelente *La nouvelle rhétorique – Traité de l'argumentation*, Paris, PUF, 1958, 2 vols.

Tal mecanismo não poderá, entretanto, ser ampliado apenas na direção das lógicas existentes ou possíveis.

Ele deverá, ao contrário, abrir-se também para o corpo, como espaço que situa e define a circunstância da atividade da língua. Nele, a linguagem é gesto e atitude. É intenção.

Mas, ao contrário do que se poderia pensar, estas variações verbais do corpo, esta linguagem gestual, tem a sua inscrição na língua.

Não é o acaso das circunstâncias particulares que as determina e produz. Apenas as preenche a partir da sistematicidade com que elas se virtualizam.

Trata-se, em outras palavras, de estruturas quase demonstrativas, cujo modo de produção é mais do que a relação silenciosa entre as entidades lógicas da razão e do entendimento.

Elas se dispõem como função da vontade, obrigando-nos, desta forma, a ver a linguagem como prática, como ação entre os homens.

É neste sentido que falaremos de intersubjetividade na língua.

O espaço de sua quase-demonstração irá, ao longo dos capítulos que seguem, desenhando-se paulatinamente como o universo da argumentação, da retórica ou da pragmática, termos que aqui tomamos como equivalentes.

O movimento dos capítulos deverá indicar, pela sua distribuição e pela redundância do estilo, a circularidade com que me defrontei na tentativa de progredir em linha reta.

É que, além da novidade relativa do ponto de vista escolhido, e, conseqüentemente, do objeto criado, houve sempre o intuito de substituir o silêncio significativo da perfeição pelo elogio do mundo, do passado, do imperfeito.

Muitas vezes, a linguagem que descreve será metafórica e passível de todas as críticas da ortodoxia científica.

Mas como fazer o elogio da integração do retórico e do lingüístico e continuar imune ao seu contágio?

O lingüista não é terapeuta porque as línguas naturais não padecem de nenhuma forma de doença.

A sua imperfeição, relativamente à silenciosa auto-suficiência das linguagens artificiais, é o espaço onde se tece o seu compromisso – sempre renovado – com o homem, com o mundo, com a história.

Por isso, o estilo que pretender contar esse residual não deverá ser transparente. Não poderá ser translúcido. Não há ordem cartesiana que possa conter as curvaturas do que aqui se pretendeu contar.

A estória será talvez um pouco "redonda" demais, o estilo e a ordem da exposição deverão pecar por imperfeitos, mas a intenção do Autor permanecerá coerente com as falhas que ele quis elogiar.

A estrutura comparativa e alguns "operadores" como *mesmo*, *ainda* e *também*, que a ela relacionamos, serão as personagens principais desta estória e os habitantes exemplares, mas não exclusivos - assim espero - deste espaço.

Este, enfim, será entendido como o lugar móvel e, por isso mesmo, crítico, de onde se falará das dicotomias da ciência.

O ponto de vista que assim se estabelece nós o chamaremos *intervalo semântico.*

II | A Comparação: Sondagem

Da minha aldeia vejo quanto da terra se pode ver do
[Universo...
Por isso a minha aldeia é tão grande como outra terra
[qualquer,
Porque eu sou do tamanho do que vejo
E não do tamanho da minha altura...

Nas cidades a vida é mais pequena
Que aqui na minha casa no cimo deste outeiro.
Na cidade as grandes casas fecham a vista à chave,
Escondem o horizonte, empurram o nosso olhar para
[longe de todo o céu,
Tornam-nos pequenos porque nos tiram o que os nossos
[olhos nos podem dar,
E tornam-nos pobres porque a nossa única riqueza é ver.

Alberto Caeiro, "O Guardador de Rebanhos".

1. Adjetivos Argumentativamente Dependentes

O par de adjetivos *quente/frio* e a sua ocorrência no comparativo de superioridade.

Tomemos primeiramente o adjetivo *quente* e o consideremos no seguinte enunciado:

O *café está mais quente do que a sopa.* /1/

Admitamos, em seguida, que a sua estrutura geral possa ser representada da seguinte maneira

A está mais X que B. /2/

onde A é o termo comparado, B o termo comparante, X (= *quente)*, a propriedade que os relaciona, *que*, a marca da comparação e *mais*, a marca da superioridade.

Admitamos ainda, como hipótese, a existência de uma escala objetiva, física, de temperatura em graus centígrados indo de 0° a 100° ou de 100° a 0°, isto é, sem nenhuma orientação, de tal modo que as temperaturas abaixo de 20° sejam para *café* e *sopa* consideradas frias e as acima de 20° consideradas quentes.

FIGURA 1:
GRADAÇÃO OBJETIVA

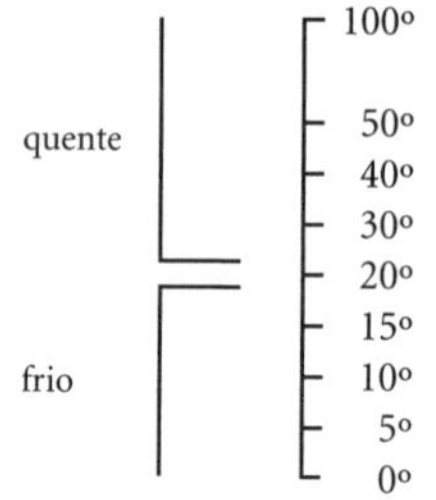

Ficando assim, por hipótese, dividida a gradação objetiva em duas zonas de temperatura, consideremos agora as possibilidades lógicas do enunciado /1/.

Situação a) 1.ª possibilidade:

A está X, se B está X

Situação b) 2.ª possibilidade:

Se B está ~X, A pode estar X ou ~X

Consideremos, agora, estas duas situações, do ponto de vista lingüístico.

Quanto à primeira, ela significa que a comparação se faz necessariamente na zona "quente" da gradação e deve, para um enunciado do tipo que aqui consideramos, supor, por exemplo, que o *café* tem uma temperatura de 35° enquanto a *sopa* tem 30°, o que se pode representar da seguinte forma:

FIGURA 2

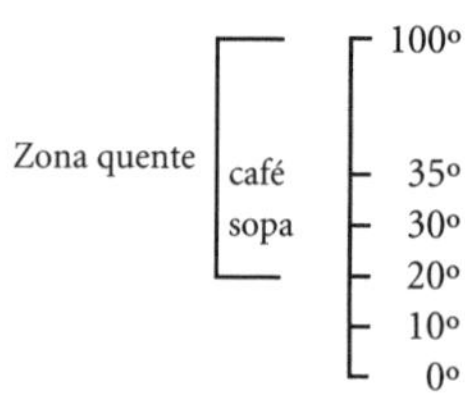

A segunda possibilidade, em que o elemento B (= *sopa*) está ~X (*fria*), significa que o elemento A (= *café*) pode estar frio ou quente, desde que, na gradação objetiva, esteja acima do elemento B.

Em outras palavras, a comparação se faz, indiferentemente, na zona fria ou na zona quente da gradação objetiva.

Imaginando, como exemplo, que o elemento *sopa* tenha uma temperatura de 10°, as situações objetivas que verificariam o enunciado /1/ poderiam ser representadas da seguinte forma:

FIGURA 3

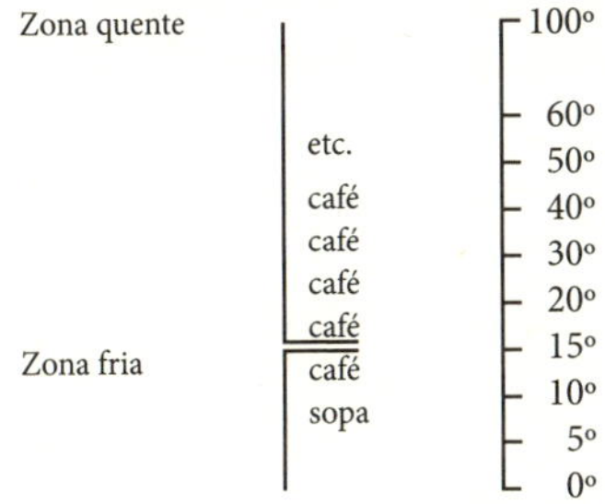

Segundo o que a figura 3 indica, temos duas possibilidades para situar o elemento A (= *café*) no interior da gradação objetiva:

1.ª possibilidade: o elemento A está acima do elemento B (= *sopa*), mas ainda na zona fria da escala;

2.ª possibilidade: o elemento A está acima do elemento B (= *sopa*), na escala, mas já na zona quente.

E isto responde às duas possibilidades que apontamos, do ponto de vista lógico. Isto é, A pode ser X ou ~X. O que é evidente se considerarmos que B, encontrando-se na zona fria, deixa, praticamente, quase toda a escala no sentido do frio para o quente para situar A.

Imaginemos, no entanto, a situação concreta em que um locutor L, dirigindo-se a um interlocutor D com quem ele janta, dissesse o enunciado /1/ O *café está mais quente do que a sopa* como cobrindo a segunda possibilidade – aquela em que o elemento A estaria situado na zona quente da escala e o elemento B na zona fria. Depois de ter provado a sopa e de ter constatado que ela está realmente fria, D comunica a L o seu descontentamento, enquanto este toma um café. D não quer mais a sopa e pergunta a L, que também provou a sopa, como está o café e este responde:

L: O *café está mais quente do que a sopa.* /1/

Ora, diante de tal resposta comparativa, dado que a sopa está realmente fria e que D o sabe, a frase só poderá ser interpretada como situando o café, no máximo, no limite superior da zona fria, isto é, morno, quando muito. Por isso, seria perfeitamente normal que B diante da resposta de L acrescentasse:

D: *Mas ele está (realmente) quente?* /2/

Se tal questão pode ocorrer neste contexto, isto se deve ao fato de que, na realidade, lingüisticamente falando, a distância criada na escala entre A e B, através do comparativo de superioridade (*mais*), é incapaz de ser maior do que o limite das zonas de calor e de frio.

Logicamente, toda a escala se encontra disponível; lingüisticamente, é no limite da zona fria que a comparação se realiza. É por essa razão que a pergunta de D (a frase 2) é introduzida pela conjunção *mas*, que com toda evidência não opõe o enunciado /2/ ao enunciado /1/, mas antes recusa, argumentativamente, a organização que L deu à sua informação sobre o café, por ser insuficiente.

Assim, a resposta mais conveniente para a pergunta de D seria, neste caso, qualquer coisa como

Ele está bom. /3/

ou

Está bem quente. /4/

que poderiam satisfazer à pergunta de B, sem deixar margem para a réplica do interlocutor, representada no enunciado /2/.

Tal descrição, que parece à primeira vista boa, apresenta, entretanto, um inconveniente bastante forte. Trata-se de como explicar a conjunção *mas* que introduz a enunciação de D. Dissemos, logo acima, que o enunciado /2/ não se opõe propriamente ao enunciado /1/ mas que constitui, sobretudo, uma recusa argumentativa da organização que L dá à sua informação sobre o café, através do enunciado /1/.

Nesta afirmação há, todavia, vários pontos que não são absolutamente evidentes em si mesmos e que, portanto, requerem uma explicação.

Primeiramente, quando falamos que /2/ não se opõe a /1/, é no sentido de que dois enunciados, p e q, ligados pela conjunção *mas*, não podem, como mostra Ducrot[1], ser descritos nos termos de uma análise que se contentaria em dizer que todo enunciado cuja estrutura seja *p mas q* deve ser decomposto em três elementos, a saber:

- p
- q
- oposição entre p e q

Consideremos, como exemplo, o enunciado

Ele é republicano, mas honesto. /5/

o qual, de acordo com o esquema apresentado, seria analisável, em linhas gerais, da seguinte maneira:

- republicano
- honesto
- oposição entre republicano e honesto

Entretanto, se tal análise parece funcionar para este enunciado, há um sem-número de outros para os quais ela não funciona.

Tomemos, a título de exemplo, o seguinte enunciado:

Maria foi ao baile mas estava com a mãe. /6/

Neste caso, parece extremamente difícil dizer que há oposição entre as duas proposições ligadas pela conjunção *mas*. Aliás, que oposição haveria entre o fato de Maria ir ao baile e o de estar com sua mãe? Se nos detivermos nos limites do enunciado, correremos o risco de afirmar uma oposição que transborda, com toda a evidência, os quadros da estrutura objetiva do sentido[2].

1. Cf. O. Ducrot, "Les échelles argumentatives", em *La preuve et le dire - Langage et logique*, Paris, Mame, 1973, p. 226, Col. Repères. Cf. também: G. Lakoff, "The Role of Deduction in Grammar", Fillmore & Langendoen (orgs.), *Studies in Linguistic Semantics*, New York, Holt, Rinehart and Winston, Inc., 1971, pp. 64-70; R. Lakoff, "IF's, AND's, and BUT'S About Conjunction", em *op. cit.*, pp. 114-149; G. Green, "On *Too and Either*, and Not just on *Too and Either*, Either", em B. J. Darden & A. Davison (orgs.), *Papers from the Fourth Regional Meeting of the Chicago Linguistic Society*, Cambridge, Mass., 1968, pp. 22-39; *Idem*, "The Lexical Expression of Emphatic Conjunction. Theoretical Implications", *Foundations of Language*, 10(2): 197-248, jul. 1973; D. Lightfoot, "Les présuppositions dans la grammaire transformationnelle", em *Problemes de semantique* (en collaboration), Les Presses de l'Université du Québec, 1973, pp. 179-200.
2. A expressão *estrutura objetiva do sentido* é aqui utilizada como equivalente ao valor diferencial que se constitui no interior de um sistema formal. Tal valor é sempre negativo e abstrato porque lido como relação abstrata entre o conjunto abstrato de elementos que constituem (elementos e relações) o objeto teórico, que Granger chama *objeto*

Na verdade, ao enunciado /6/ subjaz um elemento de significado cujo valor específico depende de uma série de fatores ligados à situação de discurso, ou, em outras palavras, ao ato de enunciação de que o enunciado não é senão um dos elementos, fundamental, é verdade, mas não o único.

Suponhamos a seguinte situação de discurso, para que, de um modo totalmente impressionista, possamos compreender o valor da conjunção *mas:* dois interlocutores L e D falam a respeito de um certo baile, onde L esperava poder passar toda a noite ao lado de sua bem-amada Maria, que talvez fosse também ao baile. A mãe de Maria, velha e má, importada diretamente, para as necessidades do caso, de todos os dramas que antes e depois de Shakespeare o repetiram, se opõe veementemente ao amor dos dois jovens. L é o amigo confidente. Dia seguinte ao baile, D, ansioso pelas novidades, telefona a L e lhe pergunta:

Então, como foi?

E ouve do amigo:

Maria foi ao baile, mas estava com a mãe. /6/

Tal enunciado só pode ser entendido se admitirmos, neste caso específico, que a conjunção *mas* não é um operador de oposição das duas proposições. A primeira proposição (*Maria foi ao baile* - que chamaremos de p) leva o interlocutor D a tirar uma certa conclusão - r - (por exemplo, no caso, a de que L realizou o seu sonho, de que o baile foi excelente e quejandas). A segunda proposição - q - (*Maria estava com a mãe*), introduzida pela conjunção *mas*, funciona, na verdade, não como um elemento que opõe q a p mas como o elemento que dissuade o interlocutor de tirar a conclusão r a que ele é levado pela proposição p.

de estrutura e que não é outra coisa senão o objeto de ciência. No campo da Lingüística, as páginas que, no *C.L.G.*, Saussure dedica ao valor do signo lingüístico são exemplos marcantes deste procedimento, assim como quase todos os trabalhos que a lingüística européia desenvolveu em semântica. No caso da lingüística americana, a análise componencial, cujo correspondente europeu, a análise sêmica, ou a análise em traços distintivos, segundo a terminologia de Jakobson, opera da mesma forma. Isto é, uma vez feita a abstração da situação de fala, quais são as relações, ou regras, como prefere a gramática transformacional, que determinam o sentido próprio de um enunciado. Que a ciência tenha de proceder a reduções desse tipo está inscrito nos limites de suas possibilidades. O problema, entretanto, é saber se tal redução, no que diz respeito à linguagem, é legítima, quando a própria língua oferece evidências contrárias.

Em linhas gerais, a descrição semântica do enunciado /6/, levando em conta a situação de discurso em que ele ocorre, seria a seguinte:

a) dado p (Maria *foi ao baile*) dito por L

b) D é levado a tirar a conclusão r (*você conseguiu, foi bom* etc.).

c) L acrescenta: *não o faça, porque* q (*Maria estava com a mãe*).

A objeção que poderia ser feita a tal modo de apresentar as coisas vem naturalmente à tona. Poder-se-ia, com efeito, objetar que tal descrição é impossível quando se pretende um grau de abstração, do qual a lingüística enquanto ciência não pode prescindir. E, se fôssemos obrigados, para cada caso específico de situação de discurso em que se vê envolvido o locutor, a dar também uma descrição específica, a tarefa do lingüista estaria fatalmente condenada ao insucesso, na medida em que as situações se multiplicam de modo incontrolável e, portanto, imprevisível.

Ora, o nível de sofisticação teórica que a lingüística atingiu hoje, sobretudo a partir da formalização levada a efeito por Chomsky e seus seguidores, criou, para quem quer que se disponha a um estudo sistemático da linguagem, exigências de generalidade e explicitabilidade dos mecanismos de descrição e explicação de um objeto de ciência, que são completamente incompatíveis com o impressionismo da descrição semântica que esboçamos para o enunciado /6/.

Por outro lado, se desprezarmos a evidência com que, no caso de nosso enunciado, a língua se recusa à contenção de uma explicação objetivada nos limites do enunciado, correremos o risco de garantir o modelo de análise, qualquer que seja ele, mas ao preço de uma violentação do real, que nenhuma ciência que se pretende verdadeira pode admitir.

A solução deste impasse não parece ser simples e nem temos a pretensão de alcançá-la.

Contudo, algumas tentativas já podem ser feitas neste sentido. Elas terão o mérito, se mérito houver algum, de contribuir para uma visão mais ampla do problema da linguagem e, em especial, para o problema da descrição semântica de uma dada língua.

A proposta que faz Ducrot para a descrição semântica da conjunção *mas* é já uma resposta nesta direção.

Com efeito, se atentarmos para o fato de que, na descrição do enunciado /6/, pudemos trabalhar com certas variáveis e se pudermos, por um lado, estabelecer uma regra geral capaz de dar conta do valor abstrato da conjunção *mas* e, por outro, num registro mais baixo, responder pelo preenchimento efetivo destas variáveis, de acordo com as situações de discurso próprias a cada ato de fala em que ocorra a conjunção *mas*, teremos estabelecido um mecanismo de descrição semântica suficientemente poderoso, capaz de atender às exigências teóricas que a lingüística hoje apresenta, sem desprezar os contornos com que a linguagem se dissimula.

Tomemos, então, o mecanismo de descrição semântica, tal como o apresenta Ducrot[3], para que possamos verificar de que maneira um enunciado que contém *mas* seria analisado.

Se representarmos o esquema geral deste mecanismo da seguinte forma

FIGURA 4

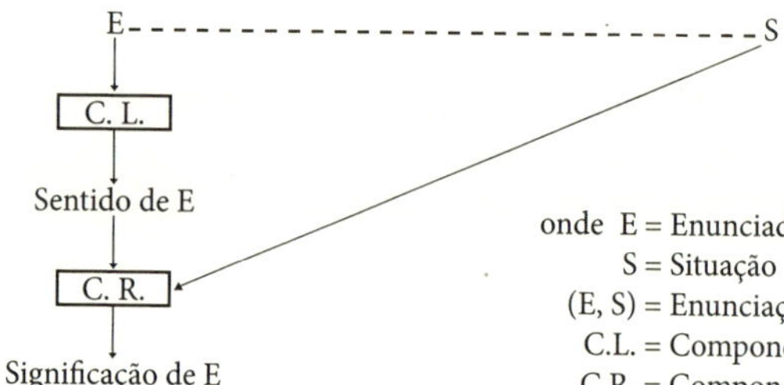

onde E = Enunciado
S = Situação
(E, S) = Enunciação
C.L. = Componente Lingüístico
C.R. = Componente Retórico

para um enunciado, cuja estrutura geral fosse = *p mas q*, teríamos o seguinte procedimento:

FIGURA 5

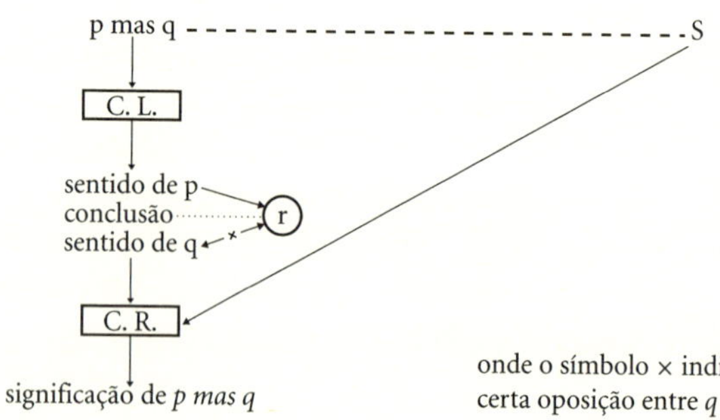

onde o símbolo × indica uma certa oposição entre *q* e *r*.

3. Cf. *Dire et ne pas dire*, p. 111.

Isto é, dado um enunciado *p mas q*, o C.L. deve prever a existência de uma variável r, que representa a conclusão que o interlocutor pode tirar de p, conclusão à qual, praticamente, se opõe a proposição q, introduzida por *mas*. O preenchimento desta variável r será depois, num nível mais inferior, o do componente retórico, realizado, levando-se em conta as informações fornecidas pela situação em que tal enunciado é produzido[4].

A vantagem de tal descrição sobre a que pretende analisar um enunciado que contém *mas* como a oposição, do ponto de vista semântico, das duas proposições que o constituem, pode ser medida pelo fato de que, mesmo quando tal oposição se manifesta, ela continua a poder responder pelo seu valor, enquanto que a proposta que pretende ficar só ao nível do enunciado é incapaz de responder por todas as ocorrências de *mas*.

Se admitíssemos, por exemplo, que, no enunciado /5/ *Ele é republicano, mas honesto* ou no enunciado /7/ *Ele é forte mas preguiçoso*, existisse oposição objetiva entre as propriedades "republicano" e "honesto", de um lado, e "forte" e "preguiçoso", de outro, o que não constitui absolutamente uma evidência em si mesma, ainda assim a proposta que fizemos continuaria a funcionar, enquanto que a simples oposição entre p e q não poderia absolutamente responder por um enunciado como /6/ *Maria foi ao baile mas estava com a mãe.*

Evidentemente, a adoção da proposta representada na figura 5 tem conseqüências teóricas, além das conseqüências de fato a que aludimos. No momento em que admitimos que para dar conta de um enunciado como /6/ é preciso conceber na própria língua a existência de uma variável r, cuja função é antes de tudo a de marcar uma certa atitude do interlocutor diante de um ato de fala objetivado na estrutura *p mas q*, somos também obrigados a admitir que a organização da língua como código, tal como pretende o estruturalismo, ou como sistema de regras explícitas, tal como pretendem os gerativistas transformacionais, é insuficiente para dar conta desta marca da

4. Quanto ao papel do C.R. e ainda quanto ao problema da complicação ou não do C.L., ver "A Palavra Envolvente" e mais adiante o capítulo IV, em que trato do operador *também*.

enunciação que a conjunção *mas* representa. Só no interior de uma teoria geral dos atos de fala é que este valor da conjunção *mas* poderá ser efetivamente estabelecido[5].

Apesar de grande, tal parêntese na nossa discussão do comparativo é necessário na medida em que permitirá, dada a descrição do valor de *mas,* dispor de um critério mais firme para a compreensão do valor semântico do enunciado /1/ *O café está mais quente do que a sopa*, quando o elemento B, o comparante (*sopa*), está realmente frio.

Quando o interlocutor D faz a pergunta

Mas ele está realmente quente? /2/

introduzindo-a pela conjunção *mas*, ao mesmo tempo que interroga L, cuja resposta /1/ sobre a temperatura do café não foi suficiente, ele recusa a alternativa que implicitamente esta primeira resposta apresenta e cuja representação mais adequada poderia ser dada pela conjunção *ou.*

Assim, quando D enuncia /2/, a conjunção *mas*, que não tem nenhum caráter interrogativo, opera argumentativamente sobre a organização da informação dada por L no enunciado /1/ e, sobre a recusa da alternativa, faz a pergunta /2/.

5. É verdade que algumas tentativas para descrever o valor semântico da conjunção *mas*, para além do esquematismo simplista da oposição entre *p* e *q*, foram feitas no interior da gramática transformacional, versão semântica gerativa. Cf., por exemplo, R. Lakoff, "IF's, AND's and BUT'S About Conjunction", em Fillmore & Langendoen (orgs.), *Studies in Linguistic Semantics,* New York, Holt, Rinehart and Winston, Inc., 1971, pp. 114-149; G. Green, "On *Too* and *Either,* and not just on *Too* and *Either,* Either", em, B. J. Darden & A. Davison (orgs.), *Papers from the Fourth Regional Meeting of the Chicago Linguistic Society,* Cambridge, Mass., 1968, pp. 22-39; *Idem,* "The Lexical Expression of Emphatic Conjunction. Theoretical Implications", em *Foundations of Language*, 10(2): 197-248, jul. 1973; D. Lightfoot, "Les présuppositions dans la grammaire transformationnelle", em *Problémes de sémantique* (en collaboration), Les Presses de l'Université du Québec, 1973, pp. 179-200; G. Lakoff, "The Role of Deduction in Grammar", em, Fillmore & Langendoen (orgs.), *Studies in Linguistic Semantics*, pp. 64-70. No artigo de George Lakoff, que é, aliás, inspirado pelos de Georgia Green e de Robin Lakoff, o autor, procurando mostrar que certos enunciados não podem ser considerados como gramaticais senão relativamente a certas pressuposições, inclui, neste caso, enunciados do tipo *p mas q*.
Assim, um enunciado como
John is a Republican, but he is honest.
seria, de um modo geral, analisado em:
Asserção: S_1 e S_2.

Esquematicamente teríamos:
L: *O café está mais quente do que a sopa.* /1/

sentido: sopa fria — café mais quente → zona fria ou → zona quente

D: *Mas ele está realmente quente?* /2/

Sentido: recusa do operador *ou*, cujo valor de verdade permitiria que a resposta fosse sempre verdadeira, qualquer que fosse a zona

Pressuposição: esp. ($S_1 > \sim S_2$)
Onde: S_1 = *John is a Republican*;
S_2 = *he is honest.*
O interessante nessa análise é que ela já leva em conta a necessidade de um operador de *expectativa* para explicar o valor da conjunção *mas*. Isto é, um operador que se prende à enunciação e que interfere diretamente no valor semântico de um enunciado do tipo *p mas q*. Entretanto, ao falar de *expectativa*, o autor não define se esta é do locutor ou do ouvinte nem em relação a que tal *expectativa* se produz. Creio que uma forma mais explícita de representar o jogo das intenções que determina o valor de *mas* seria aquela em que se recorresse a variáveis intencionais, isto é, ao *r* e ao ~*r* com que acima representamos as conclusões a que se pode prestar os atos da fala.
Deste modo, a fórmula
Esp. ($S_1 > \sim S_2$)
ver-se-ia modificada para
Esp. $[(S_1 > r) \wedge (S_2 > \sim r)]$
Ainda assim, ficaria faltando a indicação de quem – se o falante ou o ouvinte, ou ambos – atua no que se representa pelo operador Esp. Voltaremos mais adiante ao problema, no capítulo IV, quando tratarmos de *também* e em especial de *mas também*. De qualquer forma, mesmo com a inclusão da variável *r* na representação do valor semântico de *mas*, seria difícil explicar, por exemplo, um enunciado como
Venha, mas na hora certa.
em que a oposição se faz ao nível dos atos de fala: o enunciado *venha* constitui uma concessão, enquanto *(venha) na hora certa* é uma ordem. Em outras palavras, se *venha* é um argumento para uma *concessão, (venha) na hora certa* é um argumento para uma *exigência,* conforme se pode representar em

↑ concessão — *venha*   ↑ exigência — *na hora certa*

E neste caso me parece difícil falar em *expectativa*, como também o é num enunciado do tipo
O *restaurante é bom mas é caro*
dito por alguém que é consultado acerca do padrão de uma determinada casa comercial que o ouvinte pretende freqüentar.

de calor em que o café se situasse, com a condição de que respondesse a uma posição de grau superior à da sopa, dentro da gradação objetiva.

Tal fato pode ainda ser evidenciado se verificarmos que o próprio locutor poderia desde o início responder à primeira pergunta de D da seguinte maneira:

O café está mais quente do que a sopa, mas não está quente. /1a/

Isto é, segundo a descrição proposta para *mas:*

– dado p (o *café está mais quente do que a sopa),*

– o interlocutor D é levado a tirar uma certa conclusão r (o *café está quente*);

– L acrescenta: *não o faça porque* q (*ele não está quente*)

Ora, este enunciado /1a/ só é possível se aceitarmos que a organização de p em termos de zona de calor, dentro da escala objetiva, é feita em torno da disjunção das duas zonas através da partícula *ou*, o que confirma, lingüisticamente, a possibilidade lógica da situação

b), isto é, se B é ~X ⟶ A é X ou ~X

Quanto à situação a), aquela em que B está quente, o enunciado /1/ *O café está mais quente do que a sopa* /1/ deve, necessariamente, situar o elemento A na zona quente da escala e acima do elemento B. Isto é, se B é X ⟶ A é X.

Por isso, é impossível a ocorrência, por exemplo, de /2/

Mas ele está realmente quente?

para dar seqüência ao diálogo. As mesmas razões que o justificam na situação b) impedem-no na situação a).

Evidentemente, poderíamos imaginar uma situação (aliás bastante artificial) em que o enunciado /1/ fosse dito sem que o interlocutor conhecesse a zona de calor em que se situa o elemento B, e neste caso a pergunta de B tanto pode ser /2/ *Mas ele está realmente quente?,* o que nos levaria para a situação b) ou ainda /8/ *Mas como está a sopa,* ou /9/ *e a sopa está boa* etc., de tal forma que, na escala, ele possa dispor de um referencial para julgar o elemento A.

Se, por outro lado, o nosso locutor L disser /1/ e acrescentar

Mas ele não está quente. /10/

vemos que, da mesma forma, caímos na situação b) e a explicação será a mesma que apresentamos.

A possibilidade de utilizar na língua o adjetivo *quente* indiferentemente para a situação a) ou para a situação b) pode significar que, de uma certa forma, este adjetivo é não-marcado quanto à zona de calor dentro da escala de grau, pois a frase comparativa /1/ pode, como vimos, ocorrer indiferentemente nas duas situações que chamamos a) e b).

Passemos agora ao comparativo de inferioridade, sempre com o adjetivo *quente*. Consideremos o enunciado:

O café está menos quente do que a sopa. /7/

que do ponto de vista lógico deverá apresentar as seguintes possibilidades, inversas às do enunciado /1/. Senão, vejamos:

c) Se B está X ⟶ A está X
ou
A está ~X

d) Se B está ~X ⟶ A está ~X

Para a situação c), temos o seguinte: se a *sopa* (B) está quente, *o café* (A) pode estar na zona quente ou na zona fria, pois que há toda a escala de grau, à sua disposição no sentido do quente para o frio.

Lingüisticamente, a realização destas duas alternativas lógicas pode ser ilustrada pela possibilidade de ocorrência dos seguintes enunciados:

O café está menos quente do que a sopa, mas não está frio. /11/

O café está menos quente do que a sopa, mas está bom. /12/

para a situação c), e

O café está menos quente do que a sopa, logo não dá para tomar. /13/

para a situação d). Isso mostra que o adjetivo *quente* continua a funcionar como não-marcado quanto à zona de calor na oposição quente/frio.

Tomemos agora o adjetivo *frio* e comecemos com o comparativo de superioridade, ilustrado no seguinte exemplo:

O café está mais frio do que a sopa. /14/

Do ponto de vista lógico, duas possibilidades se apresentam:

a') Se B está ~X   A está ~X

b') Se B está X   A está X ou
~X

Os enunciados abaixo ilustram a realização lingüística destas duas situações lógicas:

para a')

O *café está mais frio do que a sopa, logo, é impossível tomá-lo.* /15/

para b')

O *café está mais frio do que a sopa, mas está bom.* /16/

ou

O café está mais frio do que a sopa, mas não está frio. /17/

Isso mostra que, no comparativo de superioridade, o adjetivo *frio* pode também ser não-marcado quanto à oposição quente/frio.

Para o comparativo de inferioridade, tomando como exemplo o enunciado:

O *café está menos frio do que a sopa.* /18/

teríamos logicamente as seguintes situações:

c') Se B está X —— A está X

d') Se B está ~X —— 1. A está X ou
2. ~X

Entretanto, do ponto de vista lingüístico, nem a situação c' é possível nem a alternativa 1 da situação d'.

A impossibilidade lingüística de c' pode mesmo ser explicada logicamente, porque, se o elemento B não pode estar X, nesta construção toda a implicação torna-se automaticamente falsa. Por isso um enunciado como:

O *café está ótimo, ele está menos frio do que a sopa.* /19/

é semanticamente bizarro, uma vez que o elemento B (sopa) não pode, em virtude do adjetivo *frio,* estar quente.

A situação d' 1, se bem que logicamente possível, não se efetiva lingüisticamente, em virtude do adjetivo *frio,* que nesta construção situa a comparação na zona fria da escala. Por isso, seria ainda bizarro dizer, quando o elemento B (sopa) está frio,

O café está ótimo, ele está menos frio do que a sopa. /20/
porque B não é argumento suficiente para o *ótimo* de A.

Poderíamos, no máximo, dizer:

O café está suportável, ele está menos frio do que a sopa. /21/

Resta então como possibilidade de realização para o enunciado /18/ a situação d' 2, cujo valor lingüístico é o seguinte:

1) No comparativo de inferioridade o adjetivo *frio* é marcado na oposição quente/frio; isto significa que a comparação entre A e B se faz, neste caso, sempre na zona fria da escala;

2) A estrutura – A está menos frio que B – pode apresentar-se como constituída de um argumento B em favor de A, mas tal argumento nunca poderá ser suficientemente forte para levar A além do limite da zona fria;

3) Por outro lado, A pode também constituir-se como argumento desfavorável a B, com a comparação sempre se fazendo na zona fria da escala[6].

Quanto ao comparativo de igualdade, representado nos enunciados:

O café está tão quente quanto a sopa. /22/

O café está tão frio quanto a sopa. /23/

é interessante observar que /22/ como /23/ são, de certa forma, marcados quanto à zona de calor. Entretanto, esta marca não decorre simplesmente do próprio adjetivo mas pode variar de acordo com o nome ao qual ele se aplica.

Assim, o enunciado /22/ pode, do ponto de vista estrutural, apresentar-se como constituído de um argumento favorável ao elemento A ou de um argumento desfavorável ao elemento B, o que explica a possibilidade de dizer, por exemplo:

Até (mesmo) o café está tão quente quanto a sopa. /24/
ou ainda

O café está mesmo tão quente quanto a sopa. /25/

No enunciado /24/ o elemento *Até/mesmo* analisa estruturalmente o enunciado de modo a apresentar B como tema e A como argumento (um argumento forte) desfavorável a B.

6. a) Emprego o termo *argumento* no sentido em que Ducrot o utiliza em *La preuve et le dire*, cap. XIII: "Les échelles argumentatives", pp. 225-226, quando diz: "Nous partirons

No enunciado /25/, o elemento *Até/mesmo* continua a determinar um tema e um comentário. Mas, dada a mudança de posição, A é agora o tema e B o argumento (um argumento forte) em favor de A.

Se entendermos que o adjetivo *quente* é não-marcado na oposição quente/frio, somos também obrigados a admitir que tanto /24/ como

de la remarque, fort banale, que beaucoup d'actes d'énonciation ont une fonction argumentative, qu'ils visent à amener le destinataire à une certaine conclusion, ou à l'en détourner. Moins banale, peut-être, est l'idée que cette fonction a des marques dans la structure même de l'énoncé: la valeur argumentative d'une phrase n'est pas seulement une conséquence des informations apportées par elle, mais la phrase peut comporter divers morphèmes, expressions ou tournures qui, en plus de leur contenu informatif, servent à donner une orientation argumentative à l'énoncé, à entraîner le destinataire dans telle ou telle direction!" Neste sentido, a descrição que apresentamos da conjunção *mas* é ilustrativa. Porque, quando dizemos que ela não opõe as proposições p e q diretamente, mas sim uma certa conclusão r que se pode tirar de p, a uma conclusão ~r que pode ser tirada de q, dizemos que p é um argumento para r e que q é um argumento para ~r. A distinção entre valor argumentativo de um enunciado e a sua consideração como argumento de fato, relativamente a uma certa conclusão, não é, todavia, bastante clara. O que talvez se possa dizer, por enquanto, é que certos elementos lingüísticos, como, por exemplo, o operador *mesmo*, de que falaremos adiante, têm um valor argumentativo virtual, que, para realizar-se concretamente e dar, assim, ao enunciado em que ocorre o *status* de *argumento*, depende de certas condições, como por exemplo, a de que o enunciado em questão deve ser uma asserção.

b) Os termos *favorável* e *desfavorável* aparecerão ao longo de todo o trabalho. Eles recobrem dois conceitos opostos, mas de uma simplicidade evidente. Quando digo que tal elemento lingüístico constitui um argumento *favorável* a um outro elemento, do ponto de vista semântico, o que quero dizer é que, como no caso da comparação, o elemento favorecido é compensado negativamente no desfavorecimento do outro e vice-versa. Deste modo é que do primeiro se poderão tirar conclusões favoráveis, da mesma forma que do segundo se tirarão conclusões desfavoráveis. Sapir, no seu excelente estudo sobre o grau, já emprega esses termos. Como se sabe, ele distingue três pontos de vista no tratamento do problema e considera o grau lógico, o grau psicológico e o grau lingüístico. A importância desse estudo está em mostrar a grande complexidade do problema do grau e, ao mesmo tempo, em sentir e explicitar todo o dinamismo de pensamento implícito nesse tipo de construção lingüística. É na parte dedicada às "implicações de movimento no grau" que se pode ler o seguinte: "As idéias de direção, até aqui empregadas, apenas pressupunham um aumento ou decréscimo consistente, em valor, dos termos postos em série e em grau. Assim, partindo de uma série de termos "a, b, c, ..., n", em que "a" é menos que qualquer dos termos "b, c, ..., n", e "b" é menos que qualquer dos termos "c, ..., n", e "c" é menos que qualquer dos termos "..., n", e nenhum termo é mais que "n", estabelecemos uma direção de grau para cima, indo consistentemente de menos a mais; mas os termos em si mesmos não são necessariamente considerados como resultantes de um movimento para cima, partindo de "a", ou de um movimento para baixo, partindo, digamos, de "c". Logicamente, da

/25/ constituem enunciados perfeitamente aceitáveis uma vez que tanto do ponto de vista sintático como do ponto de vista semântico as estruturas se integram.

Há, no entanto, e é difícil negá-lo, uma certa estranheza no enunciado /24/ e tal estranheza decorre do fato de que os elementos comparados *café* e *sopa* têm um referencial que deve ser normalmente quente, para ser bom. (Ver os exemplos acima em que os adjetivos *bom, ótimo* entram no mesmo paradigma de *quente.)* Em outras palavras, *café* e *sopa* na oposição *quente/frio* são termos da língua catalogados positivamente em *quente* e negativamente em *frio.* É disto que resulta uma certa estranheza do enunciado /24/, pois se está utilizando *café*, que normalmente deve ser quente, como um argumento desfavorável para *sopa.* O que há é uma incompatibilidade da estrutura do enunciado que pretende ser um comentário sobre a frieza da sopa e o referencial de café, catalogado como *quente.*

Observe-se que essa estranheza desapareceria, ou, ao menos, diminuiria consideravelmente, se ao invés de *café* tivéssemos um termo cujo estado ótimo fosse *frio* e não *quente,* como no enunciado:

Até a cerveja está mais quente do que a sopa. /26/

No caso do enunciado /23/, em que teoricamente poderíamos ter A como argumento favorável ao tema B ou B como argumento desfavorável ao tema A, vemos, no entanto, que lingüisticamente o enunciado

Até o café está tão frio quanto a sopa. /27/

que representaria um esforço no sentido da primeira alternativa, não faz muito sentido porque a disponibilidade estrutural do enunciado é incompatível com o seu preenchimento semântico através do adjetivo *frio,* que neste caso é marcado.

mesma sorte que matematicamente, *b como aumento de a = b como decréscimo de c.* Psicologicamente, porém, e portanto também lingüisticamente a marcha explícita ou implícita tem freqüentemente uma direção específica. É a tendência de se insinuarem na linguagem as implicações cinestésicas, com as complicações resultantes de um sentimento *favorável,* ligado à marcha para cima, e um sentimento *desfavorável* (os grifos são meus), ligado à marcha para baixo, que tantas vezes torna a análise puramente lógica da linguagem não só insuficiente mas até falaz". Cf. E. Sapir, "O Grau: Estudo de Semântica", em *Lingüística como Ciência. Ensaios,* pp. 161-203. Seleção, tradução e notas de J. Mattoso Câmara Jr., Rio de Janeiro, Liv. Acadêmica, 1969, pp. 180-181.

Observe-se que a mesma impossibilidade verifica-se também no comparativo de superioridade.

Até o café está mais frio do que a sopa. /28/

É evidente, por outro lado, que a mesma incidência do catalogado que vimos a propósito do enunciado /24/ também desempenha aqui o seu papel, de tal modo que a estranheza de /27/ ou de /28/ é a mesma que encontramos em

Até a cerveja está tão quente quanto a coca. /29/

ou em

Até a cerveja está mais quente do que a coca /30/

Quanto à segunda possibilidade, isto é, aquela em que A é o tema e B o argumento desfavorável a A, não há problema, porque o adjetivo *fria* é marcado, no caso de café e sopa, não havendo assim nenhuma incompatibilidade entre a estrutura do enunciado e o seu preenchimento lexical. Os exemplos abaixo ilustram o que acabamos de dizer.

O café está mesmo tão frio quanto a sopa. /31/

ou inversamente:

A cerveja está mesmo tão quente quanto a coca. /32/

e mais apropriadamente ainda:

O café está mesmo tão frio quanto a cerveja. /33/

ou:

A cerveja está mesmo tão quente quanto a sopa. /34/

Assim, de modo esquemático e à guisa de conclusão parcial, podemos dizer que:

1) A comparação é uma estrutura que semanticamente se analisa sempre em termos de tema e comentário[7].

7. Uso a oposição *tema/comentário* como equivalente da distinção que se faz em inglês entre *topic/comment* e, em francês, entre *thème/propos* ou ainda como equivalente à distinção entre *tema/rema*. Ela é também, de alguma forma, correspondente à oposição entre "sujeito psicológico" e "predicado psicológico", tal como já aparece, por exemplo, em H. Paul, *Principien der Sprachgeschichte*, 2ª ed., Halle, 1886, p. 99. Trad. portuguesa: *Princípios Fundamentais da História da Língua*, Lisboa, Fundação Calouste Gulbenkian, 1970. É retomada e precisada pelos lingüistas do círculo de Praga, principalmente por V. Mathesius, cujas teses podem ser encontradas na apresentação que delas faz J. Firbas, "On Defining the Theme in Functional Sentence Analysis", *Travaux linguistiques de Prague*, Prague, 1964, vol. 1, pp. 267-280. Ver também Ch. Bally,

2) O comentário sempre se apresenta como um argumento "em favor" do tema.

3) O tema e o comentário são permutáveis do ponto de vista sintático, mas não do ponto de vista argumentativo, isto é, se B é um argumento favorável a A, então A é um argumento desfavorável a B.

4) Tal particularidade dá à comparação um caráter argumentatívo por excelência, pois, como já observou Sapir[8], o problema do grau não pode ser analisado em termos de informação objetiva, isto é, em termos de medida.

5) Dada, então, uma estrutura do tipo:

A é (está) mais X que B

A é (está) menos X que B

A é (está) tão X quanto B

é necessário ainda levar em conta o tipo de propriedade que virá preencher a variável X.

6) No caso da oposição *quente/frio*, estes adjetivos dependem ainda, para a distinção marcado/não-marcado[9], do preenchimento das variáveis A e B, isto é, dos elementos comparados quanto à propriedade. Se A e B são elementos catalogados como *quentes*, então *quente* é o termo positivo da oposição e conseqüentemente o termo não-marcado, isto é, que pode ser utilizado por toda a escala, e *frio* é o termo marcado; se A e B, ao contrário, são catalogados como normalmente

"Verstarkung und Emphase", em *Mélanges*, Genève, 1939. Ainda, quanto à necessidade de não confundir esta distinção com a de sujeito e predicado lógicos, ver J. L. Austin, "Comment parler?", trad. francesa em *Langages*, 2, jun. 1966. E na gramática gerativa fala-se freqüentemente de uma transformação de topicalização. Cf., por exemplo, N. Ruwet, *Introduction à la grammaire générative*, Paris, Plon, 1968, pp. 326-331.

8. Cf. nota 6, pp. 53-55.

9. Emprego a oposição *marcado/não-marcado* mais ou menos no mesmo sentido com que a fonologia a divulgou e outros níveis de análise lingüística a incorporaram. Ela corresponde também à distinção entre elemento extensivo e elemento intensivo. Do ponto de vista das unidades semânticas, como observa Ducrot, a noção de marca encontra um campo de aplicação incontestável, pois permite descrever uma assimetria bastante freqüente nas categorias semânticas. E o autor continua: "Soit les deux unités sémantiques: 'homme' (en entendant par là 'homme mâle' – cf. le latin *vir*) et 'femme', constituant la catégorie sémantique 'humain'. L'élément 'homme' sera dit non-marqué en français, parce qu'il existe un signifiant, le mot *homme*, qui designe tantôt la notion 'homme', tantôt la catégorie 'humain'. Ou encore, dans la catégorie sémantique 'intéres-

frios, então *frio é* o termo positivo da oposição e conseqüentemente o termo não-marcado, enquanto *quente* é o termo marcado.

7) Em virtude desta flutuação é possível usar o adjetivo *frio*, quando A e B são catalogados *quentes* como não-marcados, e o adjetivo *quente*, como não-marcado quando A e B são catalogados *frios*, no comparativo de superioridade. *Frio* e *quente* correspondem neste caso a expressões verbais como *esfriar a sopa, esquentar a cerveja*, que significam um processo de gradação equivalente a *tornar a sopa menos quente* e *tornar a cerveja menos gelada* e não, absolutamente, *tornar a sopa fria* e *tornar a cerveja quente*.

8) Nem o comparativo de inferioridade nem o de igualdade admitem, dependendo dos elementos comparados A e B, *quente ou frio* como não-marcados.

9) Deste modo, pode-se ainda falar em termos de marcado e não-marcado para a oposição *quente/frio*, desde que antes se levem em conta os elementos que vão preencher as variáveis A e B.

sant' – 'ennuyeux', le pôle 'intéressant' sera dit non-marqué, puisque le même adjectif *intéressant*, qui est susceptible de le représenter ('ce livre est intéressant'), peut aussi représenter la catégorie entière. C'est ce qui se passe, par exemple, dans la comparaison: en disant 'A est plus intéressant que B', on ne sous-entend pas que A et B méritent d'être dits intéressants, au sens fort de ce terme (en revanche l'expression 'A est plus ennuyeux que B' donne à penser que A et B sont l'un et l'autre ennuyeux). La distinction des éléments sémantiques marqués et non-marqués est aussi utile pour comprendre le mécanisme de la négation. Certaines expressions (comme le français *ne ... pas*) ont un effet particulier lorsqu'elles sont appliquées au mot représentant le terme non-marqué d'une catégorie: l'expression obtenue a tendance alors a représenter le pôle opposé (marqué). En revanche la même négation, appliquée au mot désignant le pôle marqué, ne reconduit pas jusqu'au pôle non-marqué, mais dans une région intermédiaire de la catégorie. Exemple (les fleches représentent l'effet de la négation):

"intéressant"	"gentil"	"bon"
"ennuyeux"	"méchant"	"mauvais"

Cf. O. Ducrot & T. Todorov, "Catégories linguistiques", em *Dictionnaire encyclopédique des sciences du langage*, Paris, Seuil, 1972, p. 149. Sobre a noção de marca, ver N. S. Troubetzkoy, *Principes de phonologie*, Trad. francesa, Paris, Klincksieck, 1949, cap. "Diacrítique", §§ 3 e 5; R. Jakobson, "Zur Struktur des Russischen Verbums", em *Charisteria Mathesio*, Praga, 1932, pp. 74-84; C. E. Bazell, "On the Neutralisation of Syntactic Oppositions", em *Travaux du Cercle Linguistique de Copenhague*, 1949; K. Togeby, *Structure immanente de la langue française*. Copenhague, 1951. (2ª ed. em Larousse, Paris, 1965).

10) Tal análise vale também para os outros pares de oposição cujos adjetivos não podem receber o traço positivo e negativo antes do preenchimento das variáveis A e B. É o caso, por exemplo, da oposição *velho/novo, grande/pequeno.*

11) Uma vez que este tipo de adjetivo depende não só da estrutura argumentativa para realizar o seu valor de argumentação como também dos termos comparados, proponho que os chamemos de *adjetivos dependentes do ponto de vista argumentativo*, para distingui-los de adjetivos como *inteligente/burro, corajoso/covarde* etc., que não apenas independem dos termos comparados como também determinem a possibilidade de realização ou não da estrutura argumentativa em que ocorrem. Proponho chamá-los de *adjetivos argumentativamente independentes.*

2. Adjetivos Argumentativamente Independentes

Tomemos então o par de adjetivos *inteligente/burro* como exemplo dos adjetivos independentes do ponto de vista argumentativo e tentemos proceder à descrição de seu comportamento na estrutura comparativa.

Consideremos os seguintes enunciados com a ocorrência do adjetivo *inteligente:*

Pedro é tão inteligente quanto João. /35/

Pedro é mais inteligente do que João. /36/

Pedro é menos inteligente do que João. /37/

Logicamente temos as seguintes situações:

/35/	a) Se B (João) é X (inteligente)	→	A (Pedro) é X
	b) Se B é ~X (burro)	→	A é ~X
/36/	a) Se B é X	→	A é X
	b) Se B é ~X	→	A é X ou ~X
/37/	a) Se B é X	→	A é X ou ~X
	b) Se B é ~X	→	A é ~X

Não é difícil verificar que, lingüisticamente, todas estas possibilidades se realizam. Assim, o enunciado /35/ pode ocorrer tanto no contexto:

Pedro é tão inteligente quanto João, por isso ambos podem resolver o problema. /35 a/

Como em

Pedro é tão inteligente quanto João, mas ambos são pouco dotados. /35 b/

Para o enunciado /36/:

Pedro é mais inteligente que João, por isso também conseguirá resolver o problema. /36 a/

e

Pedro é mais inteligente que João, mas é também medíocre. /36 b/

E finalmente para o enunciado /37/:

Pedro é menos inteligente que João, mas é talentoso. /37 a/

e

Pedro é menos inteligente que João, portanto não resolverá o problema que o outro não resolveu. /37 b/

Com o adjetivo oposto, *burro:*

Pedro é tão burro quanto João. /38/

Pedro é mais burro do que João. /39/

Pedro é menos burro do que João. /40/

Do ponto de vista lógico, temos as seguintes possibilidades:

/38/	a) Se B é X	⟶	A é X
	b) Se B é ~X	⟶	A é ~X
/39/	a) Se B é X	⟶	A é X ou ~X
	b) Se B é ~X	⟶	A é ~X
/40/	a) Se B é X	⟶	A é X
	b) Se B é ~X	⟶	1) A é X ou
			2) A é ~X

Entretanto, do ponto de vista lingüístico, as coisas se passam de maneira diversa. Na verdade, o adjetivo *burro* não permite senão a efetivação da possibilidade b) de cada enunciado, e ainda no caso do comparativo de inferioridade, isto é, do enunciado /40/, apenas b 2) é realizada lingüisticamente.

Os enunciados abaixo[10] ilustram o que acabamos de dizer:

10. Recorreremos, com freqüência, ao uso de asteriscos. É preciso, entretanto, dizer que não terão aqui a força "normativa" com que são usados na gramática gerativa. Constituem apenas um índice de maior estranheza semântica do enunciado a que precedem, sem, contudo, marcar a sua total impossibilidade de ocorrência.

* *Pedro é tão burro quanto João mas ambos são talentosos.* /38 a/

Pedro é tão burro quanto João, por isso também não vai conseguir resolver o problema. /38 b/

* *Pedro é mais burro do que João, por isso talvez consiga resolver o problema.* /39 a/

Pedro é mais burro do que João, por isso também não conseguirá resolver o problema. /39 b/

* *Pedro é menos burro do que João mas ambos são inteligentes.* /40 a/

* *Pedro é menos burro do que João, logo, ele é talentoso.* /40 b 1/

Pedro é menos burro do que João, talvez ele consiga resolver o problema. /40 b 2/

Tais enunciados visam a evidenciar que na oposição *inteligente/burro* só o adjetivo *inteligente* é não-marcado com relação à zona em que a comparação é feita. Por isso, *inteligente* realiza todas as situações previstas do ponto de vista lógico, enquanto que *burro*, ao contrário, por ser marcado na oposição, situa necessariamente o elemento B na zona da *burrice*, exigindo que a comparação aí se efetue, descartando conseqüentemente as possibilidades a) de cada enunciado.

Quanto à situação b 2) do enunciado /40/, é preciso notar que, embora favorável a A, a comparação se faz, contudo, na zona da burrice; por isso o enunciado /40 b 2/ é introduzido por um *talvez*.

É neste sentido, portanto, que se pode falar em adjetivo marcado e adjetivo não-marcado e é importante notar que tal marca ou sua ausência é, no caso destes adjetivos, dada pelo próprio adjetivo, sendo, conforme observa Ducrot, não-marcado sempre o termo positivo da oposição[11].

A defasagem existente entre o quadro lógico das possibilidades e o quadro das realizações efetivas na língua é o espaço criado pelo papel que a noção de marca desempenha.

Assim, a exemplo do que fizemos com os adjetivos *quente/frio*, é necessário que examinemos mais de perto o comportamento semântico do par *inteligente/burro* na estrutura comparativa, de modo não só a justificar a sua classificação como independentes do

11. Ver *Dictionnaire encyclopédique des sciences du langage*, p. 149.

ponto de vista argumentativo mas também de modo a corroborar a visão da estrutura comparativa como uma estrutura argumentativa por excelência.

Dizer que a comparação se apresenta semanticamente como uma estrutura argumentativa significa, para nós, dizer que ela estabelece no ato mesmo da enunciação uma escala em que os enunciados se dispõem numa relação de grau (mais fortes, menos fortes etc.), desfrutando de uma ambigüidade estrutural (relativamente à organização *tema/comentário*) que se presta menos à informação do que à argumentação propriamente dita em favor de um julgamento.

Tomemos, então, em particular cada um dos enunciados que apresentamos acima e procedamos à sua análise em termos desta ambigüidade.

Representando a estrutura geral dos enunciados comparativos que utilizamos como exemplo por:

A é	tão	X	quanto	B
	mais		que	
	menos		que	

comecemos por aqueles em que a variável X é preenchida pelo adjetivo *inteligente.*

O enunciado:

Pedro é tão inteligente quanto João. /35/

pode constituir-se ou como a) um argumento favorável a Pedro
ou como b) um argumento desfavorável a João.

No caso a), a inteligência de Pedro é o tema e João é dado como o seu comentário-tema; no caso b), o tema é a burrice de João e o comentário é a inteligência de Pedro.

Tal ambigüidade entre o tema e o comentário é devida não apenas à estrutura da comparação mas ainda ao fato de que o adjetivo *inteligente* é não-marcado em relação à zona da escala na oposição *inteligente/burro.*

Por outro lado, essa mesma ambigüidade argumentativa da comparação serve ainda para pôr em evidência o papel que a noção de marca pode ter para a compreensão do funcionamento dos pares de adjetivos tipo *inteligente/burro, corajoso/covarde, bonito/feio* etc.

Na verdade, dizer que o adjetivo *inteligente* é não-marcado não significa dizer propriamente que os dois elementos A e B comparados na propriedade X possam ser ~X, como foi sugerido por nós na comparação entre o quadro das possibilidades lógicas e o quadro das realizações efetivas na língua. Se assim fosse, não haveria razão para falar em ambigüidade argumentativa da comparação, pois disporíamos de critérios objetivos para determinar as condições de verdade ou falsidade de um enunciado comparativo, condições estas que, embora não respondendo inteiramente às possibilidades lógicas, seriam, ainda assim, estabelecidas a partir delas pela diferença.

Não se trata, evidentemente, de uma recusa sem fundamento, porque, quando voltamos, mais detidamente, os olhos para o lingüístico, vemos que há outros elementos na comparação cujo valor semântico não pode ser analisado em termos de verdade ou de falsidade, uma vez que esta estrutura não apresenta correspondência direta com a realidade objetiva, mas, ao contrário, dispõe lingüisticamente o universo segundo uma ordem de preferência do sujeito da enunciação.

Ora, a ordem do preferível em lugar da ordem do verdadeiro é própria da argumentação e da retórica[12].

Não é de estranhar, pois, que mesmo os lingüistas transformacionais, passado o momento de entusiasmo com o aparelho formal de que dispunham, tenham-se dado conta desta falta de informação objetiva que caracteriza a estrutura comparativa e tentado em termos do seu sistema dar conta desta ambigüidade[13].

Entretanto, como ela é de natureza mais argumentativa do que propriamente sintática ou mesmo semântica, nos termos em que esta é vista pelo transformacionalismo, o problema está longe de ter sido resolvido.

Com efeito, quer a semântica tenha como função interpretar as estruturas geradas pelo componente sintático da gramática, como

12. Ver Ch. Perelman & L. Olbrechts-Tyteca, *La nouvelle rhétorique – Traité de l'argumentation*. Paris, PUF, 1958, 2 vols.

13. Ver o cap. V, onde apresento e discuto algumas destas propostas.

querem Katz e Fodor e Katz e Postal e mesmo Chomsky, quer ela produza, desde a base, essas estruturas, como pretende a chamada semântica gerativa, identificada, por exemplo, nos trabalhos de Lakoff, McCawley[14], o fato é que uns e outros trabalham fundamentalmente nos limites de uma lógica estrita, que pretende poder determinar, assim como para a linguagem lógica, as condições em que um enunciado de uma língua natural é verdadeiro ou falso.

Para isso é preciso fazer abstração de toda situação de discurso e trabalhar em um nível de objetividade só conseguido ao preço de um artificialismo que é próprio da ciência.

A pergunta que então se propõe não é se a ciência procede correta ou incorretamente diante dos fenômenos que pretende descrever e explicar – pergunta cujo alcance epistemológico transborda com chuvas de verão a continência deste rio – mas se, tal como tem sido proposta, no que concerne à semântica, ela pode responder pelo inconveniente de certas estruturas, certos elementos, como os pressupostos lingüísticos, os pronomes pessoais, as partículas *mesmo*, *até*, *ainda*, a estrutura comparativa, que, longe de terem simplesmente uma função descritiva no interior do sistema lingüístico de que fazem parte, incidem muito mais sobre o próprio ato de fala e, então, funcionam metalingüisticamente como um comentário desta enunciação ou ainda como marcadores de um novo ato ilocucional.

Depois dos trabalhos dos filósofos da linguagem comum e principalmente dos trabalhos de Austin, dos artigos de Benveniste sobre

14. Ver, a propósito destas alternativas de tratamento semântico da frase, minha tese de mestrado: *Une introduction au problème de la sémantique dans la grammaire générative*, 1971. Ver também: J. J. Katz & J. A. Fodor, "The Structure of a Semantic Theory", *apud*, Fodor & Katz (orgs.), *The Structure of Language – Readings in the Philosophy of Language*, Englewood, New Jersey, Prentice Hall, Inc., 1964; J. J. Katz & P. M. Postal, *An Integrated Theory of Linguistic Description*, Cambridge, Mass., MIT Press, 1964; J. J. Katz, "Interpretative Semantics vs Generative Semantics", em *Foundations of Language*, 6, pp. 220-259; N. Chomsky, "Deep Structure, Surface Structure, and Semantic Interpretation", em Steinberg & Jakobovits (orgs.), *Semantics*, Cambridge University Press, 1971, pp. 183-216; G. Lakoff, "On Generative Semantics", em *Semantics*, pp. 232-296; J. D. McCawley, "The Base Component of a Transformational Grammar", *Foundations of Language*, 4, pp. 243-269; do mesmo autor, "The Role of Semantics in a Grammar", em Bach & Harms (orgs.), *Universals in Linguistic Theory*, New York, Holt, Rinehart & Winston, 1968, pp. 124-169.

os pronomes pessoais e sobre a subjetividade na língua, dos estudos de Ducrot sobre a pressuposição enquanto ato de fala específico e, mais recentemente, de seus trabalhos sobre a argumentatividade da língua, fica difícil, como dissemos na Introdução, continuar vendo com rigidez as dicotomias como língua/fala, competência/performance sobre que a lingüística, desde Saussure até bem recentemente, sustentou a sua atividade sincrônica. Trabalhando no nível do enunciado, isto é, da língua, todos os problemas de enunciação, concernentes, portanto, à fala ou à performance, tais como o problema da identidade dos interlocutores, a situação geográfica e social que envolve o ato de fala, a idéia que os interlocutores fazem de si mesmos no momento do ato de fala, o *hic et nunc,* enfim, do ato de enunciação efetivado, foram estigmatizados como da competência de outras ciências, a psicologia, a sociologia, entre outras, reservando-se à lingüística o domínio seguro do sistema abstrato, das relações ou das regras, constitutivo da língua.

Mas quando do interior do próprio quadro teórico da gramática transformacional vemos o esforço de lingüistas como Lakoff no sentido de dar conta do problema dos performativos, e assim admitir com o nome de hipótese performativa a existência, na estrutura profunda, de marcas do ato de fala, é que a lingüística já não pode contentar-se com relegar à negatividade o que o sistema constituído não pode absorver.

Como dissemos, tal tentativa, se é relevante no sentido de mostrar a importância que cada vez mais assumem os fatos da enunciação na lingüística, ela nos parece também um tanto artificial pois insiste em garantir um quadro teórico cuja axiomática é a da lógica e cujas hipóteses fundamentais são a distinção entre competência e performance e entre enunciados gramaticais e enunciados agramaticais.

De qualquer forma, o que nos importa, no caso, é mostrar que a lingüística não pode mais descartar-se da necessidade de explicar certos fenômenos, que, marcados desde o interior da língua, são, contudo, alérgicos ao fechamento formal do sistema. Sofrem, por assim dizer, de claustrofobia. Exigem o mundo, ainda que como simples murmúrio.

No caso da estrutura comparativa, que, como observamos, se inscreve menos no descritivo e muito mais na ordem do preferível, é, portanto, necessário tentar descrevê-la levando em conta esta disponibilidade argumentativa com que ela se apresenta.

Por isso, dizíamos que a noção de marca ou de ausência de marca do adjetivo não era mera questão de saber se A e B, os elementos comparados, podiam ser ambos de uma ou de outra zona da comparação ou indistintamente das duas zonas, como parece ser o caso do adjetivo *inteligente.*

O que é preciso levar ainda em conta é a própria ambigüidade argumentativa da estrutura. Como vimos, o enunciado:

Pedro é tão inteligente quanto João. /35/

é ambíguo quanto à relação *tema/comentário,* de tal forma que /35/ pode constituir tanto um julgamento favorável à *inteligência de Pedro,* e, neste caso, o argumento é a *inteligência de João,* como um julgamento desfavorável à *inteligência de João,* e, neste caso, o argumento é a *burrice de Pedro.*

Temos assim, embora com a mesma ordem escalar, duas direções de pensamento diferentes[15] ou, em outros termos, duas orientações argumentativas diferentes, que podem ser representadas segundo os esquemas abaixo:

FIGURA 6

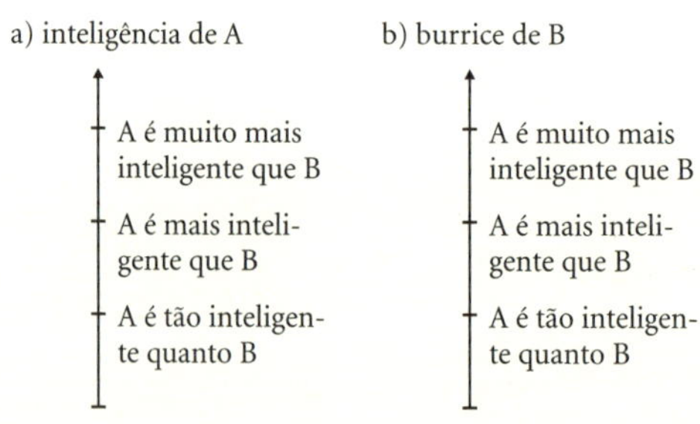

Deste modo, é possível explicar de maneira mais exata a oposição marcado/não-marcado, que parece ter um papel fundamental na

15. A expressão "direção de pensamento" – "*direction of thought*" – é usada por Jespersen num trabalho sobre a negação. Cf. o cap. v, onde trato mais detalhadamente do problema da negação e da argumentação.

comparação. Com efeito, já que a estrutura da comparação é argumentativamente ambígua, caso ela se realize lingüisticamente com um adjetivo não-marcado (quando se tratar de adjetivos independentes argumentativamente) esta ambigüidade deve permanecer.

Tomemos agora o enunciado:

Pedro é tão burro quanto João. /38/

que constitui também um comparativo de igualdade, mas no qual a variável X é preenchida pelo adjetivo *burro*.

De acordo com o que vimos a propósito do enunciado /35/, este enunciado deverá também apresentar a mesma ambigüidade argumentativa que lá encontramos, mas invertendo a posição dos termos A e B quanto à linha do favorável e do desfavorável, isto é, quanto à orientação argumentativa, pois se trata do pólo negativo da oposição.

Teríamos então a seguinte representação esquemática:

FIGURA 7 a) burrice de A b) inteligência de B

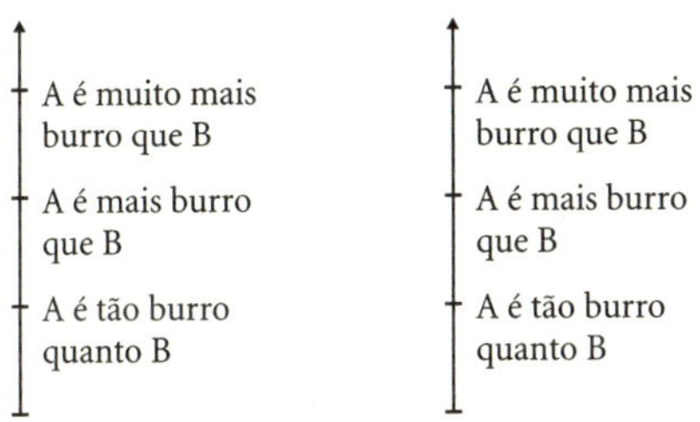

Em outros termos, o enunciado /38/ poderia apresentar-se como constituído ou

a) de um julgamento desfavorável a A, ou

b) de um julgamento favorável a B.

No caso a), a burrice de A é o tema, e a burrice de B, o comentário, enquanto que, em b), o tema é a inteligência de B e o comentário, a burrice de A.

Comparem-se, entretanto, os seguintes enunciados:

Até (mesmo, até mesmo) Pedro é tão inteligente quanto João. /35 a/

e

Até Pedro é tão burro quanto João. /38 a/

Dos dois, só o primeiro parece plenamente aceitável, enquanto que o segundo é pelo menos bizarro.

Ora, a explicação de tal fato decorre do que já dissemos quando tratamos dos adjetivos *quente* e *frio.*

Tínhamos observado nesta ocasião que as partículas *até, mesmo, até mesmo*[16], quando situadas na posição em que aí aparecem, funcionam de modo a selecionar, entre a ambigüidade dada pela estrutura, a direção argumentativa, determinada com relação ao elemento B. Assim, o enunciado /35 a/ desfaz a sua ambigüidade, realizando somente a possibilidade b), isto é, aquela em que o tema é a burrice de B e o argumento, a inteligência de A, que é dada como um argumento forte desfavorável a B.

No caso do enunciado /38 a/, o elemento *mesmo* funciona da mesma forma, selecionando o sentido b) entre as duas alternativas hipoteticamente possíveis, de modo a apresentar a burrice de A como um argumento forte para a inteligência de B; mas, como o adjetivo *burro* situa a comparação necessariamente na zona da burrice, tal hipótese não encontra solução lingüística e, assim, se desfaz. Na realidade, um enunciado com a estrutura *A é tão X quanto B* perde a ambigüidade no momento em que a variável X é preenchida por um adjetivo como *burro* que agora pode, *a fortiori*, ser classificado como *marcado.* A impossibilidade do enunciado /38 a/ pode então ser explicada em termos de uma incompatibilidade entre a sua estrutura semântica, ou, se quisermos, argumentativa, e o valor específico do adjetivo *burro,* que é marcado.

Observemos agora o que acontece quando mudamos a posição da partícula *mesmo (até, até mesmo).* Sejam os dois enunciados:

Pedro é até mesmo tão inteligente quanto João. /35 b/

Pedro é até mesmo tão burro quanto João. /38 b/

Novamente, a partícula *mesmo* desfaz a ambigüidade, escolhendo agora a direção argumentativa determinada em relação a A, isto é,

16. Voltaremos ao problema do valor de *até mesmo, até* e *mesmo*, quando tratarmos no cap. III da partícula *ainda*. Tudo o que se pede até aqui é que a intuição do leitor verifique a pertinência de /35 a/ e não a de /38 a/.

apresentando a inteligência de B como um argumento forte para a inteligência de A no caso de /35 b/ e a burrice de B como um argumento forte para a burrice de A, isto é, como um argumento forte desfavorável a A. Neste caso, como não há nenhuma restrição entre a disponibilidade estrutural e o preenchimento lexical da variável X, o enunciado /38 b/ é totalmente aceitável, o que confirma a sua não-ambigüidade e o papel que a noção de marca aí desempenha.

No caso de /35 b/ o que vemos é a confirmação da ausência de marca no adjetivo *inteligente*, que tanto pode ser usado como argumento para a inteligência como para a burrice, enquanto que o adjetivo *burro* não pode senão ser utilizado como argumento para a burrice.

O fato de *inteligente* poder ser utilizado lingüisticamente segundo direções opostas do ponto de vista argumentativo explica por que somos levados a dizer que os dois elementos A e B podem ser, indiferentemente, burros /35 a/ ou inteligentes /35 b/, enquanto que o adjetivo *burro*, não permitindo senão a realização do enunciado /38 b/ e excluindo /38 a/, permite dizer que os elementos comparados A e B são necessariamente *burros*. Mas isto não é um dado, uma evidência em si mesma. Foi a análise da estrutura comparativa em termos de argumentatividade e a sua realização lingüística através do preenchimento da propriedade X, eixo da comparação, que nos permitiu chegar a tal resultado, que será evidentemente tanto mais válido quanto der conta dos outros tipos de comparativo.

No comparativo de superioridade, de que formulamos estes exemplos:

Pedro é mais inteligente que João. /36/

Pedro é mais burro do que João. /39/

as coisas se passam como a análise prevê, isto é, em /36/ o adjetivo *inteligente* mantém a ambigüidade argumentativa da estrutura

A é mais X que B,

enquanto que o adjetivo *burro* a desfaz, fixando necessariamente a *burrice* como orientação da escala, o elemento A como tema e B como constituinte do comentário.

Daí a mesma possibilidade dos enunciados.

Até Pedro é mais inteligente que João. /36 a/
Pedro é mesmo mais inteligente que João. /36 b/
Pedro é mesmo mais burro do que João. /34 b/

e a impossibilidade de

* *Até Pedro é mais burro do que João.* /39 a/

em que a burrice de Pedro é dada como argumento para a inteligencia de João.

No caso do comparativo de inferioridade cuja estrutura geral é

A é menos X que B

o mesmo fenômeno se verifica, mas invertendo os termos A e B quanto à determinação da escala, por causa do quantificador *menos*.

Com efeito, considerando os enunciados

Pedro é menos inteligente que João. /37/
Pedro é menos burro que João. /40/

verificamos agora que em /37/ a ambigüidade própria da estrutura é mantida, mas inversamente à que observamos para /35/ e /36/, isto é, para o comparativo de igualdade e de superioridade.

Assim temos:

FIGURA 8

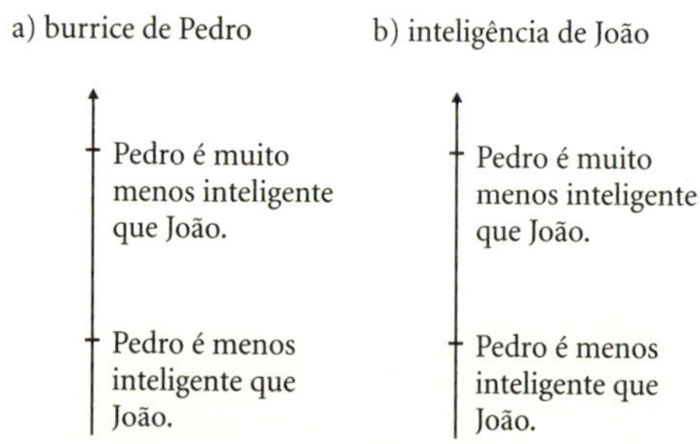

Em a) a inteligência de B é o argumento para a burrice de A, enquanto que em b) o contrário, de tal modo que /37/ possa apresentar-se ou como um julgamento favorável a B ou como um julgamento desfavorável a A. E, como a comparação é feita sobre o adjetivo *inteligente*, as duas possibilidades se atualizam, conforme se evidencia quando consideramos os enunciados abaixo:

Até mesmo Pedro é menos inteligente que João. /37 a/

Pedro é até mesmo menos inteligente que João. /37 b/

onde /37 a/ fixa como tema a *inteligência de João* e dá como argumento forte em seu favor a *inteligência de Pedro*, e onde /37 b/ aponta, ao contrário, como tema a burrice de Pedro e como argumento forte em seu favor a *inteligência* (no caso, *burrice*) *de João.*

Com o enunciado /40/, visto que é o adjetivo *burro* que preenche a variável X na estrutura, e porque este adjetivo é marcado, apenas uma das possibilidades se realiza.

Com efeito, o enunciado /40/ poderia, em princípio, comentar a inteligência de A pela burrice de B ou a burrice de B pela inteligência de A, mas o que de fato se realiza pode ser evidenciado na possibilidade de ocorrência de

Até Pedro é menos burro que João. /40 a/

onde Pedro é apresentado como um argumento forte no sentido da burrice de João, enquanto que o inverso, isto é, B ser apresentado como um argumento forte favorável a A, é impossível, conforme mostra o enunciado /40 b/, dada a marca do adjetivo *burro.*

Pedro é mesmo menos burro do que João. /40 b/

Talvez possamos agora precisar a noção de marca, dizendo que:

1) dado um par de adjetivos X / ~X,

argumentativamente independentes, isto é, independentes quanto aos elementos que preenchem as variáveis A e B na comparação, é não-marcado sempre o termo positivo da oposição;

2) por termo não-marcado da oposição (*inteligente*, nos exemplos discutidos) entende-se aquele que, dada a estrutura geral da comparação, que é argumentativamente ambígua,

A é Δ X Δ B /41/

(onde Δ está pelos operadores de comparação *tão ... quanto, mais... que, menos ... que*), ao preencher a variável X, mantém esta ambigüidade;

3) por termo marcado da oposição (*burro*, nos exemplos analisados) entende-se aquele que, ao preencher a variável X, desfaz esta ambigüidade argumentativa, situando a comparação na zona negativa da escala;

4) a diferença fundamental entre os adjetivos argumentativamente independentes (como *inteligente/burro*) e os adjetivos argumen-

tativamente dependentes (como *quente/frio*) está, então, em que, ao contrário dos primeiros, estes são insuficientes em si mesmos quando preenchem a variável X de /41/ para manter ou desfazer a sua ambigüidade, isto é, é necessário primeiro, para que isto ocorra, que os elementos A e B de /41/ sejam preenchidos[17];

5) o termo positivo ou não-marcado da oposição pode ser ainda definido como aquele que permite argumentar com o positivo e/ou com o negativo, e o termo negativo ou marcado pode ser definido como o termo que não permite argumentar senão com o negativo;

6) resumindo a análise que fizemos da comparação e os resultados a que chegamos até aqui, podemos então dizer que:

I – o comparativo dá a escala (isto é, quais enunciados são mais fortes);

II – o adjetivo dá a zona (isto é, uma apreciação sobre A e B, no caso do adjetivo marcado);

III – *mesmo* (*até, até mesmo*) dá

a) a indicação do tema e do comentário

b) a indicação de que o comentário é forte;

IV – I + IIIa dizem se o julgamento é favorável ou não;

V – I + IIIa + IIIb dizem em que zona deve encontrar-se o termo de referência;

VI – pode acontecer que a zona determinada por (I + IIIa + IIIb) seja incompatível com a zona determinada por II, e neste caso o enunciado é inaceitável.

3. Ambigüidade e Dependência Argumentativa

Segundo Ducrot, um termo é argumentativamente ambíguo quando pode pertencer a duas categorias argumentativas disjuntivas[18].

17. Há ainda o caso dos adjetivos de cor em que falar de pares de oposição não faz muito sentido e nem, conseqüentemente, falar de termo positivo e termo negativo, termo marcado e não-marcado, pois todos serão obviamente marcados. Assim, quando dizemos: *O tapete é tão verde quanto a toalha*, é difícil dizer que *a toalha* não é necessariamente verde. Neste caso, como acontece quando é o termo marcado de uma oposição que preenche a variável X de uma estrutura comparativa, esta perde a sua ambigüidade.
18. Cf. O. Ducrot, *La preuve et le dire*, Cap. XIII: "Les échelles argumentatives".

Assim, em francês *tiède*, "morno/a", é um adjetivo argumentativamente ambíguo, pois, como mostram os exemplos abaixo, pode pertencer a duas escalas contrárias.

FIGURA 9

↑	↑
chaud	froid
tiède	tiède
tiède 1	tiède 2

Isto é, uma escala orientada no sentido de *quente* e outra, no sentido de *frio*, de tal forma que, do ponto de vista argumentativo, teríamos em francês dois adjetivos *tiède*, que Ducrot distingue, indexando-os, como nas escalas acima.

Assim, pode-se dizer em francês tanto:

Le café est tiède$_2$ et même froid. /42/

como

Cette bière est tiède$_1$ et même chaude. /43/

Ora, sabemos que *même* em francês e *mesmo, até, até mesmo*[19] em português são operadores que hierarquizam os argumentos em relação à conclusão, quando estes não apresentam uma ordem intrínseca, e, caso eles a apresentem, o operador *mesmo* a respeita, de tal modo que o segundo argumento, modificado por *mesmo*, é sempre superior ao primeiro, qualquer que seja a conclusão a que o locutor pretenda chegar.

E Ducrot mostra que esta ambigüidade está ligada a outros fatos:

1º) um fato lexical: o verbo *tiedir* é ambíguo.

Exemplo:

Je vais faire tiedir le lait. /44/

enquanto que, por exemplo, o adjetivo *frais*, que argumentativamente é sempre orientado no sentido de *froid*, isto é, não é ambíguo, tam-

19. Ver mais adiante, quando discuto o problema da impossibilidade de coordenar argumentos que pertençam a escalas argumentativas diferentes, para uma exposição mais detalhada do papel argumentativo de *mesmo, até, até mesmo* em português. Ver também o cap. III: "Ainda a comparação".

bém não apresenta nos compostos lexicais nenhuma ambigüidade, como se pode verificar quando se considera, por exemplo, o verbo *fraîchir*;

2º) a ambigüidade de *tiède* está ligada à ambigüidade de *presque tiède*, visto que *presque* age de maneira diferente, se se trata de *tiède*$_1$ ou de *tiède*$_2$.

Assim, considerando primeiro *tiède*$_1$ e decidindo, por hipótese, que para o enunciado:

La bière est tiède$_1$*.* /45/

tiède = 15º, então, no enunciado:

La bière est presque tiède. /46/

tiède deverá, por exemplo, ser igual a 13º, isto é, *presque* faz abaixar a temperatura, conforme se pode ver no esquema que representa esta hierarquia:

FIGURA 10

No caso de *tiède*$_2$, o efeito de *presque* será contrário, isto é, ele fará aumentar a temperatura.

Assim, supondo que no enunciado:

Le café est tiède$_2$*.* /47/

tiède = 15º, então no enunciado:

Le café est presque tiède$_2$*.* /48/

tiède deverá, por exemplo, ser igual a 17º.

Em português, as coisas se passam mais ou menos da mesma maneira. Com efeito, basta considerarmos a possibilidade de ocorrência dos enunciados abaixo e veremos que a mesma explicação dada para o francês vale perfeitamente para o português:

O café está morno e até mesmo frio. /49/

Esta cerveja está morna e até mesmo quente. /50/

Vou amornar a água. /51/

para significar ou "esquentar" uma água que está *fria* ou "esfriar" uma água que está *quente*.

O café está quase morno. /52/

supondo *morno* = 15°, *quase morno* = 17°

A cerveja está quase morna. /53/

supondo *morno* = 15°, *quase morno* = 13°.

Ora, se atentarmos para a análise que fizemos do par de adjetivos *quente/frio*, veremos que o comportamento argumentativamente ambíguo *de morno* é uma decorrência do fenômeno mais geral da ambigüidade que caracteriza os adjetivos *quente/frio*, fenômeno que a nossa análise procurou explicar.

Na verdade, estes adjetivos que chamamos de "argumentativamente dependentes" trazem nesta dependência em relação aos elementos a que se aplicam uma ambigüidade virtual que o adjetivo *morno* realizará plenamente.

Em outras palavras, no par *quente/frio*, tanto pode ser *positivo* e, portanto, não-marcado o adjetivo *quente* e marcado o adjetivo *frio* (quando aplicados a *café* ou a *sopa*, por exemplo), como o inverso, isto é, não-marcado o termo *frio* e marcado o termo *quente* (quando aplicados, por exemplo, a *cerveja*).

Ora, se considerarmos, de um modo geral e objetivo, *morno* como sendo um estado intermediário de calor entre o *frio* e o *quente*, será então necessário, do ponto de vista argumentativo, considerá-lo segundo duas determinações diferentes e contrárias dadas pela oposição *quente/frio*. Isto é, *morno*, objetivamente, é este estado intermediário entre o *quente* e o *frio*, mas, como do ponto de vista argumentativo tanto *frio* como *quente* podem ser termos positivos da oposição e vice-versa, *morno* estará ora determinado negativamente segundo a escala do *frio* (como no exemplo /49/) ora segundo a escala do *quente* (como no exemplo /50/), assim como poderá estar positivamente determinado segundo a escala do *frio* ou segundo a escala do *quente*.

Por isso, um enunciado como:

A sopa já está morna. /54/

pode ocorrer tanto no contexto:

Tome logo a sopa porque ela já está morna. /55/

como neste outro:

Pode tomar a sopa porque ela está morna. /56/

Da mesma forma que o enunciado:

A cerveja já está morna. /57/

pode ocorrer no contexto:

Tome logo esta cerveja porque ela já está morna. /58/

como também neste outro:

Espere um pouco que a cerveja já está morna. /59/

dito como favorável, por exemplo, numa cultura onde se tenha o hábito de tomar cerveja quente.

Deste modo, a ambigüidade do adjetivo *morno* é maior do que foi apontada e esta ambigüidade decorre fundamentalmente, como dissemos, da fluidez existente na oposição *quente/frio.*

Em português, a existência dos verbos *esfriar* e *esquentar,* que não significam, como dissemos, propriamente, "tornar quente" e "tornar frio", mas "tornar mais frio" ou "menos quente" ou "morno" para *coisas quentes* e "tornar mais quente" ou "menos frio" ou "morno" para *coisas frias,* justifica de certa forma a nossa explicação, assim como, juntamente com a ambigüidade argumentativa do adjetivo *morno,* ajuda a entender a possibilidade de dizer *mais frio que* de duas coisas que podem estar quentes, como nos nossos exemplos com *café* e *sopa,* assim como dizer *mais quente que* de duas coisas que podem estar *frias,* como nos nossos exemplos com *cerveja* e *coca-cola.* Porque neste momento *mais frio que* será entendido, no primeiro caso, como indo no máximo até *morno,* assim como *mais quente que,* no segundo caso, também será entendido como indo no máximo até *morno.*

Interessante também é notar o comportamento assimétrico do comparativo *mais* e do comparativo *menos*[20], quando considerados de um ponto de vista argumentativo.

20. Ver também o capítulo v, onde trato do problema da assimetria entre *mais* e *tão* de um lado e *menos* do outro e onde apresento outros argumentos e outros critérios que a justificam.

Imaginemos que dois interlocutores (L e D) que falam de uma terceira pessoa (João) usem para tanto um referencial conhecido dos dois, que é Pedro.

Num certo ponto do diálogo, L diz:

L: *João é mais burro que Pedro.* /60/

ao que D responde:

D: *Digamos antes que ele é menos inteligente que Pedro.* /61/

ou, ao contrário:

L: *João é mais inteligente que Pedro.* /62/

D: *Digamos antes que ele é menos burro que Pedro.* /63/

No primeiro caso, é evidente que o locutor L pretende levar D a concordar com a conclusão de que *João é burro* e, no momento em que ele é corrigido por D ("Digamos antes"), este não discorda inteiramente, mas a forma pela qual ele organiza o enunciado, utilizando *menos*, apresenta-o como um argumento de menos força para a burrice de João.

O mesmo se passa com o segundo diálogo, mas a conclusão a que L pretende chegar é a da inteligência de João e a enunciação de D constitui uma atenuação do argumento de L.

Os esquemas abaixo representam, respectivamente, a situação argumentativa de cada um dos diálogos:

FIGURA 11

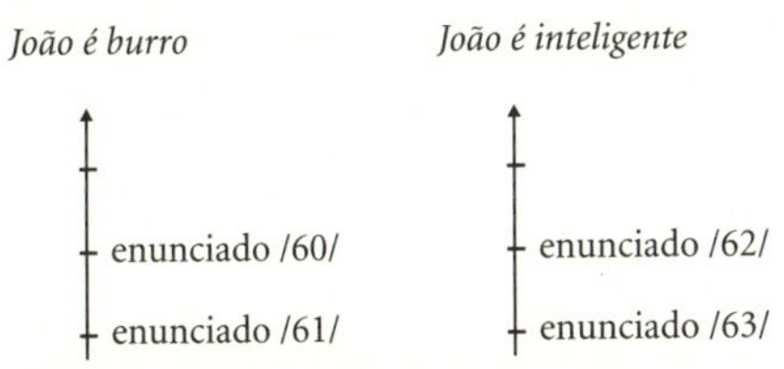

O mesmo se passa com enunciados como:

João é mais pequeno que Pedro. /64/

João é menos grande que Pedro. /65/

se considerados como argumentos para a pequenez de João, isto é, tendo João como tema.

Neste caso, a sua ordem argumentativa seria dada da seguinte maneira:

FIGURA 12

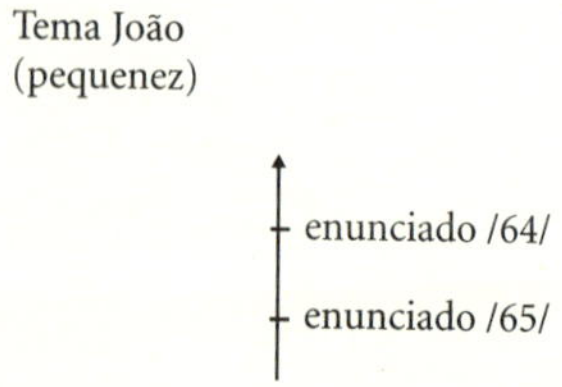

Isto é, o enunciado /64/ é um argumento de pequenez mais forte que o enunciado /65/.

O que se pode dizer para explicar tal fenômeno é que *menos* insiste sobre a escolha do adjetivo, de tal forma que um enunciado E, do tipo:

A é ± X que B

é marcado quanto à zona em que a comparação se faz, se

1) X é marcado,

isto é, se X = *burro*
frio (quando desfavorável)
pequeno (quando desfavorável)

2) X é não-marcado, e o comparativo é *menos*.

Mas voltemos ao fenômeno da dependência para desta vez observar que ele não se restringe apenas ao problema do referente dos nomes comparados, como no caso dos adjetivos *quente/frio*.

Considere-se, por exemplo, o par de adjetivos *grande/pequeno*.

Se bem que estes dois adjetivos sejam, morfologicamente, o primeiro não-marcado e o segundo marcado (usa-se *grande* como termo neutro da oposição: cf. em alemão "Er ist ein Meter gross"), o seu comportamento semântico é diferente do par *inteligente/burro; grande* e *pequeno* também são adjetivos argumentativamente dependentes, mas, diferentemente do par *quente/frio*, onde a simples referência dos nomes pode determinar a inversão dos papéis, agora é a situação argumentativa, a situação de discurso que poderá anular a oposição morfológica, instituindo uma oposição semântica que faça de *pequeno* o termo não-marcado e de *grande* o termo marcado.

Imaginemos a seguinte situação de discurso: Três ladrões planejam entrar numa joalheria. Verificam o local, fazem os planos e decidem por fim que a maneira mais adequada para penetrar no local é uma pequena abertura que há no fundo do edifício. Mas, como a abertura é muito pequena, eles necessitam de alguém também bastante pequeno para que o plano funcione. É este indivíduo que eles procuram e é ele que lhes abrirá as portas da fortuna.

Evidentemente, neste caso, *ser pequeno* é uma condição favorável para os fins a que se pretende chegar, e, neste caso, um enunciado como:

João é mais pequeno que Pedro. /64/

deverá, do ponto de vista argumentativo, ser favorável a João, quando ele é o tema e, ao contrário, desfavorável a Pedro, quando este é o tema do enunciado.

Por isso, se diante da necessidade em que se encontram os nossos amigos ouvíssemos o diálogo

1º ladrão: – Ah! eu conheço um cara que pode servir.

2º ladrão: – Quem é?

1º ladrão: – Pedro!

3º ladrão: – Eu também o conheço. Não dá. Ele é muito grande.

(E referindo-se ao segundo ladrão, que se chama João.)

– *Mesmo João é mais pequeno que Pedro.* /66/

comprovaríamos efetivamente que a situação de grandeza é totalmente desfavorável e a de pequenez inteiramente favorável.

O mesmo se passa com o comparativo de igualdade.

Mesmo João é tão pequeno quanto Pedro. /67/

Ora, na análise que fizemos do comparativo com adjetivos independentes, do tipo *inteligente/burro,* dissemos que um enunciado como:

* *Mesmo João é tão burro quanto Pedro.* /68/

mais é bastante bizarro.

E tal estranheza, segundo a nossa análise, decorre da incompatibilidade entre a independência da marca do adjetivo *burro*, que situa a comparação na zona da *burrice*, e o valor argumentativo do enunciado onde o operador mesmo apresenta a burrice de João como um argumento forte favorável a Pedro, isto é, como um argumento em favor da sua inteligência.

Entretanto, tal estranheza desaparece completamente quando consideramos o enunciado /66/ na situação que imaginamos.

E, se ela desaparece, é porque neste caso o adjetivo *pequeno* é não-marcado e o seu comportamento semântico é, por força da situação argumentativa, análogo ao do adjetivo *inteligente*.

Assim, num enunciado como

Mesmo João é mais inteligente que Pedro. /67/

dissemos que *Pedro* é o tema e que *João* é um argumento que lhe é fortemente desfavorável.

Se atentarmos agora para o enunciado

Mesmo João é mais pequeno que Pedro. /66/

dito na situação de discurso que apresentamos, veremos que se passa exatamente a mesma coisa, isto é, *Pedro* é o tema e *João* um argumento fortemente desfavorável.

Neste sentido é que a noção de marca para adjetivos do tipo *grande/pequeno, quente/frio* não é uma noção absoluta.

Ao contrário, como ela pode variar de acordo com a referência dos nomes que na comparação o adjetivo relaciona, ou ainda de acordo com a situação argumentativa, isto é, de acordo com a situação de enunciação, onde a interferência da subjetividade é capaz de anular a oposição e instaurá-la ao inverso, é justo dizer então que estes adjetivos são considerados como dependentes, do ponto de vista argumentativo.

E o interessante é ter verificado que as noções de *favorável* e de *desfavorável* são acompanhadas de e acompanham necessária e respectivamente as noções de adjetivo marcado e adjetivo não-marcado.

Isto pode ser ainda verificado se lembrarmos que um bom teste para a noção de marca é a interrogação.

Em geral ela se faz com o adjetivo não-marcado de uma dada oposição.

Assim, se duas pessoas falam de uma terceira, as perguntas

Ela é inteligente?

Ela é interessante?

são mais naturais do que

Ela é burra?

Ela é chata?

Com os adjetivos *quente/frio* há uma variação que depende dos referentes dos nomes. Assim, para cerveja será normal perguntar

Está fria?

Está gelada?

e menos

Está quente?

enquanto que para café temos o inverso.

No caso de *grande/pequeno*, a pergunta

Ele é pequeno?

quando considerada na situação dos nossos três amigos ladrões é perfeitamente natural.

É que, neste caso, *pequeno* é o termo não-marcado da oposição.

Mas tal ausência de marca foi determinada por uma situação de discurso específica, isto é, por uma situação argumentativa capaz de anular a rigidez de uma oposição morfológica e recriá-la semanticamente, de tal forma que na estrutura

A é mais pequeno que B
tão *quanto* B

sendo A o tema, o resto do enunciado se disponha como um argumento que lhe é favorável.

Por isso dissemos que a noção de marca depende, neste caso, do valor argumentativo do enunciado. Por isso ainda é que chamamos estes adjetivos de dependentes do ponto de vista argumentativo.

Entretanto, a força da situação argumentativa não se restringe apenas a uma atuação sobre este tipo de adjetivos.

Mesmo quando se trata de adjetivos argumentativamente independentes, ela é capaz de anular a rigidez da oposição morfológica e permite que enunciados do tipo

A é { mais burro que B
tão burro quanto B

se apresentem, quando o seu tema é A, como constituídos de argumentos que lhe são favoráveis.

Basta para tanto imaginarmos a situação em que se necessite, para fazer um determinado serviço, – ser, por exemplo, o testa-de-ferro na direção de um país, que é, na realidade, governado pelos interesses de um outro país – de um indivíduo cuja seleção deverá ser feita pelo alto grau de burrice.

Neste caso, dizer, por exemplo:

Pedro serve, pois ele é mais burro do que João. /69/

ou

Pedro serve, pois ele é tão burro quanto João. /70/

é perfeitamente possível, da mesma forma que os enunciados:

Pedro não serve, pois ele é mais inteligente que João. /71/

ou

Pedro não serve, pois ele é tão inteligente quanto João. /72/

são também, na situação argumentativa que imaginamos, concebíveis e aceitáveis. Basta utilizar o operador *mesmo* e o leitor poderá também testar essa possibilidade.

Isso mostra que a oposição marcado/não marcado, se é importante para a descrição semântica dos adjetivos de que tratamos, não pode, entretanto, ser utilizada como uma categoria fixa e alheia às mudanças semânticas que o enunciado pode sofrer sob a determinação da situação argumentativa, isto é, da situação efetiva de discurso em que ele é produzido.

Esse fato é interessante, não só porque permite mostrar a importância da situação argumentativa na descrição do valor semântico de um enunciado, como também porque permite um certo esclarecimento sobre as noções de *favorável* e *desfavorável* que aparecem com freqüência em nosso estudo.

Na verdade, num enunciado do tipo:

A é X

dizer que X é, por exemplo, favorável, pode significar três coisas:

a) ser *X é bom*;

b) estou (eu, sujeito da enunciação) contente que *A seja X*;

c) o fato de que *A é X* vai no sentido da minha argumentação presente.

A alternativa a) é facilmente descartável pela própria objetividade com que se propõe.

As alternativas b) e c) podem coincidir ou não num mesmo enunciado.

É o que acontece, por exemplo, em /68/ e /69/, onde *ser mais burro que B* e *ser tão burro quanto B* é favorável a A, na situação argumentativa específica que imaginamos e onde, da mesma forma, os enunciados são favoráveis à minha argumentação presente.

Há casos, entretanto, em que tal correspondência não é possível.

Assim, para um pai que diz a respeito do filho que se chama Pedro:

Não tenho senão aborrecimentos: Pedro é mais burro que João. /73/

é difícil dizer que haja contentamento por parte do sujeito desta enunciação, embora o enunciado grifado constitua um argumento *favorável*, no sentido c).

O que se dirá, neste caso, é que, no interior do enunciado comparativo, a *burrice de João* é um argumento *desfavorável* a *Pedro*, embora, na sua totalidade, o enunciado comparativo constitua um argumento *favorável*, no sentido da argumentação do falante.

Daí a importância de levar em conta a situação argumentativa que envolve o enunciado comparativo, quando se pretende determinar o seu valor semântico.

4. Comparar e Argumentar

Sabemos, segundo os trabalhos de Ducrot sobre a argumentatividade da língua[21], que *même*, em francês, e *mesmo (até, até mesmo)*, em português, estabelecem uma ordem argumentativa, em função das intenções do discurso, entre dois enunciados p e p'.

Isto é, dada uma classe argumentativa (CA) orientada segundo uma conclusão r, p' é superior a p com relação a r para um locutor L, de tal modo que, para L, p e p' pertencem à mesma CA. Para L, portanto, se aceitarmos p como argumento para r, deveremos também aceitar p', não sendo o inverso necessariamente verdadeiro.

Dado então o esquema geral

p e mesmo p'

ou

21. Cf. O. Ducrot, *La preuve et le dire*, cap. XIII: "Les échelles argumentatives".

p' é um argumento mais forte que p em relação a r, para L, e acrescento que para serem coordenados devem pertencer à mesma CA.

Suponhamos

p = ele tem o doutoramento

p' = ele tem a livre-docência

r = ele é inteligente

o enunciado

Ele tem o doutoramento e mesmo a livre-docência. /74/

responde inteiramente às condições acima, assim como lhes responderia se r = ele é oportunista, quando o enunciado fosse dito por alguém que desconfia da carreira universitária.

Um segundo exemplo. Dados:

p = ele bebeu um pouco

p' = ele bebeu muito

r = ele é um grande cara

o enunciado

Ele bebeu um pouco | e | *até mesmo muito.* /75/
ou

satisfaz as condições apontadas, como também as satisfaria se r = *ele não tem recuperação.*

Outro exemplo:

Ele bebeu | e | *até mesmo quase nada.* /76/
ou

da mesma forma responde às condições, podendo r ser tanto *ele é chato* como *ele é um homem sério.*

O que nos interessa guardar desta apresentação sumária do problema da ordem argumentativa está ligado à condição suplementar que apresentamos para que dois argumentos possam ser coordenados (por *e/ou)* isto é, que eles pertençam à mesma classe argumentativa.

Assim, no enunciado /75/, como no /76/, para não tomar mais que estes dois exemplos, *um pouco* e *muito,* no caso do primeiro, como pertencem à mesma categoria, a que Ducrot chama *categoria da posição,* podem ser coordenados, qualquer que seja a especificidade de r, o mesmo ocorrendo com *pouco* e *nada* (ou *quase nada)* em /75/, por pertencerem também à mesma categoria semântica, que Ducrot chama *categoria da limitação.*

O esquema abaixo, a propósito do termo *chance*, e que é uma adaptação para o português do esquema de Ducrot[22], representa o que acabamos de dizer:

FIGURA 13

Categoria da posição	Categoria da limitação
↑ muita chance	↑ sem nenhuma chance de tudo
chance	sem chance
um pouco de chance	pouca chance

Assim, como dissemos, qualquer que seja a especificidade da situação que venha preencher a variável *r*, a possibilidade de construir uma argumentação a partir de *um pouco* está determinada na direção de *muito*, contrariamente a *pouco*, cuja direção progressiva é *nada*.

Neste caso, a ordem dos argumentos independe do operador de argumentação *mesmo,* uma vez que já está marcada na própria língua, restando ao operador a função de apreciar tal ordem como uma hierarquia argumentativa, em função de uma conclusão r qualquer.

No caso do enunciado /74/, a ordem também é dada através dos referentes das expressões *doutoramento* e *livre-docência,* em que a segunda recobre, na ordem objetiva da carreira universitária, um referente superior ao que é recoberto pela primeira.

Outras vezes, tal ordem não é absolutamente dada e o operador *mesmo* deverá, então, instituí-la. É o caso, por exemplo, do enunciado:

Chomsky e mesmo Martinet disseram isto. /77/

em que dificilmente se pode falar de uma ordem objetiva, mas onde o operador de argumentação *mesmo* apresenta Martinet como um

22. Cf.*Dire et ne pas dire*, p. 200.

argumento mais forte do que Chomsky em relação a uma conclusão r qualquer, que determina a escala argumentativa[23].

A impossibilidade de coordenar *(e/ou)* dois argumentos que pertençam a escalas argumentativas diferentes ou contrárias é ainda mais evidente quando os elementos que vão constituir os argumentos já tenham na língua uma ordem determinada.

Assim, veja-se, por exemplo, a possibilidade de dizer:

Pedro é medíocre e mesmo burro. /78/

Pedro é burro e mesmo imbecil. /79/

Pedro é inteligente e mesmo genial. /80/

ao lado da impossibilidade de:

* *Pedro é medíocre e mesmo inteligente.* /78 a/

* *Pedro é burro e mesmo inteligente.* /79 a/

* *Pedro é inteligente e até mesmo imbecil.*[24] /80 a/

ou ainda, da impossibilidade de:

* *Ele bebeu um pouco e até mesmo nada.* /81/

* *Ele bebeu pouco e até mesmo muito.* /82/

É esta mesma impossibilidade de coordenar argumentos que pertençam a escalas argumentativas diferentes que deverá explicar a impossibilidade de enunciados como:

* *Pedro é mais e menos inteligente que João.* /83/

23. r pode ser, por exemplo:

isto é muito conhecido,
você deve saber isto,
um lingüista não pode desconhecer tal fato, etc.

24. No caso deste enunciado há ainda o problema representado pela distância que separa os argumentos. Parece haver na língua uma restrição quanto ao emprego de *mesmo*, restrição que estabelece uma condição de relativa proximidade dos argumentos para que possam ser relacionados pelo operador *mesmo*. Assim, por exemplo, dada uma escala como

canalha
vigarista
malandro
esperto

seria difícil, apesar de argumentativamente conhecerem a mesma orientação, dizer por exemplo: * *Pedro é esperto e mesmo canalha.* Entretanto, isto é um problema que precisa ser estudado mais detidamente. Anoto-o como observação a partir de discussões com O. Ducrot e J. C. Anscombre.

* *Pedro é mais ou menos inteligente que João.* /84/

O enunciado /83/ não pode ocorrer nem na forma interrogativa nem na forma negativa, enquanto que o enunciado /84/ ocorre interrogativa e negativamente, conforme podemos observar abaixo:

Pedro é mais ou menos inteligente que João? /85/

Pedro não é nem mais nem menos inteligente que João. /86/

Não é difícil perceber que estes dois enunciados podem perfeitamente constituir um diálogo e /86/ ser uma resposta a /85/ enquanto que /84/ não poderá, em hipótese alguma, responder a /85/.

Tanto o enunciado /83/ como o enunciado /84/ são impossíveis em virtude da lei de coordenação que exige que os argumentos pertençam à mesma escala argumentativa.

Ora, segundo a análise que fizemos da comparação, dizer A é mais P que B, quando P é não-marcado, significa (uma das possibilidades) dizer que P (B) é um argumento favorável a P (A); por outro lado, dizer A é menos P que B, quando P é não-marcado, significa (uma das possibilidades) dizer que P (B) é um argumento desfavorável a P (A). Ora, isto é absolutamente contraditório, visto que o mesmo argumento leva a r e a ~r, isto é, pertencem a escalas argumentativas diferentes, sendo, portanto, impossível coordená-los.

Entretanto, se isto explica a impossibilidade de /83/ e de /84/, como explicar a possibilidade de /85/ e /86/ e ainda a possibilidade de que /86/ possa constituir uma resposta a /85/?

Comecemos respondendo à primeira parte da questão e veremos que a segunda parte encontrará também a sua resposta.

Na realidade, a interrogação em /85/ recai sobre a conjunção *ou*, de tal modo que o locutor que produz este enunciado pede que o seu interlocutor faça uma escolha de escala, entre as duas alternativas dadas pelo *mais* e pelo *menos*.

Da mesma forma que a resposta do destinatário da pergunta pode significar a escolha de uma destas escalas, dizendo, por exemplo,

Pedro é mais inteligente que João. /87/

Pedro é tão inteligente quanto João. /88/

Pedro é menos inteligente do que João. /89/

ela pode também constituir uma recusa das escalas a que sua resposta deveria conformar-se e, neste caso, /86/ pode perfeitamente constituir esta resposta, que é polêmica, no sentido de que ela é uma refutação não propriamente do conteúdo da interrogação mas do quadro de alternativas que lhe é imposto para dar a sua resposta.

O que ela recusa é então a interrogação tal como ela foi formulada, isto é, o ato de fala que a constitui como alternativa. Daí ela significar qualquer coisa como

– *"Eu me recuso a falar da inteligência de Pedro em termos de mais ou menos, em relação a João".* /90/

O interessante é que esta recusa, que pode ser categórica e levar a uma resposta como

– *Ele é inteligente e acabou.* /91/

ou

– *Ele não é inteligente e acabou.* /92/

pode também ficar em recusa pura e simples do *mais* e do *menos* e cair logo em seguida na armadilha que o comparativo de igualdade traz preparada no interior da língua. Daí a possibilidade de uma resposta como:

– *Pedro não é nem mais nem menos inteligente do que João, ele é tão inteligente quanto.* /93/

O que há neste enunciado é um *détour* polêmico, que, apesar disso, leva o interlocutor a situar a sua resposta no interior da escala do *mais,* isto é, de uma escala determinada argumentativamente pelo favorável a *Pedro*[25].

O que o interlocutor faz é simplesmente adiar a sua escolha e, pensando ter realizado um ato de recusa das alternativas, resvala na teia que a aranha teceu. Neste sentido, a palavra é envolvente, como no outro (caso de /90/, /91/ ou /92/), ela é envolvida: a aranha-escorpião, disponível para a caça e para o suicídio.

Se quisermos ainda verificar que o enunciado /86/ não é equivalente ao enunciado /88/ *Pedro é tão inteligente quanto João,* bastará confrontarmos a possibilidade dos enunciados

Até Pedro é tão inteligente quanto João. /94/

25. Ver o cap. v, onde trato mais detalhadamente do problema da igualdade e da superioridade na comparação.

Pedro é mesmo tão inteligente quanto João. /95/

em que, como vimos, uma escolha argumentativa é feita pelo operador *até mesmo* entre a ambigüidade de /88/, com a impossibilidade de

Até Pedro não é nem mais nem menos inteligente que João. /96/

Pedro não é mesmo nem mais nem menos inteligente que João. /97/

onde o operador *mesmo* deveria apontar *Pedro* como um argumento forte para a burrice de *João,* como acontece em /94/ ou *João* como um argumento forte para a inteligência de *Pedro*, como acontece em /95/.

Mas, como não há escala possível, o operador *mesmo* trabalha sobre o vazio, as direções são contrárias e o efeito argumentativo se desfaz na contradição.

Voltemos, todavia, ao enunciado interrogativo

Pedro é mais ou menos inteligente que João? /85/

a fim de que possamos verificar melhor o que dissemos a seu respeito. Isto é, o fato de não se tratar de apenas uma interrogação que incide sobre um conteúdo, mas fundamentalmente de uma interrogação que impõe ao interlocutor um quadro de pensamento no qual a resposta deve ser formulada, como se se dissesse:

Fale-me da inteligência de Pedro	
Condição:	*mais inteligente que João*
	ou
	menos inteligente que João

O fato de que a interrogação não incide fundamentalmente sobre o conteúdo do enunciado, isto é, "a inteligência de Pedro", pode ser verificado se atentarmos, por exemplo, para a possibilidade de

Pedro é ainda mais inteligente do que João. /98/

Pedro é ainda mais inteligente do que João? /98 a/

Pedro é ainda menos inteligente do que João. /99/

Pedro é ainda menos inteligente do que João? /99 a/

em que o elemento *ainda* tem como um de seus efeitos o de fixar a zona em que a comparação se faz, quando o adjetivo é não-marcado[26].

26. Voltaremos mais detidamente, no capítulo seguinte, ao elemento *ainda*, que parece ser também um operador de argumentação. Aqui podemos contentar-nos com a simples constatação deste efeito.

Tal efeito passa evidentemente para a interrogação de tal modo que em /98/ e em /98 a/ *João é inteligente,* e em /99/ e /99 a/ *João é burro.*

Estes elementos são assim pressupostos na comparação e esta pressuposição é introduzida pelo operador *ainda.* Deste modo, constituem um ato de fala específico – o ato de pressupor, como o chama Ducrot[27] – que estabelece certas condições para o desenvolvimento do discurso, condições como "Falemos de Pedro com relação a João" com a condição de que estabeleçamos o seguinte acordo: *João é inteligente,* no caso de /98/ e de /98 a/ ou *João é burro,* no caso de /99/ e de /99 a/.

Isto é, há uma espécie de *acordo de adesão*[28] que o interlocutor deve assinar com o locutor para que o diálogo se estabeleça: o pressuposto aparece assim como um *lugar* (no sentido que este termo tem na Retórica de Aristóteles, isto é, de tópico) privilegiado na argumentação, porque é um *lugar* cuja residência é a própria língua[29].

Observemos agora o enunciado

Pedro é ainda mais ou ainda menos inteligente do que João? /100/

em que o locutor pede que se fale da inteligência de Pedro, instituindo, entretanto, ao mesmo tempo, dois pressupostos totalmente contraditórios, de tal modo que qualquer tentativa de resposta fica bloqueada pela impossibilidade de qualquer acordo entre o locutor e o interlocutor quanto ao lugar que sustenta o diálogo, ou seja, pelo paradoxo das premissas.

Desta forma, em /85/ *Pedro é mais ou menos inteligente que João?* a interrogação constitui um ato que não é de forma alguma o simples pedido de informação, mas o estabelecimento, para o interlocutor, de uma obrigação de escolha entre duas alternativas que a sua enunciação instituiu.

O interlocutor poderá realizar a escolha ou recusar-se a fazê-la: no primeiro caso, o diálogo prossegue; no segundo, ele será, ao menos,

27. Ver O. Ducrot, *Dire et ne pas dire,* chap. 3: "La notion de présupposition: l'acte de présupposer", pp. 69 ss.

28 Tomo emprestada a expressão *acordo de adesão* a Perelman & Tyteca, *La nouvelle rhétorique – Traité de l'argumentation.* vol. 1, pp. 87 ss.

29. Cf. ainda para a noção de lugar, *id., ibid.,* pp. 112 ss.

adiado. Entre o descritivo e o polêmico, a língua, espaço de prisão e liberdade.

Neste sentido seria interessante apresentar um fato bastante comum do discurso, entre nós, e que, parecendo à primeira vista um simples jogo de palavras, encerra, na verdade, um movimento argumentativo mais complexo.

Imaginemos um diálogo controvertido entre dois interlocutores, em que um deles (L) tem a segurança que a autoridade de seu cargo lhe dá, e o outro (D) depende desta autoridade.

D fez algo que aos olhos de L é absolutamente "criminoso" (por exemplo, ter faltado ao serviço) e este faz um discurso condenando-o e ameaçando-o com penalidades.

A cada investida de L, D tenta um argumento em sua própria defesa, introduzindo-o pela conjunção *mas*, ao que L retruca batendo na tecla do dever, dos prejuízos que ele vai ter, etc. D continua dizendo o seu *mas*, até que L, finalmente, fecha a discussão do alto de sua autoridade, dizendo o seguinte:

L: *Não tem mais nem menos, você vai pagar, e assunto encerrado.* /101/

É evidente que há nisso um jogo de palavras, mas que parece insuficiente para explicar tal fenômeno.

O jogo de palavras se dá, como não é difícil perceber, pela equivalência fonética entre o quantificador *mais* e a conjunção *mas*, realizadas em muitas regiões exatamente do mesmo modo (majs)[30].

Mas tal equivalência é suficiente para explicar o salto retórico que fecha o diálogo e que não é apenas um jogo de palavras, mas um fim conclusivo?

Creio que há nisto algo importante do ponto de vista argumentativo e que o simples jogo de palavras não poderia explicar.

Na verdade, como vimos a propósito dos adjetivos *quente/frio*, a conjunção *mas* funciona como introdutora de argumentos que levam a conclusões contrárias às que se poderiam tirar de um dado

30 É sabido que, do ponto de vista diacrônico, tanto *mais* como *mas* resultam da mesma forma latina *magis*. Cf., por exemplo, A. Meillet, "Le renouvellement des conjonctions", em *Linguistique historique et linguistique générale*, Paris, Libraire Honoré Champion ed., 1965, p. 172.

enunciado. Isto é, dado um enunciado do tipo A mas B, A é um argumento para uma certa conclusão r e B, um argumento para ~r.

Tal descrição leva evidentemente em conta a presença necessária, na língua, dos interlocutores, no interesse de quem r e ~r se opõem.

Assim, cada argumento A para r encontra um argumento B para ~r, introduzido pelo operador *mas.*

Em outras palavras, o operador *mas* articula polemicamente o discurso, pois coordena argumentos que pertencem a classes argumentativas opostas.

A estrutura geral do diálogo entre L e D pode, então, ser representada da seguinte maneira:

L) diz A para levar a r

D) diz mas B para levar a ~r

O discurso evolui de um lado como acréscimo de argumentos para r e, de outro, como a soma de argumentos para ~r. Isto é, ele se desenvolve segundo duas escalas argumentativas diferentes e contrárias, que são a própria possibilidade de sua evolução.

Ora, uma vez que *mais* e *menos* pertencem a escalas argumentativas diferentes e contrárias e dizer *nem mais nem menos* significa recusar a alternativa que estes termos representam, então dizer, neste contexto, *não tem mais nem menos* significa também recusar-se a aceitar a dicotomia argumentativa que a conjunção *mas* estabelece. É um argumento equivalente, por exemplo, a

Chega de mas, você vai pagar e acabou. /102/

isto é, não é um argumento mas uma forma de violência que, respaldada na força da autoridade, nega ao outro a liberdade da argumentação.

E, como isto é hoje um fenômeno muito familiar, sobretudo em certas sociedades, pouco há a acrescentar, quando todos vivem a sua experiência.

Enfim, na medida em que a comparação se apresenta como uma estrutura que, do ponto de vista argumentativo, contém dois movimentos contrários e simultâneos, um no sentido do *favorável* e outro no sentido do *desfavorável*, pode-se dizer que existe entre os dois termos comparados uma espécie de oposição que, semanticamente, poderia ser identificada como uma negação da propriedade que um dos termos absorve em desfavor do outro.

Neste sentido, não é estranha a tese de Valin[31] quando ele procura explicar a presença, em francês, da marca da negação que introduz o segundo termo de um comparativo de desigualdade, como no enunciado

Pierre est plus courageux que Jean n'est prudent. /103/

Tudo se passa como se a propriedade que relaciona os termos da comparação tirasse de um para atribuir ao outro.

É esta mesma tese da oposição entre os termos comparados que vamos encontrar no excelente trabalho de Small[32], onde ele procura mostrar a presença fundamental da "adversidade" e da "temporalidade" na constituição semântica desta estrutura, comentando que muitas línguas constroem o comparativo pela simplicidade de uma oposição como

Pedro é grande e Paulo não é. /104/

O mesmo se passa com o estudo de Benveniste[33] sobre o comparativo no indo-europeu, assim como com o estudo semântico de Sapir sobre o grau, de que já falamos, quando o autor mostra as implicações de movimentos opostos que caracterizam a comparação e como estes movimentos se orientam segundo "metas", cuja mudança acarreta sempre uma inversão apreciativa, que se alterna de modo geral entre o *favorável* e o *desfavorável*[34].

Ora, o que Sapir chama de *meta* corresponde, *grosso modo*, ao que aqui chamamos de conclusão e representamos pela variável r. É ela que permite estabelecer a escala argumentativa a que pertence um enunciado p de uma língua.

E como na comparação o movimento argumentativo é sempre duplo, indo, de um lado, no sentido de um r favorável e, do outro, de

31. Cf. R. Valin, "Esquisse d'une théorie des degrés de comparaison", *Cahiers de linguistique structurale*, Québec, Les Presses Universitaires Laval, n. 2, 1952.
32. Cf. G. W. Small, *The Comparison of Inegality - The Semantics and Syntax of the Comparative Particle in English*, Ph.D. dissertation, Baltimore, M.D., The John Hopkins University, 1924.
33. Ver o cap. v, onde discuto detalhadamente o trabalho de Benveniste e onde desenvolvo melhor o valor de oposição dos termos, que é próprio da estrutura comparativa.
34. Cf. E. Sapir, "O Grau: Estudo de Semântica", em *Linguística como Ciência*, pp. 192 ss.

um ~r desfavorável, pode-se dizer que o que caracteriza, fundamentalmente, a estrutura comparativa, se adotarmos o ponto de vista de uma semântica argumentativa, é este movimento de compensação entre os termos comparados.

III | Ainda a Comparação

Hoy és siempre todavía.
Antonio Machado

1. *Mesmo*: Operador de Argumentação

No capítulo anterior, tentamos mostrar o caráter argumentativo da estrutura comparativa e para fazê-lo, entre outros recursos, lançamos mão da aplicação do operador de argumentação *mesmo (até, até mesmo)* às frases comparativas, como também recorremos, mas de modo menos constante, ao elemento *ainda.*

Gostaríamos, neste capítulo, de poder mostrar, retomando em alguns casos o efeito de *mesmo* sobre a comparação, qual o valor de *ainda* quando ocorre nesta estrutura e, desta forma, organizar alguns elementos que possam servir de subsídio para um estudo da sua natureza argumentativa, isto é, do valor de apreciação que é próprio deste elemento.

Vimos no capítulo anterior que o operador *mesmo* fornecia um critério para a ordenação dos argumentos relativamente a uma escala argumentativa dada, isto é, permitia dizer ou revelar, dados dois argumentos p e p', relativos a uma escala argumentativa r, qual deles é mais forte ou, em outras palavras, qual argumento está acima do outro na escala. Assim, se pudermos dizer

p e *mesmo* p' /1/

isto significa que qualquer que seja r, se p é um argumento para r, então p' é também um argumento para r, e mais forte que p.

Além disso, pudemos ainda observar que, conforme a sua posição na estrutura comparativa, este operador agia de forma a desambigüizar a comparação a dois termos, selecionando e pondo em evidência o modo de realização da seleção, do tema e do comentário.

Neste caso – não havendo incompatibilidade, de um lado, entre o argumento fortemente marcado pelo operador *mesmo* e o sentido *favorável* ou *desfavorável* deste argumento em relação ao tema isolado e, de outro, a zona da escala determinada, caso fosse marcado, pelo adjetivo – o enunciado realizado é aceitável.

Deste modo, *mesmo* pode:

1.º) Dado um enunciado, estabelecer uma relação argumentativa entre os elementos que o constituem, relação esta em que o elemento precedido de *mesmo* está acima dos demais, enquanto argumento de uma escala argumentativa r. Neste caso, *mesmo* ordena argumentativamente o enunciado, segundo uma intenção r do locutor L.

FIGURA 1

Ex.:

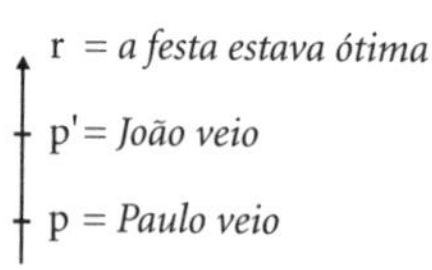

L: *A festa estava ótima. Paulo veio e até mesmo João estava lá.* /2/

2.º) Dado um enunciado, estabelecer uma relação argumentativa entre elementos que já se apresentem ordenados. Neste caso, *mesmo* respeita a ordem lexicalmente dada, mas opera argumentativamente no sentido de apresentá-la à intenção de uma conclusão r do locutor, isto é, numa escala argumentativa determinada por r.

Assim, dados os adjetivos *inteligente* e *genial* ordenados segundo uma escala de valor, a enunciação de L

Pedro é inteligente e mesmo genial. /3/

dispõe a ordem lexical numa ordem argumentativa favorável a *Pedro.*

É evidente, neste caso, que seria impossível dizer

Pedro é genial e mesmo inteligente. /4/

porque a ordem, lexicalmente dada, deve ser respeitada. Por outro lado, é também evidente que dizer:

Pedro é inteligente e genial. /5/

significa cometer a mesma estranheza, de modo que, embora dada na língua, a ordem lexical não pode ser atualizada senão argumentativamente.

3.º) Dado um enunciado comparativo, cuja estrutura é argumentativamente ambígua, o operador *mesmo,* salvo restrições apontadas, deverá escolher, segundo a linha do *favorável* ou do *desfavorável*, já dada pela comparação, a orientação da escala argumentativa, apresentando, sempre, como um argumento forte em relação ao tema o elemento escolhido como comentário[1].

Senão, confira-se:

Pedro é tão forte quanto João. /6/

Mesmo Pedro é tão forte quanto João. /7/

Pedro é mesmo tão forte quanto João. /8/

Deste modo, quando se trata da comparação, o operador *mesmo* tem um papel de desambigüizador ao mesmo tempo que de fortalecimento do argumento escolhido. Isto é, dado o par semântico *tema/comentário,* a estrutura comparativa o realiza segundo uma dupla relação ou, se se preferir, uma relação especular: dado um tema A e um comentário B, dá-se também um tema B e um comentário A.

Até aqui estaríamos, entretanto, ainda no domínio do lógico, no limite das relações semânticas deduzíveis do interior do próprio

1. Evidentemente, o operador *mesmo*, quando tem como escopo o termo comparante de uma estrutura comparativa, pode, em certas situações, escolhê-lo como *tema*. Assim, suponhamos que Antônio tenha três filhos: João, Pedro e José, e que José seja o mais calado e o menos expressivo dos três. Ele fala dos filhos a alguém, tendo já feito o elogio da inteligência de Pedro e de João, e, para apresentar José como inteligente, diga: *Mesmo José é tão inteligente quanto os outros dois.* Neste caso, a inteligência dos outros dois filhos é apresentada como argumento forte favorável a José, que é o tema. Mas isto não anula a análise que fizemos de *mesmo.* Antes a reforça, porque, se este enunciado é possível nesta situação, José continua a ser o tema e, enquanto tal, exige que o movimento argumentativo da enunciação lhe seja favorável.

enunciado. Acontece, porém, que as relações A r B e B r A não se dão indiferentemente, mas segundo direções argumentativas diferentes e contrárias. A estas direções chamamos linha do favorável e do desfavorável. E é nisto, nesta orientação diversa da relação tema e comentário, que reside a natureza argumentativa da comparação.

Esse traço de argumentatividade significa que uma análise lógica de um enunciado comparativo, por mais sofisticada que seja, dificilmente poderá esgotar o valor semântico de tal enunciado. Porque toda tentativa de descrição e explicação lingüística, cujo fundamento é a lógica formal, procede segundo a fatalidade necessária do sistema de regras que as constituem.

Em outras palavras, quando se trata de demonstrar uma proposição, como diz Ch. Perelman e L. Olbrechts-Tyteca,

> [...] il suffit d'indiquer à l'aide de quels procédés elle peut être obtenue comme dernière expression d'une suite déductive dont les premiers éléments sont fournis par celui qui a construit le système axiomatique à l'intérieur duquel on effectue la démonstration. D'où viennent ces éléments, sont-ce des vérités impersonnelles, des pensées divines, des résultats d'expérience ou des postulats propres à l'auteur, voilà des questions que le logicien formaliste considère comme étrangères à sa discipline. Mais quand il s'agit d'argumenter, d'influer au moyen du discours sur l'intensité d'adhésion d'un auditoire à certaines thèses, il n'est plus possible de négliger complètement, en les considérant comme irrelevantes, les conditions psychiques et sociales à défaut desquelles l'argumentation serait sans objet ou sans effet. Car *toute argumentation vise à l'adhésion des esprits et, par le fait même, suppose l'existence d'un contact intellectuel*[2].

Apesar de longa, a citação é esclarecedora: o que é importante reter, entre outras coisas, é que o traço argumentativo da linguagem é o fato de que ela sempre se dispõe à intenção do outro, isto é, a intenção de um auditor e de um locutor.

E não basta dizer que tal traço depende do uso que se faz da linguagem e não da própria linguagem, relegando, assim, o estudo

2. *La nouvelle rhétorique – Traité de l'argumentation*, cap. I, p. 18. Os grifos são dos autores.

destas particularidades a outras áreas do conhecimento que não a lingüística, quando a própria língua apresenta, desde o seu interior, virtualidades argumentativas, marcas de argumentatividade, como *mesmo*, a comparação, *ainda*, cuja descrição não pode ser feita senão no interior de uma teoria geral dos atos de fala, ou seja, uma descrição que de certa forma abdique do rigor silencioso da necessidade lógica e reencontre o murmúrio da necessidade histórica.

E tampouco basta agora apontar a distância que existe entre o lógico e o lingüístico, mesmo dizendo que este não é uma determinação daquele, mas que, ao contrário, o lógico só foi possível como elaboração sobre as línguas naturais. Nem é mais suficiente, neste sentido, dizer, como o fizeram lingüistas esclarecidos como Weinreich e Ducrot, que a aplicação da lógica matemática[3] ao estudo das línguas naturais tem como objetivo fundamental mostrar a distância entre estas e aquela. Porque esta distância já não pode ser apenas constatada negativamente. Ela não constitui um espaço vazio cuja manipulação e preenchimento dependa do interesse de cada teoria formalizada que se possa construir sobre a linguagem. Ao contrário, este é o espaço para onde a linguagem se excede e estende os termos que aqui chamamos de argumentativos; o espaço que o lógico não pode suportar porque nele a linguagem é mais vontade que razão, espaço, enfim, onde a linguagem se dispõe para o confronto definitivo do homem com sua inteligência e seu corpo. É o espaço da provisoriedade que as dicotomias, não raras nas ciências humanas e sobretudo em lingüística, significativamente representam por uma barra transversal: língua/fala, competência/performance, etc./etc.

Neste sentido, é interessante retomar, em parte, a discussão de Ducrot[4] sobre o problema da relação argumentativa de dois elementos

3. Penso em especial no artigo de Ducrot sobre "lógica e linguagem" que introduz a coletânea de artigos que formam o n. 2 da revista *Langages*, assim como penso nas palavras de Weinreich, quando diz: "O lingüista descritivo não tem nenhum interesse em tornar o uso da linguagem 'mais lógico' do que ele é – ao contrário, ele deve explicar, se possível, por que ele não é, com efeito, mais lógico". Cf. U. Weinreich, "On the Semantic Structure of Language", pp. 148-149. In: J. Greenberg (org.), *Universals of Language*, 2ª ed., Cambridge, London, MIT Press, 1966, pp. 142-216.

4. Cf. O. Ducrot, *La preuve et le dire*, cap. XIII: "Les échelles argumentatives".

de um enunciado com a intenção de uma certa conclusão r do locutor L, problema ligado à questão da ordem e da força dos argumentos na escala determinada por r e onde o operador *mesmo* tem, como vimos, um papel fundamental.

Para mostrar que p e p' são argumentos para r e que p' está acima de p na escala argumentativa determinada por r, conforme o representa o esquema:

FIGURA 2

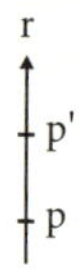

Ducrot enuncia a seguinte lei:

"Se r pode ser deduzido de p, então r também se deduz de p', o inverso não sendo verdadeiro."

Ora, vemos que com um pouco de esforço (esforço necessário por causa da variável r que é uma variável ilocucional) é possível representar tal lei através da implicação lógica, conforme podemos observar em /9/

$(p \Longrightarrow r)\ (p' \Longrightarrow r)$ /9/

e, deste modo, a argumentatividade da relação entre (p, p') e r revelar-se-ia, no fundo, como uma relação lógica, isto é, como uma relação de que a implicação pode dar conta.

Entretanto, trabalhando sobre o francês, o autor pôde verificar não haver na língua nenhuma relação de continência de p em relação a p', como se pode ler na implicação.

Assim, tomando como exemplo o enunciado:

Je suis presque en retard. /10/

como p, se quiséssemos manter a solução lógica que /9/ representa, teríamos de admitir como p'

Je ne suis pas en retard. /11/

e como r

Je suis à l'heure. /12/

conforme a figura /3/ o representa:

FIGURA 3

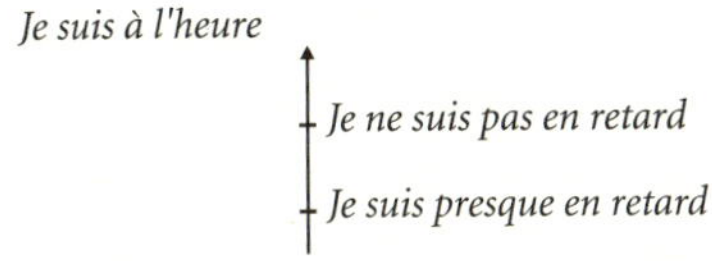

Isto significa que /10/ *Je suis presque en retard* seria dado como prova ou argumento para /12/ *Je suis à l'heure* e, de fato, se o admitirmos, a implicação lógica responderá inteiramente pela relação entre estes três enunciados.

Entretanto, o que se passa na língua é bem outra coisa. Porque, na realidade o enunciado /10/ *Je suis presque en retard* não é de forma alguma uma prova para /12/ *Je suis à l'heure*, mas, ao contrário, um argumento para /13/ *Je ne suis pas à l'heure*, fato não difícil de verificar se utilizarmos o critério de *même (mesmo)* operando entre p e p'. Neste caso o que se obtém é:

Je suis presque en retard et même en retard. /14/

que, de toda a evidência, se constitui de argumentos para /13/ *Je ne suis pas à l'heure* e não para /12/ *Je suis à l'heure*, conforme o representa a figura /4/:

FIGURA 4

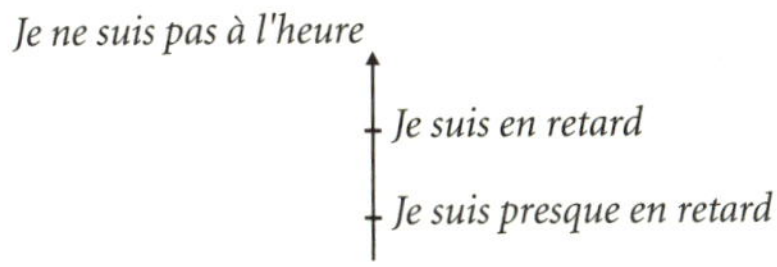

Tais fatos levam então Ducrot a reformular a sua lei substituindo o verbo *deduzir*, cuja conotação lógica é bastante marcada, por um verbo que marca bem o papel importante dos atores da enunciação numa teoria da argumentatividade da língua. Tal lei é então enunciada da seguinte forma:

"Se se aceita apresentar p como argumento para r então deve-se aceitar a apresentação de p' como argumento para r, não sendo o inverso verdadeiro."

Ora, o que isto mostra, além da importância dos atores na língua, é que não há correspondência simétrica entre o lógico e o argumentativo, isto é, que este não pode ser recoberto por aquele, porque o excede. E, como tais marcas de argumentatividade se inscrevem na própria língua, tentar reduzi-la a explicação que pode decorrer de um modelo lógico qualquer significa ou relegar a um plano inferior fatos importantes para quem se dispõe a uma descrição semântica da língua ou, o que é mais ou menos a mesma coisa, cometer esta espécie de violência que consiste em cortar um pedaço do pé do freguês quando o sapato é pequeno, ao invés de fazer outro sapato[5].

2. *Ainda*, *Mesmo* e a Comparação

Guardada então a natureza argumentativa do operador *mesmo* e o seu papel na estrutura comparativa, podemos passar à discussão de *ainda* e de seu papel na comparação, procurando mostrar, num paralelo com *mesmo*, que também este elemento deve ser tratado de um ponto de vista argumentativo, uma vez que traz para o interior do enunciado a marca de uma apreciação do locutor.

Tomemos então o seguinte enunciado comparativo:

Pedro é mais inteligente que João. /15/

Conforme já verificamos, em virtude da ambigüidade estrutural (tema e comentário) e argumentativa (*favorável* a Pedro e *desfavorável* a João) e a ausência de marca do adjetivo *inteligente*, a comparação entre Pedro (A) e João (B) relativamente à inteligência (i) pode ser feita na escala, indiferentemente, na zona da *burrice* ou na zona da *inteligência*.

Considere-se agora o enunciado:

Pedro é ainda mais inteligente que João. /16/

Neste momento a comparação se faz necessariamente na zona da inteligência, a ambigüidade argumentativa se desfaz porque a inteligência de B é apresentada como um argumento forte favorável a A, mas não se pode dizer que A seja apresentado como desfavorável a B,

5. Na língua, como mostrou Ducrot (cf. *La preuve et le dire*, cap. XIII: "Les échelles argumentatives"), *mesmo* depende de uma ordem argumentativa, enquanto que *a fortiori*, de uma ordem lógica. Isto é, para
1) A e mesmo B, tem-se
2) B e *a fortiori* A
2) exige que B ⟶ A, enquanto que 1) não o faz e, por outro lado, posso ter A ou mesmo B, mas não B ou *a fortiori* A.

pois que B já é i em virtude de *ainda*, da mesma forma que se desfaz a ambigüidade estrutural entre tema e comentário porque agora A é necessariamente o tema e B, o comentário. Daí a impossibilidade de um enunciado como

* *Até Pedro é ainda mais inteligente que João.* /17/

onde A, por causa de *até*, é dado como argumento fortemente desfavorável a B, ao lado da possibilidade de

Pedro é ainda mais inteligente até mesmo que João. /18/

onde B já é inteligente, por causa de *ainda*, e onde *até mesmo* o apresenta como um argumento fortemente favorável a A, isto é, no sentido da única possibilidade permitida por *ainda*.

Verifique-se que este mesmo efeito, mas agora no sentido inverso, pode ser observado em

Pedro é ainda menos inteligente que João. /19/

onde A é o tema, B o argumento desfavorável a A e onde o sentido da argumentação é dado pelo *desfavorável*, não havendo portanto ambigüidade argumentativa nem estrutural e a comparação se fazendo necessariamente na zona da *burrice*.

Deste modo, e até o momento, as evidências que apresentamos parecem sugerir que o papel de *ainda* na comparação é o de *fixador* da zona em que a comparação deve ser efetuada. A hipótese que, do ponto de vista semântico, parece poder explicar este fenômeno é a que se baseia na análise do enunciado em posição e pressuposição. Chamaremos esta hipótese de pressuposicional e a apresentaremos conforme o esquema da figura 5 o representa, para em seguida discutirmos a sua validade.

Assim, dado um enunciado do tipo

A é ainda mais f que B /20/
menos

onde f representa a qualidade;
tal hipótese o analisa em

FIGURA 5

a) PP) B já é f
b) P) A é mais f que B

Entretanto, se tal hipótese reconhece um enunciado como /16/ *Pedro é ainda mais inteligente que João* ou como /19/ *Pedro é ainda menos inteligente do que João,* é só com alguma dificuldade que ela poderá explicar a diferença entre /21/ e /22/:

Pedro é mais burro do que João. /21/

Pedro é ainda mais burro do que João. /22/

porque o enunciado /21/ já pressupõe, em virtude da marca do adjetivo *burro*, que B já é f, de maneira que os dois enunciados receberiam a mesma análise, representada na figura 5, e o papel de *ainda* na comparação seria reduzido a uma exceção que operaria apenas quando o *adjetivo* fosse não-marcado.

Haveria, no entanto, para quem quisesse sustentar tal hipótese, a possibilidade de dizer que *ainda* funciona sempre como um *intensificador* relativamente ao quantificador da comparação e que, deste modo, quando o adjetivo da frase comparativa é não-marcado, tal operador fixa suplementarmente a zona em que a comparação deve dar-se.

Mas neste caso haveria ainda o problema representado pela impossibilidade de dizer, por exemplo,

* *Pedro é ainda menos burro do que João.* /23/

impossibilidade que, do ponto de vista argumentativo, é facilmente explicável, na medida em que tal enunciado deveria apresentar-se como constituído de um argumento favorável a A, e mesmo fortemente favorável, por causa de *ainda,* mas, como o adjetivo *burro* é marcado em relação à zona em que se dá a comparação, B é burro e não pode conseqüentemente constituir argumento para a inteligência de A. Por outro lado, como tínhamos observado, *ainda* opera na comparação no sentido de orientar os dois elementos comparados numa só direção argumentativa (a do *favorável* ou a do *desfavorável),* enquanto que este enunciado pretende ser *favorável* a A e *desfavorável* a B.

Mas, se, ainda assim, quiséssemos sustentar a hipótese pressuposicional, haveria sempre o problema representado pela impossibilidade de *ainda* ocorrer com o comparativo de igualdade. Com efeito, se considerarmos os enunciados /24/ e /25/

* *Pedro é ainda tão inteligente quanto João.* /24/

* *Pedro é ainda tão burro quanto João.* /25/

verificamos que o escopo de *ainda* não pode ser o quantificador *tão* e desta forma a hipótese pressuposicional esbarra num obstáculo sério. No caso de /24/ não há fixação nem intensificação e no caso de /25/, em que a zona já é dada pelo adjetivo, não há intensificação, porque *ainda* não pode ocorrer, incidindo sobre *tão.*

É evidente que tanto /24/ como /25/ podem ocorrer, mas neste caso o escopo de *ainda* não será mais *tão*, isto é, o operador não será comparativo, mas funcionará como um anafórico não-substituinte ou, se preferirmos, como um dêitico que remete a uma situação, isto é, a um discurso anterior implícito, ou a um discurso anterior, ou seja, a uma situação explicitada lingüisticamente.

Tal fato pode ser verificado na possibilidade de haver uma duplicação de *ainda* nos comparativos de superioridade e de inferioridade e não no de igualdade, conforme mostram os enunciados abaixo, onde o domínio da anáfora de *ainda* é explicitado:

Pedro é agradável e ainda ainda mais inteligente que João. /26/
Pedro é desagradável e ainda ainda mais burro que João. /27/
Pedro é desagradável e ainda ainda menos inteligente que João. /28/
* *Pedro é agradável e ainda ainda tão inteligente quanto João.* /29/
* *Pedro é desagradável e ainda ainda tão burro quanto João.* /30/

Isso mostra que a possibilidade de ocorrência de /24/ e /25/ está condicionada a que o escopo de *ainda* não seja *tão* e nos leva também a distinguir dois valores para o elemento *ainda*, conforme ele incida sobre o quantificador da comparação ou retome o contexto em que a comparação ocorre, ficando reservada para o comparativo de igualdade apenas a segunda possibilidade. Isto é, dado o seguinte esquema geral

A é g ainda menos f mais f que B /31/
menos f

(condição: f é não-marcado)

duas possibilidades se apresentam para o valor de *ainda*, conforme os esquemas seguintes onde a flecha indica o seu escopo:

FIGURA 6 1.ª) A é g e ainda mais f que B
1

2.ª) A é g e ainda$_2$ mais f que B

Em outras palavras, isto significa que *ainda* introduz uma nova forma de ambigüidade na comparação, quando se trata da diferença, mas esta ambigüidade não é argumentativa e sim estrutural, conforme variar o seu domínio. Argumentativamente *ainda* é, como comparativo ou como *anafórico*, um operador de desambigüização, pois A é sempre o tema e a orientação da escala será dada favorável ou desfavoravelmente a A, dependendo do quantificador da comparação e da presença ou ausência de marca no adjetivo que preenche a variável f.

Portanto, para que *ainda* possa incidir sobre a comparação, ou mais especificamente sobre o quantificador da comparação, é preciso que haja diferença. Por isso ele não pode ocorrer com *tão*, a não ser que se trate do *ainda*$_2$ representado na figura 6, e isto dificilmente a hipótese pressuposicional pode explicar.

Uma segunda hipótese para determinar o papel de *ainda* na comparação seria a de que este termo é equivalente a *mesmo*. Tal hipótese poderia, por exemplo, encontrar fundamento no fato de que os dois enunciados abaixo têm o mesmo efeito de sentido:

Pedro é mais inteligente do que João e até mesmo do que Joaquim. /32/

Pedro é mais inteligente do que João e ainda mais do que Joaquim. /33/

isto é, em ambos os enunciados, a inteligência de Pedro recebe fortes argumentos favoráveis, de modo que o efeito semântico que se obtém é igual em /32/ e em /33/.

Se admitirmos tal hipótese, seremos obrigados, por força da análise que fizemos do operador *mesmo* na comparação, e para a qual apontamos vários argumentos, a admitir entre outras coisas que *ainda* é também um operador que escolhe no interior da comparação uma divisão entre tema e comentário orientando-a argumentativamente, segundo uma ordem do favorável ou do desfavorável. Ora, acabamos de ver, quando discutíamos a hipótese pressuposicional, que *ainda* não faz tal escolha, conforme se pode verificar também pela possibilidade de termos um enunciado como /33/ mas não o enunciado /34/:

B perderá porque A é ainda mais inteligente do que ele. /33/

B perderá porque A é mesmo mais inteligente do que ele. /34/

Considerem-se também os enunciados

João é mesmo mais inteligente que Pedro. /35/

João é ainda mais inteligente que Pedro. /36/

onde o efeito de sentido é equivalente, de tal forma que podemos ter a combinação de *ainda* e *até mesmo*, conforme mostra o enunciado /37/

João é ainda mais inteligente até mesmo que Pedro. /37/

mas não a que se representa no enunciado

* *Até mesmo João é ainda mais inteligente do que Pedro.* /39/

Desta forma, a equivalência que se verifica num caso é totalmente impossível no outro e aproximar o papel de *ainda* ao de *mesmo*, neste sentido, seria estar cometendo um abuso contra as evidências.

Mas, como uma certa equivalência existe, é necessário que tentemos explicá-la. Assim, consideremos os enunciados /35/ e /36/, onde tal equivalência se manifesta. Tomemos primeiramente o enunciado /35/ para que possamos explicitar os mecanismos subjacentes à função de fixador que o operador *mesmo* parece ter neste enunciado em que Pedro (B), como também ocorre em /36/, *já é inteligente* e é apresentado como um argumento forte para a inteligência de João (A).

Se atentarmos, entretanto, para o procedimento de *mesmo*, veremos que este elemento pressupõe a comparação de A e de B relativamente a um conjunto de elementos a que também pertence, de maneira destacada, A ou B, conforme a incidência de *mesmo* no enunciado, isto é, conforme A ou B seja o tema do enunciado.

Assim, quando dizemos

A é mais f até mesmo que B. /37/

B é argumentativamente destacado de um conjunto de elementos (B, C, D, E, F) predicativamente determinado pela propriedade f, de modo que dizer que *A é mais f que B*, quando *B* foi posto em evidência no conjunto a que pertence, é dizer que *A é muito f*.

Por outro lado, um enunciado do tipo

A é ainda mais f que B. /20/

não pressupõe nenhum conjunto de elementos dos quais B seja argumentativamente destacado, mas obtém um efeito semelhante porque apresenta a "efidade" de A como um *excesso* em relação à "efidade" de B.

Considerem-se agora os seguintes enunciados:

João é tão inteligente quanto Pedro ou mesmo mais do que Pedro. /38/

João é tão inteligente quanto Pedro ou ainda mais do que Pedro. /39/

Em /38/ não se pode mais dizer que a comparação entre João (A) e Pedro (B) pressupõe outros elementos do conjunto de que B é destacado. Neste caso, o escopo de *mesmo* é, de certa forma, *mais*, e *mesmo* funciona como um "retificador" da enunciação que antes relacionou A e B em torno de *tão*; guardando, contudo, o seu valor argumentativo, pois comenta um ato ilocucional anterior, introduzindo um novo ato ilocucional, qualquer coisa equivalente a:

Dizer "*João é tão inteligente quanto Pedro*" é insuficiente. É preciso dizer: "*mais inteligente que Pedro*".

Mas no momento em que *mesmo* parece incidir sobre *mais*, a equivalência com *ainda mais* desaparece. Com efeito, comparem-se os seguintes enunciados em que o primeiro é absolutamente aceitável e o segundo impossível:

Até João é tão inteligente quanto Pedro ou mesmo mais inteligente do que Pedro. /40/

* *Até João é tão inteligente quanto Pedro ou ainda mais inteligente do que Pedro.* /41/

Assim, dado um enunciado do tipo

A é mesmo mais f que B.

duas possibilidades se apresentam relativamente ao operador *mesmo*:

FIGURA 7

1.ª) A é mesmo mais f que B

1

2.ª) A é mesmo mais f que B

2

É na segunda alternativa que *mesmo* pode ser equivalente ao *ainda* de

A é ainda mais f que B

porque em ambos os casos obtém-se um efeito de fixação da comparação relativamente à zona da escala em que esta se realiza, mas, como vimos, tal identidade é apenas superficial, uma vez que é obtida por mecanismos completamente diferentes, o que, em última análise, explica a existência de um *ainda* comparativo mas não de um *mesmo* comparativo, justificando, por exemplo, a aceitabilidade de

João é tão inteligente quanto Pedro ou ainda mais inteligente do que Pedro. /42/

ao lado da impossibilidade de:

* *João é tão inteligente quanto Pedro ou mais inteligente até mesmo do que Pedro. /43/*

Em resumo, *mesmo* e *ainda* não se recobrem senão parcialmente na comparação. Esta identidade parcial é, no entanto, um efeito de superfície, efeito cujos mecanismos são absolutamente diferentes num caso e no outro: o papel de *fixador* de mesmo na comparação é obtido em virtude do fato de que este elemento pressupõe um conjunto de elementos, definido pela mesma predicação que recebe o elemento que ele precede no enunciado.

Assim um enunciado como

Até mesmo Pedro veio. /44/

se analisa em

PP: "Outros vieram."

P: "Pedro veio."

No caso da comparação, os esquemas abaixo podem representar o mecanismo pelo qual *mesmo* funciona como fixador:

A é mais f mesmo que B. /45/

C
D
E
F
etc.

de forma que num enunciado do tipo

A é mesmo mais f que B. /46/

a escala argumentativa em que se dispõem os elementos comparados é a seguinte:

FIGURA 8

"efidade" de A

- A é mais f mesmo que B
- A é mais f que C
- A é mais f que D

enquanto que, no caso de *ainda*, a escala argumentativa seria a seguinte:

FIGURA 9

"efidade" de A

- A é ainda mais f que B
- B é f

Deste modo, apesar da coincidência parcial de efeito de sentido entre *ainda* e *mesmo* na comparação, vimos que os mecanismos que produzem tal efeito se explicam diferentemente e que, portanto, seria difícil ou mesmo impraticável tentar uma descrição do papel de *ainda* na estrutura comparativa partindo da hipótese de que ele é equivalente a *mesmo*. *Mesmo*, quando introduz um argumento mais forte que o anterior (o que chamamos de *mesmo*$_1$), nada tem a ver com *ainda*, conforme mostram os enunciados abaixo, que podem também evidenciar a diferença entre *ainda mais* e *muito mais*:

Pedro é mais inteligente que João e mesmo muito mais. /47/

Pedro é mais inteligente que João e mesmo ainda mais. /48/

Isto é, *muito mais* é um argumento mais forte que *mais*, enquanto que *ainda mais* é uma maneira de apresentar *mais* como um argumento bastante forte.

Quando é equivalente a *ainda, mesmo* procede baseando seu comportamento na análise em posto e pressuposto. Ora, se quiséssemos insistir nesta equivalência, seríamos obrigados a reencontrar praticamente a hipótese pressuposicional, cujos inconvenientes, entretanto, já foram anteriormente apontados.

3. Uma Hipótese Argumentativa: *Ainda*, Marcador de Excesso

Resta-nos finalmente discutir a terceira hipótese que chamarei argumentativa e que a meu ver pode explicar os fatos que as duas hipóteses anteriores deixavam escapar.

Tal hipótese consiste em dizer que a marca fundamental de *ainda* é que este termo constitui uma *apreciação de excesso* por parte do locutor, relativamente à predicação que o tema do enunciado recebe[6].

Assim, dada a estrutura geral da comparação

A é mais f que B

dizer então

A é ainda mais f que B

6. Cf. neste sentido, a observação de Jespersen sobre os três graus quando diz: "The way in which the three degrees are generally given makes us imagine that they represent a graduated scale, as if *old : older : oldest* formed a progression like, say, the numbers 1:2:3 (arithmetical progression) or 1:2:4 (geometrical progression). But this is only rarely the case, like in
1) *the clowne bore it (my sonnet), the foole sent it, and the lady hath it: sweete clowne, sweeter foole, sweetest lady.*
2) *We dined yesterday on dirty bacon, dirtier eggs, and dirtiest potatoes* – (Keats)
This way of placing the three forms together, in which the superlative denotes what is otherwise indicated by *still (still sweeter, still dirtier)*, may really be due to the teaching of grammar; but it is important to insist on the fact that in the ordinary usage the superlative does not indicate a higher degree than the comparative, but really states the same degree, only looked at from a different point of view". Em O. Jespersen, *A Modern English Grammar*, cap. x: "Comparison", London/Copenhague, Allen & Unwin / Munksgaard, 1913, p. 392. Cf. também E. Sapir, "O Grau: Estudo de Semântica", em *Lingüística como Ciência*, pp. 186-187, onde emprega o termo "excesso" e utiliza o operador *ainda* para marcá-lo, dando como um dos exemplos o enunciado:
Ele tem (ainda) mais de cinco horas para acabar a tarefa.

significa dizer que:

a) f (a) > f (b): o que é dado pelo *mais*

b) ter uma "efidade" superior à "efidade" de B é um excesso: o que é dado pelo *ainda*.

Ora, para que a superioridade ou a inferioridade de A em relação a B seja um excesso é necessário que B já seja considerado como "importante". Esta "importância" de B pode manifestar-se ou como marcação de um adjetivo não-marcado ou como intensificação de um termo marcado.

Mas tanto a fixação da zona em que a comparação deve ocorrer como a intensificação da propriedade, quando a zona já está dada pelo adjetivo, são decorrências exigidas por este traço de apreciação de excesso que é próprio de *ainda*, de tal modo que a hipótese pressuposicional que foi aqui discutida pode ser mantida, mas a um nível mais superficial, porque, na realidade, ela é deduzível do fato de *ainda* apreciar a "efidade" de A como um excesso em relação à "efidade" de B.

Por outro lado, vemos muito bem como tal hipótese pode responder pela impossibilidade de *ainda* incidir sobre o quantificador *tão* do comparativo de igualdade, isto é, pela inaceitabilidade de enunciados como /21/ e /22/

* *João é ainda tão inteligente quanto Pedro.* /24/

* *João é ainda tão burro quanto Pedro.* /25/

se o *ainda* incidisse sobre *tão*, ou seja, se se tratasse do que chamamos de *ainda*$_1$.

Com efeito, tal impossibilidade é também uma decorrência desta marca apreciativa de excesso realizada por *ainda*, pois, para que haja excesso, é necessário que haja *diferença* entre A e B relativamente a f, o que não acontece nem em /24/ e nem em /25/.

Mas o que é mais interessante em tal hipótese é que ela consegue também explicar o papel de *ainda*$_2$ que torna /24/ e /25/ aceitáveis. Na verdade, quando dizemos, por exemplo:

A é g e ainda tão f quanto B

embora o escopo de *ainda* não seja *tão*, há para o preenchimento das variáveis g e f certas condições que são determinadas pelo traço "excesso" que é próprio de *ainda*.

Assim, dificilmente poderíamos ter:

* *Pedro é chato e ainda tão inteligente quanto João.* /49/

* *Pedro é agradável e ainda tão burro quanto João.* /50/

O caráter argumentativo de *ainda* parece, portanto, não se restringir à comparação mas, ao contrário, responder também por outras ocorrências do elemento, de tal forma que este traço de "excesso" é, como dissemos, o lugar em que se marca a subjetividade do enunciado. Ele constitui uma apreciação do sujeito da enunciação e, como tal, uma abertura por onde a história penetra, um espaço no edifício estruturado da linguagem, por onde o mundo passeia.

Assim, é esta hipótese que permite, por exemplo, explicar a diferença entre os seguintes enunciados:

Pedro continua a trabalhar. /51/

Pedro ainda trabalha. /52/

Ambos os enunciados podem ser tratados a partir da hipótese pressuposicional que nos dá a seguinte análise:

PP: "Pedro trabalhava."

P: "Pedro trabalha."

onde a relação entre o elemento pressuposto e o elemento posto dá uma relação temporal, realmente verificável no enunciado, relação que não é outra senão a do aspecto verbal durativo.

Entretanto, se tal análise é correta para /51/ ela é insuficiente para /52/, se considerarmos, por exemplo, a possibilidade de combinar o *ainda* com o enunciado /51/ como em:

Pedro ainda continua a trabalhar. /53/

Mais uma vez, mesmo em se tratando de um *ainda* que podemos chamar de temporal, a hipótese pressuposicional parece falhar. Se, ao contrário, como fizemos com o *ainda* na comparação, tentarmos explicar o seu papel nestes enunciados a partir da hipótese argumentativa, veremos que a marca de apreciação que ele instaura no interior do enunciado pode explicar não só a diferença entre /51/ e /52/ como também a possibilidade de /53/.

Com efeito, em /52/, embora correta, a análise em pressuposição é uma decorrência do traço *excesso* próprio de *ainda,* isto é, um fenômeno de superfície tal como acontecia com os enunciados comparativos em que o adjetivo era não-marcado. O mesmo traço responde pela possibilidade de /53/, porque agora os elementos de conteúdo do enunciado, isto é, o pressuposto e o posto são dados lexicalmente pelo verbo *continuar,* e ao *ainda* fica o papel de intensificar a relação a partir da marca apreciativa de *excesso,* isto é, apreciar a duração como excessiva, tal como ocorria com os enunciados comparativos em que o adjetivo era marcado.

IV | Também a Comparação

Não, meu coração não é maior que o mundo.
É muito menor.
Nele não cabem nem as minhas dores.
Por isso gosto tanto de me contar.
Por isso me dispo,
por isso me grito,
por isso freqüento os jornais,
me exponho cruamente nas livrarias:
preciso de todos.

Sim, meu coração é muito pequeno.
Só agora vejo que nele não cabem os homens.
Os homens estão cá fora, estão na rua.
A rua é enorme. Maior, muito maior do que eu esperava.
Mas também a rua não cabe todos os homens.
A rua é menor que o mundo.
O mundo é grande.

Carlos Drummond de Andrade, *Mundo Grande*.

1. *Também*: Pressuposição ou Anáfora

O título deste capítulo poderia ser enunciado em três situações:

a) alguém, o leitor, por exemplo, que depois de ter percorrido as extravagâncias (na hipótese de ele ser um positivista ortodoxo) do que até aqui leu neste trabalho, e pouco convencido de que a lingüística deva abandonar a segurança da certeza dos esquemas lógicos, mas não tendo, ao mesmo tempo, argumentos para recusar o que aqui se apresentou (o que seria para o escritor a situação ideal, embora e por isso mesmo fictícia) dissesse:

"*Também a comparação*". /1/

b) um outro leitor, que penalizado diante de tanta loucura e atrevimento do pobre escritor quisesse, entretanto, desculpá-lo pela dificuldade do assunto tratado e dissesse:

"Também a comparação". /1/

c) um terceiro leitor, que, diante de uma análise apresentada como específica de um outro fenômeno lingüístico, a pressuposição, por exemplo, cuja facilidade ou dificuldade fosse apresentada num enunciado-síntese como:

"A pressuposição é fácil". /2/

ou

"A pressuposição é difícil". /2'/

dissesse:

"Também a comparação". /1/

Poder-se-ia pretender dizer que a posição mais pertinente de *também* no caso c) é depois do SN, mas, como o advérbio pode ocorrer antes e como nos outros dois casos ele também pode ocorrer depois, tal critério da configuração do enunciado seria muito pouco útil para quem desejasse chegar a uma descrição semântica deste elemento.

Haveria ainda variações supra-segmentais que poderiam permitir uma identificação das diferenças. Entretanto, por mais pertinentes que fossem (e talvez o sejam), dificilmente poderíamos determinar o valor semântico de *também* em cada caso, ou para todos os casos (se se tratar de um único valor fundamental). O inverso talvez fosse mais pertinente.

Como nosso objetivo é tentar esta aventura, comecemos pela preparação da viagem, interrogando-nos sobre o que há de comum nestes três casos.

Em primeiro lugar, em todos eles o enunciado /1/ pode ocorrer implicitando um julgamento cuja variação se fará em termos da mesma oposição *(fácil/difícil,* por exemplo) e cuja determinação é feita a partir do contexto dado.

Assim, na primeira situação teríamos:

Também a comparação é fácil. /1a/

no segundo caso:

Também a comparação é difícil. /1b/

e no terceiro:

Também a comparação é fácil. /1c/

no contexto

A pressuposição é fácil. /2/

ou

Também a comparação é difícil. /2 c/

no contexto

A pressuposição é difícil. /2'/

Em todos os casos *também* parece funcionar como elemento relacional entre dois enunciados, de tal modo que, em um nível superficial de análise, a mesma forma pode responder pelas três situações aqui imaginadas.

Entretanto, ainda que no nível da observação imediata, algumas diferenças parecem impor-se:

1) Com efeito, das três situações, a única em que o advérbio pode ter uma função anafórica, isto é, de substituinte de um termo no enunciado, é a situação c).

2) Nos dois primeiros casos, o enunciado /1/ poderia ser facilmente introduzido pela conjunção *mas*, o que acentuaria o caráter adversativo deste enunciado relativamente às situações em que ele ocorre, enquanto que no terceiro caso o enunciado seria mais propriamente introduzido pela conjunção *e*, o que marcaria a sua adesividade relativamente à direção do enunciado anterior.

Entretanto, este critério revela-se pouco convincente, pois em todos os casos poderíamos ter *mas* ou *e* e as condições sintáticas e semânticas de ocorrência continuarem a ser respeitadas[1].

3) Nos dois primeiros casos, a enunciação de /1/ parece exigir uma mudança de locutor ou pelo menos uma mudança de atitude do locutor relativamente ao julgamento anteriormente constituído, enquanto que em c) tal condição parece ser menos evidente.

Mas vemos que tal distinção retoma o critério apresentado em 2), de forma que tudo o que percorremos até agora não foi mais do que a imagem superposta de um caminho que praticamente não nos tirou do lugar.

1. Ver no cap. II, *mas* e *e* e o problema da coordenação de argumentos da mesma escala argumentativa ou de escalas argumentativas diferentes. Ver, ainda, O. Ducrot, *La preuve et le dire*, cap. XIII: "Les échelles argumentatives".

Um ponto, entretanto, parece sustentar-se: o fato de que em c) *também* é um anafórico (sintaticamente falando), mas não em a) e em b).

Tentemos examiná-lo, imaginando antes enunciados-sínteses que também precedam /1/ nos dois primeiros casos, escolhendo uma entre as duas alternativas dadas para a situação c), e apresentando-os em forma de diálogo para facilidade da análise. L e L' são os interlocutores destes diálogos:

a) L: *Você então reconhece que os argumentos de Pedro são bons.*
L': *Também a comparação (é fácil).* /1 a/

b) L: *Você então reconhece que os argumentos de Pedro são ruins.*
L': *Também a comparação (é difícil).* /1 b/

c) L: *A pressuposição lingüística é fácil.*
L': *Também a comparação (é fácil).* /1 c/

Em c), onde a configuração mais comum de /1/ talvez seja

A comparação também, /1 c'/

o que não exclui, como dissemos, a possibilidade de ocorrência do advérbio no início do enunciado – a função sintática de substituinte de *também* tem como domínio o sintagma predicativo do enunciado anterior, de tal forma que a indicação que podemos daí tirar é a de que, sintaticamente, *também* é um anafórico equivalente neste sentido a *ele, o, fazer* (no caso em que o SV seja constituído por um verbo de ação). Neste caso, *também* obedeceria a um princípio geral de economia da língua, princípio que, de alguma forma, parece reger o comportamento e a função dos pronomes, dos pro-verbos, enfim, dos anafóricos em geral[2].

Consideremos, então, a seguinte série de enunciados em que ocorre o advérbio *também*, ao mesmo tempo que a instanciação do con-

2. a) Emprego o termo *anáfora* como equivalente a "substituinte de um termo no interior do discurso". Estes elementos, além da economia do discurso que atualizam, são, como foi freqüentemente observado, índices de coerência e homogeneidade do discurso.
b) Cf., por exemplo, a observação feita pela *Grammaire de Port-Royal* a respeito dos pronomes: "Comme les hommes ont été obligés de parler souvent des mêmes choses dans un même discours, et qu'il eût été importun de répéter toujours les mêmes noms, ils ont inventé certains mots pour tenir la place de ces noms, et que pour cette raison ils ont appelés *pronoms*" (Arnauld e Lancelot, edição de 1830 reproduzida por Republications Paulet, com introdução de Michel Foucault, Paris, 1969, pp. 43-44).

texto a que ele remete, aqui representado pelo enunciado /3/, supondo que os enunciados /4a/ a /4f/ sejam pronunciados por um locutor B diferente do que realizou o enunciado /3/, e que chamaremos de A[3]:

A: *João procura o caminho fácil.* /3/
B: *Pedro também.* /4a/
Pedro também procura. /4b/
Pedro também o procura. /4c/
Pedro também o faz. /4d/
Pedro também procura tal caminho. /4e/
Pedro também procura o caminho fácil. /4f/

Se definirmos agora o domínio da anáfora como a menor unidade suscetível de ser apagada pela presença do anafórico, teremos também de admitir que esta unidade lingüística pode ser nula se quisermos manter a consideração de *também* como anafórico, por causa de /4f/ e mesmo de /4c/ a /4e/.

É esta concepção anafórica de *também* que vamos encontrar, por exemplo, nos transformacionalistas, o que os leva a apresentar este elemento como introduzido por transformação. Isso significava nos idos de 60 admitir implícita ou explicitamente que ele não contribuía de modo fundamental para o valor semântico das frases relacionadas ou, quando muito, respondia às mesmas condições lógicas de verdade que a conjunção *e*[4].

3. a) A apresentação do problema não seria evidentemente afetada se considerássemos o enunciado /3/ e a série de possibilidades representadas por /4a/ a /4f/. Apresento os enunciados em forma de diálogo apenas por razões de maior clareza na exposição.
b) Tomo emprestados estes exemplos do trabalho de Carlos Franchi, *Esquisse d'un modèle fonctionnel du langage* (p. 19). Este trabalho foi apresentado como tese de mestrado na Universidade de Aix-Marseille e uma das hipóteses aí apresentadas é a da inadequação da distinção dêixis/anáfora, ao lado da hipótese de que, ao contrário da tese defendida por Benveniste ("La nature des pronoms"), os dêiticos têm sentido fixo.
c) A propósito da *dêixis* ver o trabalho de Michel Lahud: *Enquête autour de la notion de deixis*, apresentado como tese de mestrado na Universidade de Provence, Centre d'Aix, 1973, onde o autor com paciência e agudeza passa em revista as diferentes concepções da *dêixis* tais como se podem encontrar, por exemplo, em Frege, Jespersen, Benveniste, Russel, para concluir que as divergências conceptuais deste fenômeno procedem de pontos de vista diferentes, de enfoques que não se recobrem inteiramente e até se excluem, ou seja, o ponto de vista lógico, o psicológico e o lingüístico.
4. Penso na hipótese da não-pertinência das transformações para a interpretação semân-

Considere-se, neste sentido, a apresentação que faz Ruwet do que ele chama de *Transformação aussi (Taussi)* para o francês e que eu apresentei como *T também* na tradução e adaptação de sua *Introdução à Gramática Gerativa* para o português[5].

Ruwet apresenta primeiramente a transformação de conjunção da seguinte maneira:

$$
\begin{array}{llccccccccccc}
\text{Análise estrutural:} & (P_1) & & & Z & - & X & - & W & & & & \\
 & & & & 1 & & 2 & & 3 & & & & \\
\text{Tconjunção:} & (P_2) & & & Z & - & X & - & W & & & & \\
 & & & & 4 & & 5 & & 6 & & & & \\
\text{Mudança estrutural:} & 1 & - & & 2 & - & 3 & - & 4 & - & 5 & - & 6 \\
 & & \longrightarrow & & 1 & - & 2 & + & e & + & 5 & - & 3
\end{array}
$$

Esta regra deve então explicar a produção de frases como *Encontrei Pedro e Paulo no cinema* a partir das frases simples (ou, melhor, da estrutura subjacente às frases simples) como: *Encontrei Pedro no cinema* e de: *Encontrei Paulo no cinema* (onde *Encontrei* = Z, *no cinema* = W, *Pedro* = X, *Paulo* = X), ou ainda de frases como *Pedro chegou e Paulo partiu* a partir de *Pedro chegou* e de *Paulo partiu* (onde agora Z e W são nulos e X = cada uma das duas frases)[6].

tica de um enunciado, pertinência que seria reservada às estruturas profundas, como sugeriram Katz e Fodor, Chomsky e como se pode ler também em N. Ruwet, *Introduction à la grammaire générative*, Plon, Paris, 1968, pp. 319 ss. Depois correram tantas águas e a polêmica americana em torno do problema foi tão grande que é difícil agora ver com clareza em que estado a hipótese se encontra, pois que desde 1965 Chomsky, embora aceitando a hipótese, já fazia ressalva ao papel dos quantificadores do ponto de vista semântico. Para uma discussão mais detalhada do problema, cf. minha tese de mestrado: *Une introduction au problème de la sémantique dans la grammaire générative*, onde também se pode encontrar uma bibliografia específica sobre o problema.

5. N. Ruwet, *Introduction à la grammaire générative*, pp. 209-210. Cf. também para a transformação de conjunção, N. Chomsky, *Syntactic Structures*, 1957, p. 113 e ainda para um estudo gerativo mais aprofundado da conjunção: L. Gleitman, "Coordinating Conjunctions in English", *Language*, XLI, pp. 260-293; R. C. Dougherty, *The Grammar of Coordinate Conjoined Structures*, MIT, Ph.D. dissertation, 1968, mimeo; R. Lakoff, "IF's, AND's and BUT's About Conjunctions", já citado.
6. O leitor, evidentemente, calcula os problemas que tal análise teria, se considerássemos a conjunção *e*, lingüisticamente falando, como um operador ora *simétrico* ora *assimétrico*,

Apresentada a Tconjunção, Ruwet introduz a *transformação também (Ttambém)* como uma transformação "que é, essencialmente, uma variante de Tconjunção" para explicar as coordenações "abreviadas" do português (segundo minha tradução).

Assim, a frase *Pedro chegou e Paulo também* seria, segundo esta proposta, engendrada em duas etapas. Aplica-se primeiramente às seqüências terminais subjacentes às frases *Pedro chegou, Paulo chegou*, a seguinte transformação:

$$\textit{também} \quad \left.\begin{array}{l} (P_1)\ \underset{1}{\text{SN}} - \underset{2}{\text{S Pred}} \\[1em] (P_2)\ \underset{3}{\text{SN}} - \underset{4}{\text{S Pred}} \end{array}\right\} \ 1 - 2 - \text{et} - 3 - 4 - \text{também}$$

Condições: (a) $2 = 4$; (b) $1 \neq 3$ (para impedir, por exemplo: *Pedro chegou e Pedro chegou também*).

Esta primeira transformação gera a frase *Pedro chegou e Paulo chegou também*. Em seguida, uma transformação de elipse (cujo campo de aplicação é na verdade muito mais vasto) suprime os elementos repetidos (no caso, o segundo *chegou*), o que dá o resultado desejado[7].

Tal análise, como se pode ver, baseia-se inteiramente na atribuição de um valor anafórico ao *também*. Este fato é evidenciado pelas condições, para aplicação da regra, de igualdade dos S Preds (2 e 4) e de diferença dos SNs (1 e 3), assim como, contrariamente, pela diferença dos S Preds e igualdade dos SNs (de que Ruwet não fala, mas

como parece ser o caso das duas frases aqui apresentadas. Isto é, no enunciado *Encontrei Pedro e Paulo no cinema*, a ordem dos SNs ligados pela conjunção é indiferente e, neste caso, o *e* é simétrico, enquanto que no caso do enunciado *Pedro chegou e Paulo partiu* a ordem dos elementos ligados por *e* parece mais pertinente de modo que uma inversão implicaria também uma alteração do ponto de vista semântico. Para uma discussão mais detalhada do *e simétrico* e do *assimétrico*, ver Robin Lakoff, artigo citado.

7. N. Ruwet, *Introduction à la grammaire generative*, p. 210.

que podemos facilmente verificar serem necessárias num enunciado como *Pedro é vendedor de carros usados e ativista do gay-power também*).

Em outras palavras, para que a regra se aplique, é necessário que haja referência anafórica ou dos SNs das frases simples da estrutura profunda ou dos S Preds, neste mesmo nível.

Como o domínio da anáfora, no caso de *também*, pode ser nulo, conforme mostra o enunciado /4 f/, somos obrigados a admitir desde já que um enunciado do tipo

SN — S Pred — também /5/

é ambíguo, dadas as duas possibilidades de referência anafórica deste advérbio.

Assim, um enunciado como

Pedro procura o caminho fácil também. /4 f/

qualquer que seja a posição de *também* no seu interior, pode significar (ou se se quiser, pressupor) de alguma forma

Outro que Pedro procura o caminho fácil. /4 f/

ou

Pedro procura outra coisa além do caminho fácil. /4 f"/

onde reencontramos uma das situações, - a situação c) em que dizíamos poder ocorrer o enunciado /1 c/ *Também a comparação.*

O interessante é que este mesmo tipo de argumento para a análise de *também* pode ser encontrado num artigo de Lakoff[8], onde, entretanto - seria inútil dizê-lo - os objetivos da análise conduzem a ou resultam de princípios teóricos que pretendem, como é sabido, constituir a alternativa semântica para o sintaxismo da Gramática Transformacional *Standard*.

Neste artigo, em que uma das finalidades é mostrar que a questão da gramaticalidade ou agramaticalidade de certos tipos de frases complexas está intrinsecamente ligada às pressuposições semânticas que tais frases introduzem, Lakoff, preocupado sempre com a cons-

8. G. Lakoff, "The Role of Deduction in Grammar", em Fillmore & Langendoen (eds.), *Studies in Linguistic Semantics*, pp. 64-65. Cf. também os artigos de Georgia Green, já citados.

trução do que ele chama de Lógica Natural, apresenta dois casos, considerados básicos por ele, em que ocorre *too* (em inglês)[9].

Faço aqui uma adaptação de seus exemplos para o português, conservando evidentemente a sua metalinguagem descritiva, que, como é sabido, constitui-se a partir do cálculo de predicados da linguagem lógica.

Assim, dados dois enunciados:

João é honesto e Pedro é honesto também. /6 a/

João é um republicano e João é honesto também. /6 b/

Lakoff mostra que as regras que respondem por estas frases, são

/7/ a) f(a) e f(b)
onde: a = João
b = Pedro

b) g(a) e f(a)
onde: g = é um republicano
f = é honesto

e acrescenta que em /6 a/ os *fs* são iguais, em /6 b/ são os *as* que são iguais, para daí concluir que um enunciado do tipo de /6 a/ ou de /6 b/ sem pressuposições específicas, admite a inserção de *também*.

9. a) p. 64 ss.
b) Para a questão da construção de uma Lógica Natural, ver G. Lakoff, *Linguistic and Natural Logic*, já citado, e para uma crítica pertinente das deficiências deste trabalho, ver Douglas S. Stalker, "Some Problems with Lakoff's Natural Logic", *Foundations of Language*, 10:527-544, 1973.
c) Para uma discussão da pressuposição lingüística como argumento em favor da semântica gerativa ou da sintaxe gerativa ver D. Lightfoot, "Les présuppositions dans la grammaire transformationnelle", já citado, onde o autor procura mostrar que tanto a teoria *standard* como a semântica gerativa conseguem explicar os fenômenos de pressuposição, de modo que tais fenômenos dificilmente podem constituir-se em argumentos decisivos para um ou outro enfoque teórico. Evidentemente, como as diferenças teóricas entre S. G. e S. I. situam-se ao nível das hipóteses formais e não substanciais ou, se se quiser, ao nível das hipóteses internas e não das hipóteses externas, e como, por isso mesmo, ambas as tendências tratam a pressuposição lingüística no nível do conteúdo informativo, não é de estranhar que, no limite, ela apareça indiferentemente como argumento para uma ou outra corrente no interior da teoria transformacional.
d) Para a distinção *hipótese interna ou formal* e *hipótese externa ou substancial*, retomo a distinção de Ducrot, feita num curso, e também o n. 24 de *Langages*, "Epistémologie de la linguistique", e em especial a introdução de Júlia Kristeva.

Embora considerando estes casos como simples, o que Lakoff faz nesse momento é estabelecer as condições de emprego de *também*, o que lhe permitirá, em seguida, passar para a discussão de um caso que ele considera complexo e que é representado pela frase:

O prefeito é um republicano e o vendedor de carros usados é honesto também. /8/

que, segundo ele, tem duas leituras capazes de serem diferenciadas pela entonação com que /8/ é pronunciada. Assim, /9 a/ e /9 b/ representariam as duas leituras de /8/:

/9 a/ *O prefeito é um republicăno e o vendedor de cărros usados é honĕsto também.*

/9 b/ *O prĕfeito é um republicáno e o vendedor de cărros usados é honésto também.*

Em /9 a/ *honesto* não é pronunciado tonicamente e remete anaforicamente a *republicano*, enquanto que *prefeito* e *vendedor de carros usados*, ambos pronunciados tonicamente, não podem ter relação anafórica. Disto Lakoff conclui que não se pressupõe que eles sejam o mesmo "individual", isto é, que eles não têm o mesmo referente. Em /9 b/, ao contrário, *o prefeito* e o *vendedor de carros usados* são não-acentuados, o que, segundo Lakoff, indica que o segundo se refere anaforicamente ao primeiro; daí a sua co-referencialidade ser pressuposta.

Assim, ainda segundo o autor, as frases que representam as duas leituras do enunciado /8/ requerem, para serem consideradas como gramaticais, não apenas pressuposição mas pressuposições diferentes. /9a/ requer a pressuposição de que os republicanos são honestos. /9b/ requer a pressuposição de que o *prefeito* e *o vendedor de carros usados* são a mesma pessoa, o que é dado, respectivamente, por /10 a/ e /10 b/:

/10/ a: (x) (g (x) ⊃ f (x⊃) (todos os republicanos são honestos)
b: a = b (o prefeito é o vendedor de carros usados)

/8/ tem, assim, a forma de /11/:

/11/ g (a) e f (b) também

onde: g = é um republicano
f = é honesto.

Feito isto, Lakoff procura mostrar que não é por acaso que sentenças da forma de /11/ são gramaticais apenas quando se consideram as pressuposições representadas em /10 a/ e /10 b/. A razão apresentada é que destas pressuposições se podem deduzir estruturas da forma de /6 a/ e /6 b / que representam para ele o caso simples em que *também* pode ser inserido.

Preocupado com as leis de dedução que poderiam ajudar a constituir a sua lógica natural, o autor apresenta os seguintes quadros de procedimento dedutivo:

/12/	a: g(a) e f (b)	(frase como em /11/)
	b: (x) (g(x) ⊃ f (x))	(pressuposição de /10 a/)
	c: g(a) ⊃ f (a)	(instanciação)
	d: g(a)	(simplificação de a)
	e: f (a)	(*modus ponens* a partir de d e c)
	f: (b)	(simplificação de a)
	g: f (a) e f (b)	(conjunção)
/13/	a: g(a) e f (b)	(frase como em /11/)
	b: a = b	(pressuposição de /10 b/)
	c: g(a)	(simplificação de a)
	d: g(b)	(substituição de idênticos por idênticos)
	e: f (b)	(simplificação de a)
	f: g(b) e f(b)	(conjunção)

/12 g/ tem a forma de /7 a/ e corresponde à leitura de /9/ representada por /9 a/, enquanto /13 f/ é da forma de /7 b/ e corresponde à leitura de /9/ representada por /9 b/, o que permite a Lakoff dizer que a generalização para *também* "parece ser a de que uma frase admite *também*, se uma das formas /7 a/ ou /7 b/ puder ser deduzida da frase e da pressuposição em relação à qual ela é gramatical. Os casos mais simples são aqueles em que as pressuposições são nulas como em /6 a/ e/6 b/"[10].

10. Cf. G. Lakoff, "The Role of Deduction in Grammar", p. 66.

Dadas estas duas propostas para o tratamento de *também*, ambas nascidas no quadro geral da hipótese transformacional da lingüística, algumas considerações nos parecem interessantes.

1.ª) Os fatos que servem como argumento para a construção de uma ou de outra hipótese são basicamente os mesmos.

Com efeito, tanto na hipótese de Ruwet ampliada aqui por nós, quanto na hipótese de Lakoff, embora dito de maneira diversa e para fins diversos, o fundamental da formulação está em considerar *também* um anafórico que remete, na outra frase, ou ao SN sujeito ou ao S Predicativo, na sua totalidade ou a um de seus constituintes.

No caso da hipótese sintática tal referência anafórica é dada como condição de aplicação da regra de transformação que introduz o advérbio, enquanto que na hipótese gerativo-semântica ela se apresenta como pressuposição.

Embora não seja meu propósito entrar nos detalhes da disputa semântica interpretativa *versus* semântica gerativa, faço aqui algumas observações cuja imposição decorre do que acabo de dizer:

a) a noção de fato empírico tão estimada pelos transformacionalistas, qualquer que seja o seu partido político, como a fonte decisiva de argumentos para as suas hipóteses, não pode, ao menos neste caso, ser entendida com a objetividade que se pretende atribuir-lhe, porque os mesmos fatos "objetivos" justificam hipóteses diversas;

b) ou então a diferença entre as hipóteses é apenas de natureza formal, isto é, técnica, e representada, portanto, em um nível mais superficial, que é o da sua tradução em linguagens diferentes, embora de um mesmo domínio, isto é, o da lógica formal. Tal possibilidade ilustra a noção de que entre semântica gerativa e semântica interpretativa não há diferenças substanciais[11];

11. Ver, neste sentido: N. Chomsky, "Deep Structure, Surface Structure, and Semantic Interpretation", em Steinberg & Jakobovits (orgs.), *Semantics*, Cambridge University Press, 1971, pp. 183-216; J. J. Katz, "Interpretative Semantics vs Generative Semantics", *Foundations of Language*, 6, pp. 220-259; Idem, "Generative Semantics is Interpretative Semantics", *Linguistic Inquiry*, 2, pp. 313-331. Idem, *Semantics Theory*, New York, Harper & Row Publishers, 1972. A título de verificação do estado em que se encontra a polêmica semântica interpretativa vs semântica gerativa, ver ainda: J. D. McCawley, "Interpretative Semantics Meets Frankenstein", *Foundations of Language*, 7,

c) neste caso, ao menos no que concerne ao tratamento de *também*, fica evidente que enquanto fato lingüístico e no interior de uma mesma hipótese formal, isto é, se tratado em termos de gramaticalidade, e agramaticalidade, como pretendem fazê-lo tanto a teoria *standard* como a dissidência semanticista, ele se presta pouco como fator de decisão para estas subalternativas teóricas.

2.ª) Se num enunciado como:

O *prefeito é um republicano e o vendedor de carros usados é honesto também.* /8/

existem as duas leituras apontadas por Lakoff, não é, entretanto verdadeiro que elas sejam as únicas possíveis, porque *também* poderia estar apenas acrescentando um novo traço (*é honesto*) à descrição que foi dada por (*o vendedor de carros usados*) a um determinado referente. Neste caso, os SNs não seriam co-referenciais, nem haveria a implicação necessária que Lakoff pressupõe entre *ser republicano* e *ser honesto*.

Basta, para que tal fato se evidencie, considerarmos o seguinte enunciado

O major é um pacato republicano e o vendedor de carros usados é um ativista do gay-power também. /14/

onde os SNs sujeitos não são co-referenciais, mas onde, de toda a evidência, é também absurdo dizer que ser um pacato republicano implica necessariamente ser um ativista do *gay-power*, para que o enunciado seja gramatical. Pode ser o caso, mas não a regra. Imagine-se neste sentido o seguinte diálogo entre A e B. A desconhece as pessoas presentes numa comemoração qualquer, destas que não faltam em nossos campos, e pergunta a B quem são aquelas duas pessoas tão diferentes (*o major* e *o vendedor de carros usados*) que acabam de chegar, ao que B responde:

B: *Um é um major aposentado e o outro é um vendedor de carros usados.*

A: *Como são eles?*

pp. 285-296. Confronte-se com o título do artigo de Katz (inédito): "Interpretative Semantics Meets the Zombies".

B: *O major é um pacato republicano e o vendedor de carros usados é um ativista do gay-power* também. /14/

E, se quisermos evidenciar ainda mais a oposição entre é *um pacato republicano* e *é um ativista do gay-power,* basta pensarmos na possibilidade de B formular a sua resposta da seguinte maneira:

B: *O major é um pacato republicano* mas *o vendedor de carros usados é um ativista do gay-power* também. /15/

É óbvio que o caráter anafórico de *também* continua aqui a desempenhar o seu papel, como é também óbvio que tal papel não é esgotado nem pela formulação de Ruwet nem pela formulação de Lakoff, ao menos no que concerne ao português, e é interessante como fatos tão superficiais possam prestar-se à formulação de estruturas tão profundas.

3.ª) A ambigüidade de /14/ ou de /15/ é, portanto, muito maior do que a prevista nas duas análises, sobretudo se levarmos em conta o *fato* de que este operador lingüístico pode, enquanto anafórico, ter domínio nulo, como mostram os exemplos que apresentamos e em particular o enunciado /4f/.

2. Entre Anáfora e Dêixis: Também Argumentar

Consideremos mais detidamente esta questão do domínio da anáfora em relação a *também*.

Enquanto anafórico, *também* tem certas particularidades que nenhum outro anafórico (ao menos de meu conhecimento) partilha.

Enumero-as abaixo:

1) *Também* pode ter relativamente a outro enunciado um domínio mínimo (por exemplo, um N) e um domínio máximo (por exemplo, todo o SN sujeito ou todo o S Pred e mesmo todo o enunciado).

2) *Também* é o único anafórico que substitui da mesma forma um N ou um V.

3) *Também* é o único anafórico cujo domínio pode ser nulo.

4) *Também* é o único anafórico, mesmo quando seu domínio é nulo, indispensável para a coerência do discurso que os enunciados por ele operados podem constituir.

5) A exemplo de *mesmo, também* é um anafórico de força argumentativa.

Detenho-me nos pontos 4) e 5), uma vez que os outros pontos podem facilmente ser verificados nos exemplos que até agora utilizei.

Consideremos 4) primeiramente e tomemos como exemplo dois enunciados simples, que chamaremos de E_1 e E_2, onde a única diferença está nos indivíduos que constituem os SN sujeitos:

E_1: *Pedro veio.* /16/

E_2: *João veio.* /17/

Imaginemos agora que quiséssemos relacioná-los para formar uma nova proposição. Recorreríamos neste caso à conjunção *e* e obteríamos:

E_3: *Pedro veio e João veio.* /18/

Ora, este novo enunciado, logicamente obtido por uma operação de conjunção, é, entretanto, um pouco estranho, embora sintaticamente perfeito.

E_1 para que esta estranheza desapareça, basta que acrescentemos *também* ao enunciado E_2, mesmo quando E_3 tem a forma de /18/, conforme se pode verificar em /19/:

E_3: *Pedro veio e João veio também.* /19/

Desta forma, como já dissemos, *também* não pode ser considerado como um simples substituinte, mas, ao contrário, se a nossa observação é correta, esse elemento guarda um certo valor de operador de argumentação que é próprio da sua origem comparativa.

Várias objeções poderiam ser feitas neste momento. Tento adiantar algumas, ao mesmo tempo que a elas responder e desta forma ir precisando o que chamamos valor argumentativo de *também.*

A primeira objeção seria a de que, para a construção de um enunciado do tipo de E_3, a língua dispõe de outras combinações sintáticas que dispensam inteiramente o uso deste operador.

Assim, ao invés de /19/, poderíamos ter:

E_3: *Pedro e João vieram.* /20/

E não digo o contrário. O que constitui o objeto de nossa afirmação é que, quando, enquanto falante do português, escolho a forma de /19/ e não a de /20/ para E_3, sou obrigado a operar a conjunção de E_1 e E_2 com o auxílio de *também*.

Em outras palavras, o que pretendo dizer é que no caso de *também* o limite que tradicionalmente se estabelece entre *anáfora* e *dêixis* - incidindo a *anáfora* sobre um certo segmento do enunciado e a *dêixis* sobre a enunciação - pode tornar-se progressivamente cada vez mais tênue a ponto de se desfazer. Neste caso, *também* seria uma espécie de ponto zero, um espaço neutro onde a língua e o mundo se penetram e se contagiam.

Se fosse possível representar a distinção entre anáfora e dêixis através de eixos cartesianos, *também* se encontraria no ponto de sua intersecção, conforme sugere o esquema abaixo:

FIGURA 1

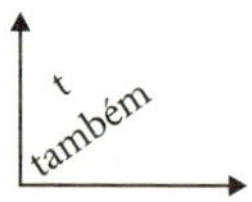

Estranha neutralidade a de *também*, que, de um lado, se compromete com certas restrições sintáticas e, do outro, se abre para a enunciação, dispondo-se como uma espécie de compensação argumentativa, para a penetração, na língua, das intenções do falante.

Entre o lógico e o argumentativo, *também* encontra o espaço de sua existência na transição que a dicotomia estrutural entre língua e fala ou entre competência e performance marcou como fronteira geográfica: linha artificial cuja realidade não faz mais que responder aos interesses da ciência, assim como as fronteiras geográficas não respondem senão aos interesses das nações, mas não aos dos homens e dos povos.

A segunda objeção, portanto, que se poderia fazer à minha maneira de ver este operador é a de que ele tem certas propriedades sintáticas que não podem ser desprezadas. Acredito tê-lo admitido no que acabo de dizer, sem contudo admitir que isto constitua um obstáculo para a visão deste elemento como operador de argumentação. Ao contrário, é esta participação em dois níveis que dá ao *também* a sua especificidade.

Entretanto, para que não haja mal-entendidos, encarrego-me de mostrar quais são estas propriedades sintáticas, a fim de que possamos verificar que elas não impedem absolutamente, mas antes confirmam, o caráter argumentativo desta partícula.

Tomemos de um lado o nosso enunciado simples

E_1: *Pedro veio.* /16/

e, do outro, as formas possíveis e impossíveis que um enunciado E_2, de mesmo predicado que E_1, possa ter quando posto em conjunção com este enunciado[12]:

QUADRO 1

E_1			E_2	
		E_3		
Pedro veio		*e*	*João veio também*	/21/
		e	*João não veio*	/22/
		e	*João também*	/23/
		e	*João não*	/24/
	*	*e*	*João sim*	/25/
	*	*e*	*João também não*	/26/
	*	*e*	*João também não veio*	/27/

O que estes enunciados mostram e que, sendo E_1 positivo:

1.º) se E_2 é positivo, *também* é indispensável;

2.º) se E_2 é negativo, *também* não pode ocorrer.

Tais fatos nos permitiriam a enunciação de uma primeira lei geral cuja formulação poderia ser a seguinte:

> Dados E_1 e E_2, para a formação de um enunciado E_3, se E_1 é positivo, então E_2 ou é negativo sem o *também* ou é positivo com o *também*.

12. Os enunciados /26/ e/27/, assim como os enunciados /21'/ e /23'/ dos quadros seguintes, precisam ser considerados mais especificamente. É o que faremos na discussão que se segue.

1.ª Formulação

Façamos o inverso para verificar se existe simetria na lei que acabamos de formular. Assim, tomemos E_1 como negativo, de um lado, e disponhamos, do outro, as possibilidades e impossibilidades de E_2:

QUADRO 2

E_1			E_2	
		E_3		
Pedro não veio	*	*e*	*João veio também*	/21'/
	*	*e*	*João não veio*	/22'/
	*	*e*	*João também*	/23'/
	*	*e*	*João não*	/24'/
		e	*João sim*	/25'/
		e	*João também não*	/26'/
		e	*João também não veio*	/27'/

Como se pode ver, onde o quadro 1 reclama asteriscos, o quadro 2 os repele e, vice-versa, onde o quadro 2 os reclama, o quadro 1 os repele, o que permite formular a recíproca da 1.ª lei, da seguinte maneira:

> Dados E_1 e E_2, para a formação de um enunciado E_3, se E_1 é negativo, então E_2 ou é positivo sem o *também* ou é negativo com o *também*.

2.ª Formulação

Dadas estas duas formulações, vê-se facilmente como podemos chegar a uma formulação geral para a regra de emprego de *também*:

> Dado um enunciado E_3, da forma E_1 e E_2, se E_1 é α, então E_2 ou é - α, sem *também*, ou é α com *também*.

3.ª Formulação: Geral

Em outras palavras, tem-se *também* num enunciado do tipo E_1 e E_2, se e somente se E_2 vai no mesmo sentido que E_1.

Dito isto, alguém poderia perguntar:

– Bom, e o seu argumentativo onde está em meio a esta regularidade lógica que você acabou de descrever?

Realmente, dado o comportamento exemplar de *também* nos dois quadros, é preciso confessar que não faz muito sentido continuar falando em intenção argumentativa, em atitude subjetiva do(s) locutor(es), quando se tratar de *também*, uma vez que o silêncio obediente de seu comportamento responde a exigências sintáticas precisas e aí se esgota.

Mas e se tudo não fosse tão tranqüilo assim? E se houvesse aqui e ali indivíduos, quero dizer, enunciados que insistissem em contrariar a norma, quero dizer, a regra?

Seria preciso, pelo menos, duvidar desta sistemática que os dois quadros representam.

Pois bem. Considere-se, por exemplo, a alternativa em que aparece um pronome oblíquo e um pro-verbo que referem anaforicamente ao S Pred de E_1, quando E_1 é negativo.

E_1: *Pedro não veio.* e E_2: *João o fez.* /28'/

Pedro não veio. e *João também o fez.* /29'/

Ora, enquanto /28'/ responde à regra, /29'/ parece contrariá-la, uma vez que o conteúdo informacional de E_2 parece ser "João não veio". Haveria sempre a possibilidade de objeção, se alguém quisesse, por exemplo, dizer que o grupo anafórico *o fez* remete à totalidade do S Pred de E_1, que no caso é negativo. Mas, neste caso, E_2 em /28'/ deveria poder significar, ao nível informacional, "João não veio", quando, na realidade, seu conteúdo é "João veio".

Por outro lado, quando saímos dos exemplos simples – que em geral são enganadores e se prestam para provar, no limite, o que quer que seja – a mesma desobediência de *também* pode ser verificada.

Assim, imaginemos a seguinte situação: há uma reunião importante à qual *Pedro* e *João* não podem faltar sob pena de serem tomadas decisões catastróficas para o destino da organização. A é um dos que esperam Pedro com impaciência porque a reunião acaba de começar. Aflito, ele se dirige a B e diz:

Diálogo I

A: *Puxa! Pedro não veio.* /28/

ao que B responde:

B: *João também, rapaz! A gente não tem nenhuma chance.* /29/

Um segundo exemplo: A, no dia seguinte de uma festa em casa de B, comenta com este o sucesso da festa, pelo número de pessoas que vieram, e acrescenta como argumento mais forte para tal conclusão:

Diálogo II

A: *Até mesmo Pedro veio.* /30/

ao que B, que acha João um chato e que o havia convidado por mera cortesia, responde

B: *E também João não veio.* /31/

como para lembrar a A que o sucesso da festa está ligado fortemente à vinda de Pedro e, com a mesma intensidade, à ausência de João.

A resposta de B equivale então a algo como: "É preciso dizer também que João não veio". Deste modo, *também* não incide propriamente sobre o conteúdo do enunciado anterior (ou, se se quiser, já não é um anafórico), mas sobre o ato ilocucional de A (ou já é um dêitico)[13].

Este diálogo nos parece particularmente interessante, pois nos permite ver melhor alguns pontos importantes nesta aventura semântica em torno de *também*.

Em primeiro lugar, o comentário que o leitor deve estar vindo a fazer ao longo desta discussão é o seguinte: – "O.K., *também* é um indivíduo desobediente que nem sempre respeita as regras do sistema, mas isto não prova absolutamente nada em relação ao seu valor argumentativo. Mostrar que ele escapa a tal coisa não significa necessariamente que ele se encontre em tal outra. Tudo o que se disse até agora sobre o *também* é negativo, nada de positivo foi dito sobre essa tal de argumentatividade".

13. Para um estudo teórico da relação *dêixis* e enunciação ver M. Lahud, *Enquête autour de la notion de dêixis*, já citado, cap. II, 4; "Deixis et énonciation: une problématique du sujet", pp. 139 ss.

Talvez! Mas o diálogo II, e mesmo o diálogo I, já mostra não apenas que é difícil explicar este elemento, se nos fixarmos no interior de um quadro lógico, mas ainda que *também,* sobretudo em /31/, incide, como dissemos, não sobre o conteúdo do enunciado dito por A, mas sobre o dizer de A, isto é, sobre o ato de linguagem específico realizado por esse locutor.

E este ato consiste em quê? Consiste em apresentar /30/ como o argumento mais forte para uma certa conclusão r, no caso o sucesso da festa, enquanto que B, embora aceitando a mesma conclusão r e o argumento dado por A para esta conclusão, recusa, no entanto, a exclusividade de força de tal argumento, colocando a seu lado outra proposição, sintaticamente negativa, mas de igual força argumentativa que a anterior. Desta forma, *também* opera uma igualdade entre os dois enunciados, mas essa igualdade não se limita ao caráter estático da regra geral que antes enunciamos, isto é, já não se trata de igualdade lógica, mas de igualdade argumentativa: por isso, as restrições sintáticas (E_2 ir na mesma direção de E_1) já não são tão importantes. O que *também* nos mostra é que dois enunciados sintática e informativamente contrários (E_1 positivo, E_2 negativo) podem ir na mesma direção, conforme o representa a figura 2:

FIGURA 2

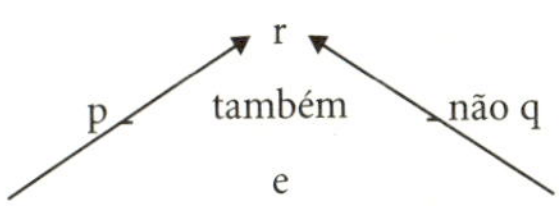

Mas, então, é preciso admitir a existência de uma orientação argumentativa para os enunciados. E se no caso dos dois diálogos que apresentamos ela existe, é o *também* que a opera. Por isso falávamos em operador de argumentação.

A argumentatividade de *também* reside assim no fato de que ele opera, ao nível de duas proposições, para igualá-las em termos de força argumentativa, o que não impede de forma alguma que esta partícula responda a certas regras gerais de comportamento sintático e informativo. Mas isso também não significa que estas regras a aprisionem e esgotem.

Voltemos, pois, por um instante, aos nossos dois enunciados E_1 e E_2, tais como os apresentamos em /16/ e /17/, a fim de que possamos tentar responder positivamente à questão da argumentatividade deste operador.

E_1: *Pedro veio.* /16/

E_2: *João veio.* /17/

Tínhamos dito que a língua dispõe de formas alternativas para realizar a conjunção destes dois enunciados, e assim formar um terceiro enunciado a que chamamos E_3. Os enunciados /19/ e /20/ foram deste modo apresentados como realização destas alternativas sintáticas.

E_3: *Pedro veio e João também.* /19/

E_3: *Pedro e João vieram.* /20/

Do ponto de vista informativo, /19/ e /20/ são equivalentes, o que significa dizer que do ponto de vista lógico eles respondem às mesmas condições de verdade.

Mas imaginemos que estes dois enunciados sejam utilizados argumentativamente e então veremos que entre eles existe uma diferença fundamental.

Assim, se tomarmos o mesmo quadro ideológico em que situamos os enunciados /30/ e /31/, isto é, o sucesso da festa, tanto /19/ como /20/ podem ser dados como argumentos em favor dessa conclusão, mas de maneira sempre diversa.

Com efeito, /20/ será sempre e necessariamente apresentado como um único argumento, enquanto /19/ poderá eventualmente ser apresentado como um único argumento, embora fundamentalmente se apresente como constituído de duas proposições com a mesma força argumentativa.

Os esquemas abaixo representam essa diferença:

FIGURA 3

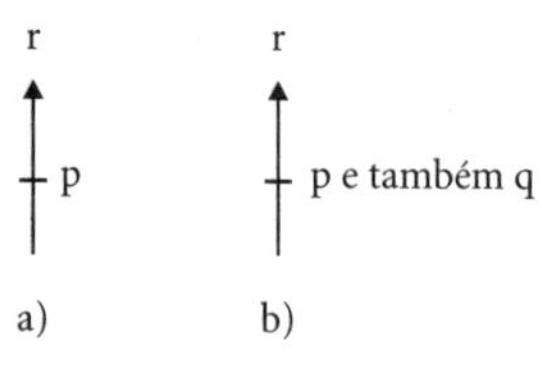

onde r = o sucesso da festa
p (em a) = Pedro e João vieram.
p (em b) + Pedro veio.
q = João veio.

É evidente que estes dois enunciados podem responder às mesmas condições de verdade e produzir, conseqüentemente, o mesmo resultado informativo.

Entretanto, o modo de produção da significação em cada um deles é diferente quando consideramos a disponibilidade argumentativa de /19/, por causa de *também*.

O esquema b) da figura 3 nos diz simplesmente que p e q têm a mesma força argumentativa relativamente a uma determinada intenção r dos interlocutores, se supusermos que E_1 é dito por um locutor A e E_2 por um locutor B. A unidade de intenção de A e B pode, no nível do enunciado, ser marcada pela conjunção *e*. A convergência de p e q para r pode então ser representada da seguinte maneira:

FIGURA 4

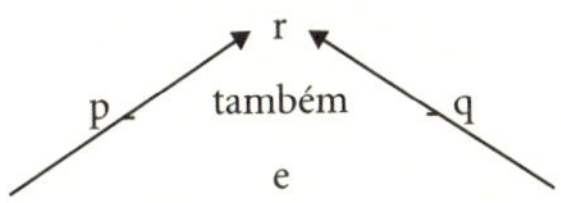

Imaginemos agora que os mesmos enunciados fossem usados numa situação um pouco diferente. Sempre no quadro ideológico do sucesso da festa, A dá como argumento para tal sucesso a vinda de Pedro e diz:

Diálogo III

A: *Até mesmo Pedro veio.* /30/

e B, que não está muito de acordo com isso, porque considera João um chato, diz:

B: *Mas João veio também.* /33/

Neste caso, *também* continua a operar uma igualdade entre os dois argumentos representados pelos enunciados /30/ e /33/, apesar de que a direção argumentativa de cada um seja agora contrária, por causa de *mas*. A figura 5, a seguir, representa o que acabamos de dizer:

FIGURA 5

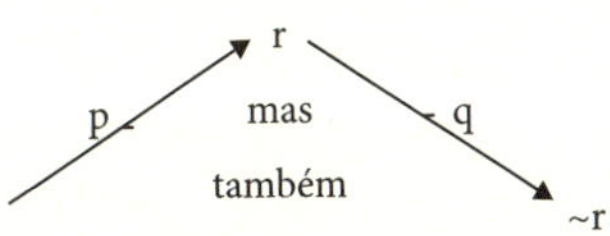

As figuras 4 e 5, conforme se pode observar, pretendem representar a movimentos de pensamento", para utilizar uma expressão de Jespersen, orientados segundo intenções argumentativas diferentes[14].

No caso da figura 4, a conjunção *e* converge argumentativamente as proposições p e q para a conclusão r, enquanto que, na figura 5, a conjunção *mas* diverge as duas proposições, segundo intenções argumentativas opostas, representadas por r e por ~r. É neste sentido que r e ~r são chamadas variáveis intencionais: constituem os objetivos argumentativos de um ato ilocucional e encontram seu lugar de existência na própria língua, sendo que o seu preenchimento referencial é efetuado levando-se em conta a situação de discurso em que se produz o enunciado[15].

Deste modo, *também* é neutro quanto à direção argumentativa das proposições que ele opera, embora ele sempre pressuponha tal orientação, como mostram as figuras 4 e 5. O seu domínio é o das proposições, relativamente à força argumentativa com que são apresentadas, ou seja, relativamente à força de argumento que se pretende dar a um determinado ato ilocucional para uma determinada conclusão r ou ~r.

Acredito que neste momento já tenhamos condições de recusar a regra geral que havíamos formulado para o emprego de *também*, uma vez que procuramos mostrar que o problema de direção dos enunciados (E_2 ir na mesma direção que E_1, como condição de uso de *também*) não pode ser resolvido a um nível puramente lógico ou informativo, uma vez que duas proposições operadas por *também* podem, ainda que guardando a mesma direção do ponto de vista sintático, ser contrárias quanto à orientação argumentativa a que res-

14. Cf. O. Jespersen, "Negation in English and in Other Languages", *Historik-Filologiske Meddelelser*, 1, 5, Copenhague, 1917, p. 82. Cf. também o que Sapir chama de *meta* (do locutor) quando trata do dinamismo do grau. Textualmente: "Quando a meta muda, inverte-se a apreciação". Sapir, "O Grau: Estudo de Semântica", em *Lingüística como Ciência*, p. 192.

15. Neste sentido, é importante o papel de um componente retórico na descrição semântica de uma língua. A ele, segundo o esquema conhecido proposto por Ducrot, caberia, neste caso, a instanciação de tais variáveis identificadas ao nível do componente lingüístico. Ver C. Vogt, "A Palavra Envolvente", pp. 27 ss.

pondem, como mostram o diálogo III e a figura 5. E, inversamente, como mostram o diálogo II e a figura 2, duas proposições, embora opostas do ponto de vista informativo, podem orientar-se segundo a mesma intenção argumentativa.

Tais fatos nos levam então a uma reformulação total da regra que propusemos. Esta nova formulação deverá ser revolucionária do ponto de vista teórico, na medida em que recorre a variáveis imprevistas num quadro teórico tradicional, quer seja ele o do estruturalismo clássico, quer o da gramática gerativa.

Em outras palavras, se quisermos tentar compreender mais profundamente o valor de *também*, seremos obrigados a recorrer às marcas de subjetividade que o caracterizam, de modo incontestável. Esta tentativa pode ser traduzida na formulação abaixo, que sintetiza as conclusões a que a nossa discussão nos conduziu. Diremos então que:

> Para qualquer locutor L da língua portuguesa e qualquer que seja a intenção argumentativa de seu ato de enunciação, dizer p *também* q significa dizer que p e q têm a mesma força argumentativa relativamente a tal intenção.

1.º Conceito argumentativo de *também*.

3. Componente Lingüístico e Componente Argumentativo

A nossa hipótese para a explicação do valor semântico de *também* é, pois, a de que este elemento constitui fundamentalmente um operador de argumentação, a que o cálculo de proposição da lógica não pode aplicar-se senão em um nível bastante superficial de análise.

Resta precisar como funciona tal operador, qual o efeito argumentativo que produz exatamente e o que o diferencia, por exemplo, de um outro operador de argumentação de que já tínhamos falado e cuja natureza já tenha sido melhor estudada, como é o caso de *mesmo*.

Tento responder pelo exemplo, antes de aventurar-me às abstrações.

Sempre no quadro ideológico do sucesso da festa, a que já recorremos anteriormente, retomo ainda o diálogo entre os nossos dois interlocutores, A e B. Como prova de tal sucesso, A diz:

Diálogo IV

A: *Até mesmo Pedro veio.* /30/

ao que B, embora concordando com a conclusão que A pretende tirar de /30/, isto é, o sucesso da festa, acrescenta:

B: *Mas João veio também.* /33/

Desde já, vemos a complicação que teríamos se quiséssemos tratar este diálogo no nível puramente informacional. Com efeito, considerado do ponto de vista das proposições ou enunciados que o constituem, este diálogo é absolutamente idêntico ao diálogo III, enquanto que do ponto de vista argumentativo eles são totalmente distintos.

Haveria sempre, para os defensores da comunicação, a possibilidade de dizer que esta diferença se reproduz como resultado da superposição do contexto em que tais enunciados se produzem. Poderiam acrescentar que o fundamental é a oposição que o *mas* marca entre os enunciados /30/ e /33/. Mas oposição a quê ou entre quê? Entre dois enunciados que vão no mesmo sentido informativo, por causa de *também*? E como explicar então a contradição entre os valores de oposição e igualdade, que são dados ao mesmo tempo por *mas* e *também*. Uma teoria semântica que pretenda manter a sua coerência ao preço de considerar tais questões como não-pertinentes ao nível lingüístico defenderá fatalmente a sua tranqüilidade, não sem, contudo, confessar a sua fraqueza teórica e a sua violência dogmática.

Como pode, então, uma teoria semântica argumentativa dar conta desta diferença entre os diálogos III e IV, diferença que evidentemente percebemos de antemão, quando especificamos a situação de ocorrência dos enunciados que o constituem?

A resposta é simples quando admitimos o valor argumentativo de *mas* e de *também*. Com efeito, no caso do diálogo III, como dissemos, o operador *mas* tem o seu valor habitual, isto é, ele opera no nível da intenção argumentativa da enunciação de A para opor-lhe uma conclusão contrária (r *vs* ~r) através de um outro argumento. A conjunção *mas* nada diz a respeito da força dos argumentos, mas, como o enunciado realizado por A é apresentado como o argumento mais forte para o sucesso da festa, por causa de *mesmo, também* opera de modo a apresentar o enunciado de B como um argumento tão forte quanto o de A, para o insucesso da festa. Deste modo, operando uma igualdade entre proposições com sentidos argumentativos contrários, *também* neutraliza, de certa forma, a força argumentativa com que uma proposição p é apresentada como prova definitiva de r, porque apresenta q com a mesma força para ~r.

Há, pois, no diálogo III duas operações argumentativas, a saber:

1.ª) dado um argumento para uma certa conclusão r, o operador *mas* opõe um argumento para uma conclusão ~r;

2.ª) *também* diz que estas proposições têm a mesma força argumentativa.

Se quisermos representar este dinamismo da língua, representando ao mesmo tempo a igual força dos argumentos para conclusões opostas, bastará modificarmos um pouco a nossa figura 5 e, assim, teremos:

FIGURA 6

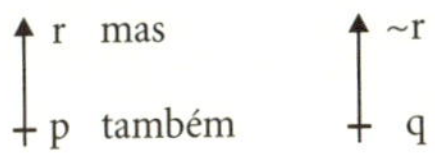

isto é, se p é o argumento mais forte para r, q é o argumento de igual força para ~r.

No caso do diálogo IV, as coisas se passam de maneira um pouco diferente e o mecanismo de oposição entre as proposições que o constituem talvez seja mais complexo do que no diálogo anterior.

Qual é, pois, esta diferença e este mecanismo? Responder pelo mecanismo será evidentemente responder pela diferença. Tentemos, então.

Quando consideramos este diálogo, duas observações se fazem imediatamente presentes e necessárias.

1.ª) O diálogo, tal como o outro, é polêmico no sentido de que ele não poderia ser um monólogo. Evidentemente, os dois atos de enunciação que o constituem poderiam ser praticados por um só locutor, mas ao preço de uma mudança radical de atitude relativamente a um e a outro ato, que é como se dois locutores distintos falassem. Desta forma, continuamos a dizer que ele não pode ser um monólogo. Em outras palavras, é preciso mais do que a identidade física do locutor para definir um monólogo. É preciso que haja também uma certa unidade moral e psicológica, para não dizer jurídica, do locutor. Portanto, o diálogo IV é polêmico, neste sentido.

2.ª) O operador *mas* tem, neste caso, com relação a *também*, um efeito inverso do seu efeito habitual, isto é, as duas proposições *Pedro veio* e *João veio* são apresentadas aqui como argumentos orientados no mesmo sentido.

Destas duas observações podemos concluir que *mas* é metalingüístico, *refutador*, pois ele é destinado a dizer que A não tinha o direito de dizer *Mesmo Pedro veio*, ou mais precisamente, que A não devia dizer *mesmo*.

E por quê?

Porque, dizendo *mesmo*, A pretendia significar que *Pedro veio* era o argumento mais forte para r, isto é, o sucesso da festa. Respondendo com *também*, B dá um argumento tão forte quanto *Pedro veio* em favor de r, impedindo, assim, que se considere *Pedro veio* como o argumento mais forte.

A figura 7, abaixo, pode representar esquematicamente este dinamismo argumentativo do diálogo IV:

FIGURA 7

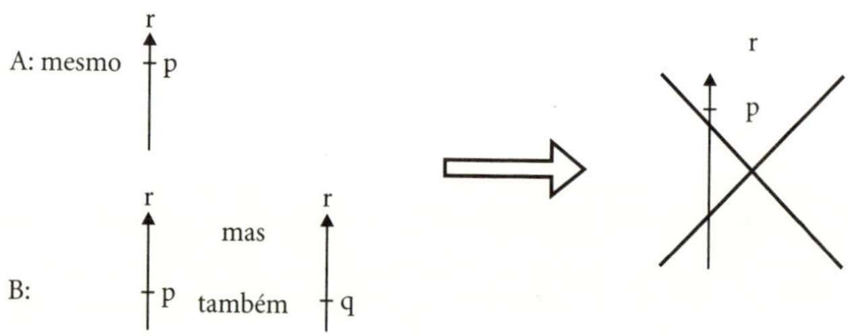

(onde p = *Pedro veio*, colocado no alto da escala por causa de *mesmo*; r = sucesso da festa; q = João veio).

A resposta de B refuta a força de p, através de *mas*, e dá q como tendo a mesma força argumentativa de p, por causa de *também*.

Em resumo, as operações argumentativas que aqui verificamos obedecem a duas etapas, a saber:

1.ª) o operador *mas* recusa a força argumentativa com que p é apresentado em favor de r;

2.ª) o operador *também* apresenta uma proposição q da mesma força que p em favor de r, o que tem como efeito neutralizar a exclusividade de p enquanto argumento para r. Em outras palavras, p sofre um abaixamento na escala orientada por r, em virtude da adição de outro argumento, da mesma força, ainda orientado no sentido de r. É este dinamismo que pretende representar a figura.

Ao refutar a exclusividade de p como prova de r, B diz, portanto, que r não pode ser tirado só de p, mas deve ser tirado também de q. Ora, dizer isso é dizer que o diálogo IV representa de modo analítico todo o processo argumentativo que é próprio da expressão "não só ... mas também", tão comum nos discursos em que as intenções argumentativas do locutor são preponderantes, isto é, em todo discurso que não seja puramente descritivo, ou, ainda, em todo discurso que visa a persuadir ou a convencer o seu auditório das conclusões a que ele conduz, como é o caso, por exemplo, do discurso político e mesmo do discurso filosófico e do discurso científico.

Quando um locutor diz "não só p mas também q" ele procede como se pressupusesse no seu interlocutor a intenção de acrescentar a p um *mesmo* que lhe conferisse, como é próprio deste operador, um caráter de exclusividade; *não só* é a marca desta ausência. A recusa do locutor encontra, enfim, a sua razão argumentativa no fato de q ser apresentado como um argumento de igual força que p, isto é, como um argumento que, por ser igual, opõe-se de certa forma a p: *mas também* q.

Um outro ponto importante que este diálogo pode nos ajudar a esclarecer é o problema da relação entre pressuposição e argumentatividade.

Retomemos, por um instante, o diálogo IV:

A: *Até mesmo Pedro veio.* /30/

B: *Mas João veio também.* /33/

e lembremos que ambas as proposições são apresentadas como argumentos para o sucesso da famigerada festa.

Qualquer descrição semântica destes dois enunciados, por mais superficial que fosse, deveria indicar os seguintes elementos como constituintes do sentido de cada um deles:

/30/ PP: "Outros vieram".
P: "Pedro veio".

/33/ PP: "Outros vieram".
P: "João veio".

Deste modo (deixando de lado, por enquanto, o papel da conjunção *mas*), tanto /30/ como /33/ teriam um elemento de conteúdo comum, isto é, o conteúdo pressuposto: "Outros vieram", e dois elementos de conteúdo diferentes ao nível do posto, isto é, "Pedro veio" e "João veio".

Se admitíssemos agora que é possível instanciar (emprego a noção de instanciação no sentido que a lógica formal a utiliza, por exemplo, no cálculo de predicado) o pressuposto de um enunciado ou de um segmento do enunciado, sobre o qual opera um determinado elemento, que seria responsável pela introdução deste pressuposto[16], poderíamos dizer que:

1.º) "João veio", isto é, o elemento posto em /33/ constitui a instanciação do pressuposto de /30/;

2.º) "Pedro veio", isto é, o elemento posto em /30/ constitui a instanciação do pressuposto de /33/.

Resumidamente:

FIGURA 8

/30/ { PP: "João veio"
P: "Pedro veio" }

/33/ { PP: "Pedro veio"
P: "João veio" }

16. Ver a este propósito o artigo de Jean-Claude Anscombre, "Même le roi de France est sage", que discutimos mais adiante. Por exemplo, no enunciado: *Antônio veio, Maria veio e até mesmo Pedro veio*, a instanciação do PP de *até mesmo Pedro veio* seria *Antônio veio* e *Maria veio*. Ver ainda sobre a noção de instanciação em Lingüística os trabalhos de Lakoff sobre Lógica Natural. Os critérios para a verificação da existência destes PP nos dois enunciados são facilmente encontráveis quando os submetemos,

Tal descrição responderia então, de maneira explícita, por um diálogo do seguinte tipo:

Diálogo V

A: *João veio e até mesmo Pedro veio.* /34/

B: *Pedro veio e João veio também.* /35/

ou, se quiséssemos introduzir o operador *mas:*

Diálogo VI

A: *João veio e até mesmo Pedro veio.* /34/

B: *Pedro veio mas João veio também.* /36/

Evidentemente, o caráter polêmico destes diálogos salta aos olhos, dada a circularidade dos seus elementos postos e pressupostos, isto é, há do ponto de vista do conteúdo uma saturação da igualdade, que impede que o diálogo evolua. Em outras palavras, se o pressuposto é um elemento semântico que pode responder, ao lado de outros, pela coerência de um discurso[17] e, se o posto é este elemento que pode garantir a sua diferença, isto é, a sua evolução, o que vimos nestes diálogos é uma espécie de deslizamento, de girar-em-falso, como se o ponto de apoio da progressão faltasse de repente e o discurso voltasse ao seu ponto de partida. Por isso, a conjunção *mas*, dado o seu caráter metalingüístico ou polêmico, vai melhor neste contexto do que a conjunção *e*, que, quando ocorre, como no diálogo V, parece deixar uma casa reservada, no começo da resposta de B, para o operador *não*, cuja função é, neste caso, absolutamente metalingüística ou polêmica.

Mas, se a análise em pressuposto destes enunciados consegue fazer sentir a saturação da coerência do diálogo e conseqüentemente o seu caráter redundante e polêmico, ela não explica, de modo algum, os mecanismos subjacentes a tais diálogos. Isto é, o que ela não explica é a possibilidade de ocorrência dos diálogos, apesar do nível

por exemplo, à negação ou à interrogação e observamos que estes elementos permanecem intocáveis, segundo já observou exaustivamente Ducrot, por exemplo, em *Dire et ne pas dire*.

17. Sobre a pressuposição enquanto elemento ligado ao problema da coerência de um texto, ver I. Bellert, "On the Logic - Semantic Structure of Utterances", cap. 5: "On a Condition of the Coherence of Texts", pp. 64-81, *Polska Academia Nauk/Komitet Jczykoznawstwa*, Prace Jczykoznawcze, 1972.

indesejável de redundância e, o que é mais importante, se tal igualdade atinge aí o seu limite de saturação, por que é possível continuar falando em oposição, em refutação de uma fala em relação a outra: oposição a quê e refutação de quê?

Enfim, creio que uma análise pressuposicional dos enunciados que constituem estes diálogos permite sentir e mesmo observar a natureza dos problemas aí envolvidos, mas não consegue explicá-los adequadamente. Se ela permite ir no sentido desta explicação, ela não a esgota pela simples razão de que o fenômeno da pressuposição, neste caso, embora legítimo, é um fenômeno de conseqüência, isto é, um fenômeno mais superficial que o fenômeno argumentativo que responde, a um nível mais profundo, pelos mecanismos de produção de tais diálogos.

E foi este fenômeno que tentamos descrever.

Mas imaginemos que se queira manter a análise pressuposicional, pois que a consideramos legítima. Como integrá-la na análise argumentativa que fizemos? A resposta não é simples e, no estágio em que as pesquisas sobre a argumentatividade da língua se encontram, toda proposta neste sentido não pode ser encarada senão como mera sugestão. É um risco e uma aventura. Mas o que tem sido este trabalho senão a aventura de uma intuição?

Corramos, pois, o risco.

Em primeiro lugar, acredito que, ainda que admitindo a existência de um ato ilocucional específico, isto é, o ato de pressupor, nestes diálogos, cujo conteúdo pressuposto seria representado tal como fizemos, por exemplo, na figura 6 ou mais precisamente na figura 7, ainda assim, dizíamos, parece impossível dar conta dos mecanismos semânticos subjacentes a estes diálogos. Admitamos, para efeito de discussão, que exista um ato de pressupor geral e cujo conteúdo varie de acordo com as diferentes ocorrências possíveis dos enunciados de uma dada língua; admitamos ainda que este ato institua, no momento mesmo da enunciação, um universo jurídico que se impõe ao auditor, que, por sua vez, deve respeitá-lo para que o discurso não se transforme em polêmica, ou, como diziam os antigos, para que ele se mantenha como discussão e não se desvirtue em controvérsia, para que ele seja, enfim, um discurso *ad hominem* e não *ad personam*[18]. Admitamos mesmo que, no caso de nossos diálogos IV, V e VI, o ato de pressupor tenha uma marca lingüística dada pelos morfemas *mesmo* e *também* e pelo segmento sintático do enunciado que constitui o seu domínio. Ainda assim não chegaríamos a explicar a complexidade destes diálogos.

Com efeito, o seu caráter controvertido não está em tomar, numa afirmação, como pressuposto o que a resposta toma como posto, e vice-versa. Também está nisto, mas apenas como conseqüência.

A possibilidade que vemos para aproximar uma análise pressuposicional e a análise argumentativa que apresentamos para o diálogo IV vai mais ou menos no sentido da proposta que eu havia feito anteriormente em "A Palavra Envolvente", quando tratei de alguns verbos de movimento pertencentes, como resultado da análise, a um mesmo campo semântico[19].

Tal proposta consistiria em dizer que a argumentatividade do enunciado /30/ reside no fato de que *mesmo* é um operador que exclusiviza, do ponto de vista argumentativo, a proposição em que ele opera, isto é, ele a considera como o argumento mais forte que possa ser apresentado para uma certa conclusão r. Mas este mais forte, ou esta exclusividade, pressupõe outros elementos com os quais a "proposição + *mesmo*" possa ser comparada. Por isso dizíamos que a análise pressuposicional respondia apenas superficialmente pelo fenômeno.

O mesmo se passa com *também*, com a diferençade que a sua escritura argumentativa iguala as proposições, ao invés de distingui-las.

Tal maneira de ver as coisas é em tudo semelhante ao tipo de análise que propusemos no capítulo III para o operador *ainda*, quando, a exemplo do que fazemos agora, nos indagamos sobre a relação entre os fenômenos de pressuposição que são próprios deste elemento e o seu caráter argumentativo.

18. Ver Ch. Perelman & L. Olbrechts-Tyteca, "*La nouvelle rhétorique – Traité de l'argumentation*, vol. 1, pp. 148 ss.
19. Ver C. Vogt, "A Palavra Envolvente", parte VII, pp. 41 ss., onde proponho certas modificações ao modelo de descrição semântica proposto por Ducrot, por exemplo, em *Dire et ne pas dire*, p. 111.

A nosso ver, como se pode deduzir do que até agora discutimos, o valor argumentativo destes operadores não pode situar-se ao nível alternativo do posto e do pressuposto, se insistirmos na aproximação. O que estes operadores escrevem é a necessidade de uma distância ou de uma aproximação entre os elementos de conteúdo de um enunciado e é esta diferença ou igualdade que produz estes elementos, como uma resposta necessária às intenções do locutor.

Portanto, quando A diz:

A: *Até mesmo Pedro veio.* /30/

porque o operador *mesmo* produz uma diferença exclusiva da proposição *Pedro veio,* ele introduz a referência sobre a qual esta diferença se realiza: podemos chamá-la de pressuposto ou mesmo de domínio da anáfora que é própria de *mesmo.*

Quando B responde:

B: *Mas João também* veio. /33/

o *mas*, como dissemos, recusa o direito a A de dizer *mesmo*, isto é, de inscrever a distância entre o elemento posto e o elemento pressuposto em /30/ como fundamental, do ponto de vista argumentativo, para, em seguida, através do operador *também*, produzir uma igualdade argumentativa entre estes dois elementos.

Deste modo, a argumentatividade opera ao nível da relação entre posto e pressuposto e é ela quem institui esta relação.

Dizer, então, *Até mesmo Pedro veio* ou *João também veio* significa dizer, num caso, que se considera a vinda de Pedro como o fato mais importante relativamente à vinda de outros indivíduos e, no outro, que se considera a vinda de João como um fato tão importante quanto a vinda de outras pessoas. Estes outros fatos podem ser dados como pressupostos, e o escopo destes operadores no interior do enunciado será capaz de indicá-los com precisão, ou como o referente anafórico – o que será dado ainda pelo escopo – ou ainda explicitados ao longo do enunciado, caso que referimos como sendo de instanciação do pressuposto.

Mas o que é inegável é que, mesmo que incidam sobre um segmento específico do enunciado, o que nos poderia levar a concluir por seu valor descritivo em tais ocorrências, tais operadores acrescentam um novo ato ilocucional, ato este que poderíamos chamar ato ilocucional de argumentar, pois um enunciado que seja, por exemplo, o produto de um ato de asserção se vê agora, semanticamente falando, como produto de um ato de argumentação.

No caso de *mesmo*, este ato poderia ser apresentado como um ato que, instituindo uma distância argumentativa entre o pressuposto e o posto de um enunciado, relativamente a uma certa conclusão r, a apreciasse como altamente significativa, e por isso apresentasse o posto como uma certa exclusividade em relação ao pressuposto, enquanto o *também*, porque aproxima os dois elementos, nega esta distância e aprecia a relação como uma relação de igualdade, da mesma forma que o *ainda* a apreciava como um *excesso* e, por isso, exigia a diferença entre os elementos que a preenchiam[20].

Deste modo, quando estes operadores introduzem pressupostos lingüísticos no enunciado, a sua atuação se faz não no nível do posto ou do pressuposto, mas no nível do intervalo que os separa e une, isto é, no nível de sua relação, conforme, se tomarmos como exemplo o diálogo IV, o seguinte esquema:

FIGURA 9

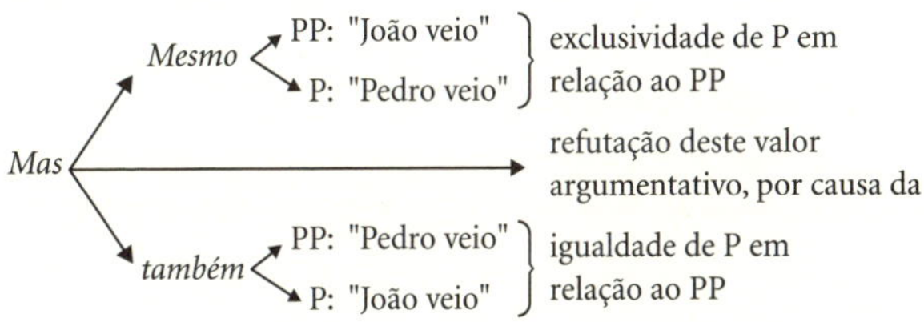

É evidente que a função principal destes operadores não é a de introduzir pressupostos nos enunciados em que eles operam. Eles

20. Nos casos, por exemplo, em que o operador *mesmo* não introduz nenhum pressuposto (tomando este termo no sentido técnico) é evidente que tal "distância" será escrita entre elementos do enunciado, ainda que ambos sejam considerados como postos, como é, por exemplo, o caso de um enunciado como *Pedro vem aqui freqüentemente e mesmo muito freqüentemente*, onde a distância é dada entre "freqüentemente" e "muito freqüentemente" e onde o *mesmo* parece introduzir, como decorrência, um ato ilocucional de retificação do que foi dito anteriormente. É por isso, dizíamos, que o fenômeno da pressuposição é um fenômeno mais de superfície, quando se trata destes operadores.

o fazem, entretanto, por uma necessidade decorrente de seu valor argumentativo.

Ora, dizer isso significa dizer duas coisas:

1.º) quando os elementos semânticos de conteúdo, cuja relação é dada e apreciada de uma certa forma por estes operadores, estão explícitos no enunciado, tal função de introdutor de pressuposto perde o sentido, embora o seu valor argumentativo se mantenha.

É o que se verifica, por exemplo, num enunciado como:

Pedro vem aqui freqüentemente e mesmo *muito freqüentemente.* /37/

em que a distância argumentativa entre "freqüentemente" e "muito freqüentemente" é dada pelo operador *mesmo*, que, em decorrência, parece neste caso introduzir um ato ilocucional de retificação do que anteriormente tinha sido dito;

2.º) tais operadores, que introduzem por necessidade argumentativa determinados tipos de pressupostos, devem, por não ser esse o seu papel semântico fundamental, poder ocorrer num enunciado em que um outro elemento, por exemplo um item lexical, introduz o mesmo tipo de pressuposto.

É o que ocorre quando consideramos enunciados como:

Pedro continua a fumar. /38/ e

Pedro ainda fuma. /39/

onde, do ponto de vista pressuposicional, a mesma análise responde por ambos, isto é

PP: "Pedro fumava". /40/

P: "Pedro fuma".

e onde o valor argumentativo, fundamental, do operador *ainda* pode ser posto em evidência pela possibilidade de combiná-lo com o verbo *continuar*, como no enunciado:

Pedro ainda continua a fumar. /41/

ou pela possibilidade de um diálogo como

A: *Pedro continua a fumar.* /38/

B: *Ainda.* /42/

e pela estranheza de

A: *Pedro ainda fuma.* /39/

B: *Continua!* /43/

É por isso que dissemos, quando tratamos rapidamente de *ainda* na comparação, que a pressuposição é um fenômeno de superfície, no que concerne a estes operadores argumentativos.

Se estas observações que fizemos são, de alguma forma, corretas e se pensarmos então no esquema geral da Descrição Semântica (D. S.) capaz de explicar o valor de tais operadores num enunciado, seremos levados, tomando por base a proposta de Ducrot, a enriquecer e, portanto, tornar mais complexo o Componente Lingüístico (C.L.) de tal descrição, de forma a permitir-lhe a previsão e o estabelecimento de certos valores semânticos que naquela proposta ficavam relegados ao domínio do Componente Retórico (C.R.).

Relembro rápida e abstratamente o esquema geral da proposta de Ducrot[21] para, em seguida, fazer as modificações aqui sugeridas.

Tal proposta é a seguinte:

FIGURA 10

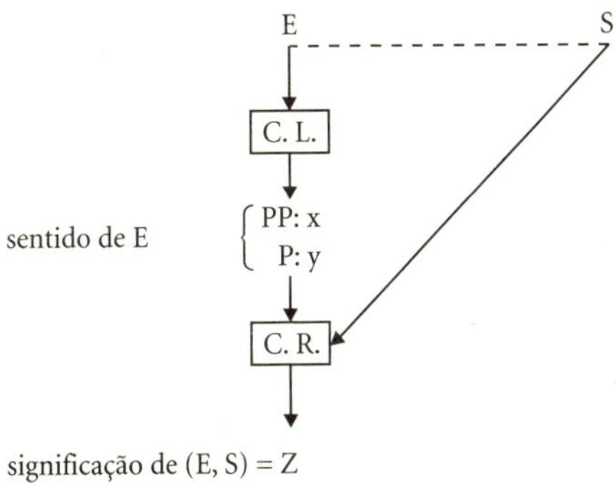

onde E significa enunciado; S, a situação de discurso em que tal enunciado se realiza, e onde o par (E, S) significa, portanto, a enunciação; x, y, Z são variáveis quaisquer, utilizadas para indicar as diferenças possíveis, no nível do sentido e da significação[22].

Segundo este esquema um enunciado como

Mesmo Pedro veio. /30/

pronunciado na situação que já conhecemos, do sucesso da festa, de-

21. Ver, por exemplo, O. Ducrot, *Dire et ne pas dire*, p. 111.

22. Para uma discussão mais detalhada dos conceitos de sentido e significação, ver C. Vogt, "A Palavra Envolvente", assim como para uma discussão mais longa deste esquema.

veria ser analisado da seguinte maneira, se admitirmos que mesmo incide sobre *Pedro.*

FIGURA 11

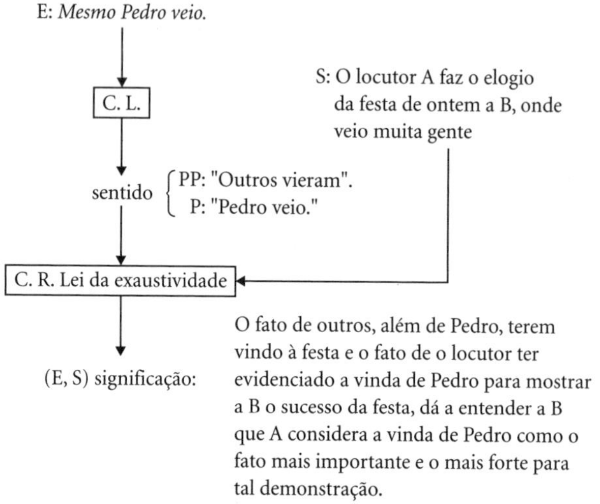

Uma adaptação deste esquema para dar conta do valor argumentativo de um enunciado desse tipo já pode ser encontrada no artigo de J. C. Anscombre, a que nos referimos[23].

Considerando a enunciação:

Maria é muito culta: ela lê hebraico, latim, grego antigo; ela lê mesmo sânscrito. /44/

Anscombre toma o enunciado

Ela lê mesmo sânscrito. /45/

onde *mesmo* tem como escopo o SN objeto, isto é, *sânscrito*, e para tanto propõe a seguinte análise:

23. a) Cf. J. C. Anscombre, "Même le roi de France est sage", *Communications*, 20, pp. 57 ss., onde o autor considera três casos de ocorrência de *mesmo.* O 1.º caso é o do contexto canônico, onde tanto p (que representa uma série de argumentos dados em favor de uma certa conclusão r) como r são explícitos e onde q representa a proposição no interior da qual *mesmo* opera para, do ponto de vista da enunciação, apresentá-la como o argumento melhor para r. Considero aqui este primeiro caso, por ser o mais explícito, sobretudo no que concerne às nossas intenções.
b) Para uma apresentação mais detalhada da lei de exaustividade, cf. O. Ducrot, *Dire et ne pas dire*, pp. 133-134.

posto: (I) ela lê sânscrito

pressuposto: (II) existe r_0 tal que "ela lê sânscrito" é um argumento para r_0, e $r_0 \neq$ "ela lê sânscrito"

(III) existe x_0, x'_0, x''_0, x'''_0, ... , diferentes de "sânscrito", da mesma categoria sintática que "sânscrito", e "ela lê x_0, ela lê x'_0..."

(IV) o fato de ela ler sânscrito é um argumento para r_0 melhor que o fato de ela ler x_0, x'_0...

Ao nível do componente retórico, diz o autor, a situação de enunciação (constituída nesse caso por um contexto explícito) fixará as variáveis de tal modo que:

R_0 = Maria é muito culta.

x_0 = hebraico

x'_0 = latim

x''_0 = grego antigo

Tal descrição semântica daria, então, a seguinte significação para a ocorrência em /44/ do enunciado /45/:

"Maria lê sânscrito, hebraico, latim, grego antigo; o fato de ela ler sânscrito é um argumento melhor – para provar que ela é muito culta – que o fato de ler hebraico, latim e grego antigo".

Todo este processo de produção semântica é, então, esquematizado da seguinte maneira:

FIGURA 12

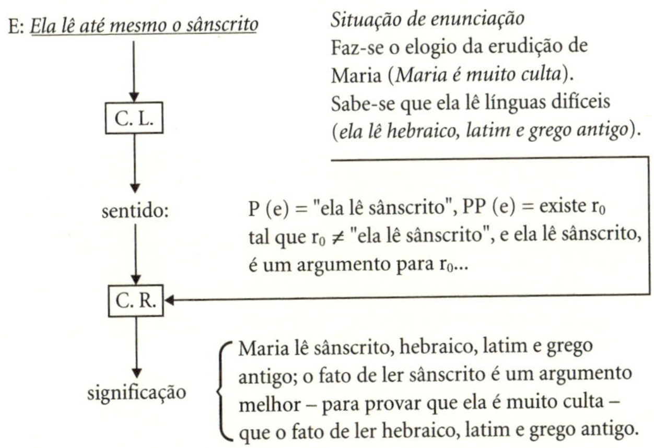

Evidentemente, nos casos em que P ou r não estiverem explícitos no contexto lingüístico, não haverá nenhuma alteração ao nível do Componente Lingüístico. A diferença poderá produzir-se ao nível do C.R., dependendo das informações que a situação de enunciação lhe fornecer, porque o componente lingüístico continuará a prever, da mesma forma, as variáveis que o C.R. deverá instanciar, como é, por exemplo, o caso da variável r, quando não explícita no contexto em que ocorre o enunciado. No caso da variável P, quando não explicitada no contexto, um pressuposto de natureza geral, como, por exemplo, "Maria conhece outra língua", deverá substituí-la e neste caso o C.R. nada tem a fazer, o que leva Anscombre a observar com pertinência que tal fato não é senão a

> manifestação particular de um fenômeno mais geral, isto é, o de que os pressupostos são apresentados pelo enunciado como representando o universo do discurso que toda enunciação cria para si mesma. O enunciado P, continua o autor, não é senão a instanciação, ao nível do explícito, de um implícito necessário para a coerência do discurso. Pode-se, então, dizer que, de uma certa maneira, P é redundante, e sua explicitação não necessária para a compreensão do ato de enunciação[24].

Tal análise, como se pode ver, tem o mérito de mostrar desde já a necessidade de dar ao C.L. o papel de prever certas variáveis argumentativas, como r, por exemplo, a serem preenchidas pelo C.R., ao mesmo tempo em que a pressuposição é concebida de maneira mais abstrata para permitir, no nível do C.R., a instanciação das variáveis que o C.L. fornece, quando o contexto lingüístico ou a situação de enunciação o permitirem. O Componente Lingüístico se vê, desta forma, com atribuições mais amplas do que ele tinha no esquema da D. S. representado pela figura 11, passando, agora, a prever, de forma mais categórica o C.R., o que, evidentemente, tem conseqüências teóricas profundas, pois que a língua passa a ser concebida também como estrutura argumentativa e não apenas lógico-informativa.

24. J. C. Anscombre, "Même le roi de France est sage", *Communications*, p. 59.

Entretanto, se esta análise merece, pela tentativa de situar a argumentatividade no nível do lingüístico e não apenas do retórico, ela o faz, a meu ver, de maneira ainda pouco precisa.

Na verdade, se a conclusão de Anscombre – sobre a relação entre a pressuposição introduzida por *mesmo* e o enunciado P, que para ele não é mais do que a instanciação, ao nível do explícito, de um implícito necessário para a coerência do discurso – é correta, ela o é apenas parcialmente.

Porque, se ele insiste em tratar a argumentatividade como um fenômeno de pressuposição, será fatalmente obrigado a considerar outras ocorrências de *mesmo*, diferentes da que acabamos de ver, quando este operador não introduz nenhuma pressuposição como específica. É o caso, por exemplo, do enunciado /37/ *Pedro vem aqui freqüentemente* e *mesmo muito freqüentemente,* já apontado por nós, onde a apreciação de *mesmo* se inscreve entre *freqüentemente* e *muito freqüentemente.*

Mas se, ao contrário, dissermos que o valor argumentativo de *mesmo* ou de *também* é o determinante relativamente aos demais valores que estes operadores possam introduzir, veremos, então, que, em um nível profundo da análise, tais distinções se desfazem e que portanto as suas diferenças não são senão a manifestação de uma mesma regularidade. Tal regularidade é fundamentalmente a exigência que tais operadores fazem da existência de, no mínimo, dois termos, duas proposições entre as quais eles irão inscrever semanticamente o seu valor argumentativo: diferença quantificada no caso de *ainda*, diferença ordenada no caso de *mesmo*, e igualdade no caso de *também.*

Que tais proposições se manifestem de modo implícito ou explícito constitui evidentemente um problema que a Descrição Semântica deve levar em conta e portanto explicar. E neste ponto a análise de Anscombre é perfeita.

Mas tais diferenças são mais superficiais do que pretende a sua análise. Em um nível profundo elas se respondem como igualdade, isto é, manifestando-se mais superficialmente como variações de uma mesma necessidade: a necessidade criada pela operação argumentativa agora efetuada por estes operadores no interior do enunciado.

Para chegar, no entanto, a essa regularidade, é preciso admitir que este valor argumentativo de que se contaminou o enunciado, no processo de enunciação, através destes operadores, não se inscreve no posto ou no pressuposto do enunciado, mas no intervalo entre um e outro, ou no intervalo entre proposições escalares, como no caso de /37/, como leitura apreciativa da relação que entre estes elementos a própria operação argumentativa criou.

Mas não é tudo. É preciso admitir ainda, a exemplo do que fizemos em "A Palavra Envolvente" a propósito de certos verbos de movimento[25], a existência, ao nível do C.L., de um Subcomponente Argumentativo, que, ao lado ou mesmo antes do Subcomponente Estrutural ou Informativo, responda pelas operações de argumentação a que o enunciado é submetido através de operadores específicos. Em outras palavras, o que estamos dizendo é que, ao lado de um componente estrutural ou informativo que ao nível lingüístico responda pelo sentido formal, lógico ou ainda literal de um enunciado, deve existir, também ao nível lingüístico, um componente que responda pelo sentido argumentativo do enunciado, isto é, que não só disponha variáveis intencionais a serem preenchidas pelo C.R., mas que ainda possa explicar a produção, ao nível do C.I., de valores semânticos, como, por exemplo, posto e pressuposto, que atendam a exigências que ele é capaz de fixar. Quando tais exigências forem respondidas de outra forma, quer como instanciação do PP quer como explicitação ao nível do enunciado do outro elemento semântico cuja referência é necessária para que a operação argumentativa se realize, tais variações deverão, evidentemente, se dar ao nível do Componente Informativo.

Quanto à intenção argumentativa da enunciação realizada pelo locutor, isto é, quanto à conclusão a que as proposições que constituem o seu enunciado podem levar, e que aqui representamos pela variável r, ela será também prevista pelo C.A. ou mais especificamente pela relação entre este componente e o C.I.

25. Cf. C. Vogt, "A Palavra Envolvente", pp. 41 ss.

Deste modo, tomando como exemplo o enunciado /30/ *Até mesmo Pedro veio*, esta concepção da Descrição Semântica poderia ser representada da seguinte maneira:

FIGURA 13

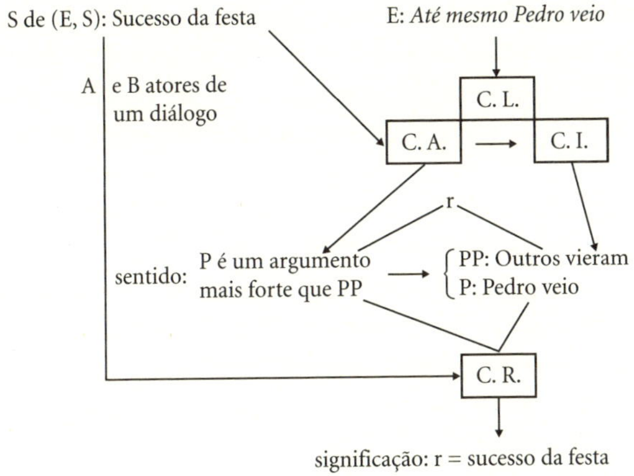

(onde C. L. = Componente Lingüístico,
C. A. = Componente Argumentativo,
C. I. = Componente Informativo)

Para um enunciado como *João também veio*, teríamos:

FIGURA 14

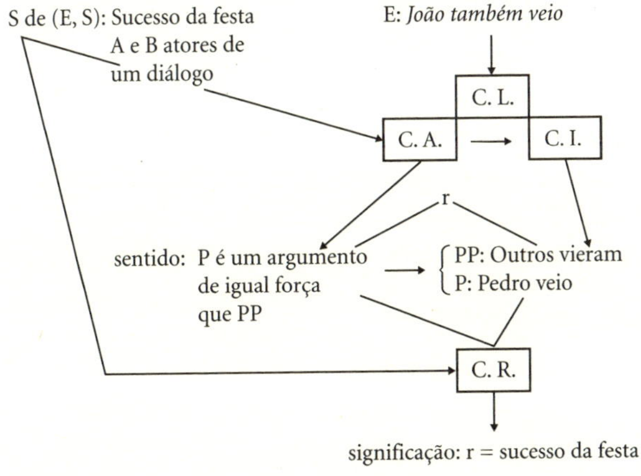

Poder-se-ia, se se quisesse fazer uma representação deste processo de descrição semântica mais abstrata, jogar com variáveis como p, q, r, sendo p pressuposto, instanciação ou explícito, q o segmento do enunciado sobre o qual incide diretamente o operador e r a conclusão que orienta estes elementos, segundo a intenção dos interlocutores, isto é, argumentativamente. Poder-se-ia ainda conceber p de modo a ser representado ao nível do C.I. como um conjunto de variáveis tais que x'_0, x''_0 etc., cujo preenchimento se desse ao nível do C.R., quando p fosse explícito ou representasse a instanciação de um PP.

Poder-se-ia simplificar ainda mais a descrição, se na saída do C.A. representássemos a relação entre p e q por símbolos como, por exemplo, o de igualdade (=) para *também* e o de superioridade (>) para *mesmo,* que indicariam a situação relativa destas proposições na escala argumentativa orientada por r. Tal simplificação poderia então ser representada como nos esquemas abaixo:

FIGURA 15

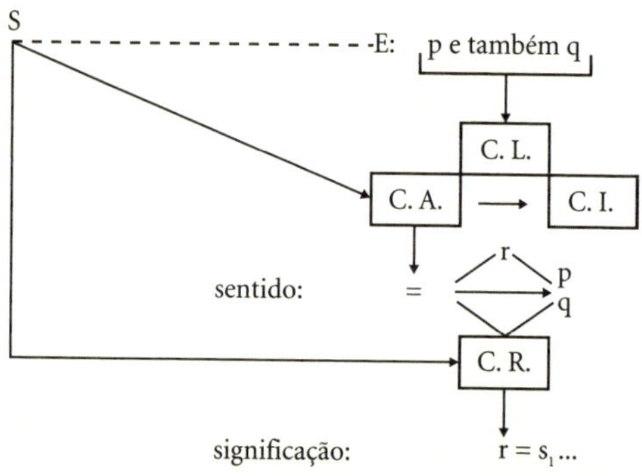

FIGURA 16

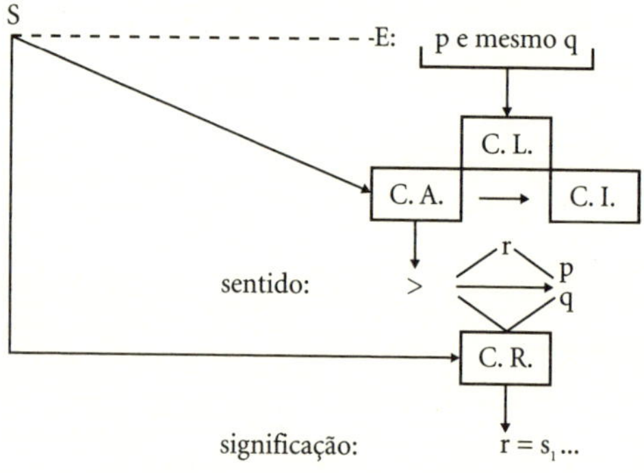

De qualquer forma, o que é importante considerar neste momento é o fato de que o C.L. se vê agora invadido pela situação de enunciação e isto se dá ao nível do C.A.

Com efeito, se considerarmos o fato de que já ao nível lingüístico os enunciados se dispõem, no interior de um ato de fala, segundo relações explícitas, de igualdade, de superioridade etc., a partir de determinadas intenções dos locutores, veremos, sem grande susto ou pena, que é possível não só afirmar que as leis, como a litotes, a analogia, a exaustividade etc., que operam ao nível do C.R. já estão previstas no C.L., como também fornecer uma indicação mais segura para o seu estudo e compreensão.

Se a litotes é uma lei retórica que permite dizer menos para significar mais, se a exaustividade permite dizer mais para significar menos e se a analogia permite dizer a para significar b, vemos que, no limite, a significação de um ato de enunciação constitui um processo ativo de comparação entre os elementos semânticos, explícitos ou implícitos, com que tal ato se realiza e entre este ato e outros atos lingüísticos possíveis na língua.

Se, como diz Ducrot, o objetivo da D. S. de uma dada língua é descrever e explicar os mecanismos que permitem aos falantes dessa língua produzir e compreender significações e se tal capacidade é a capacidade de estabelecer entre um ato de fala e outros atos realizados ou possíveis, na língua, relações específicas, como a de sinonímia, de implicação, de maior ou menor importância relativamente a certas intenções de ilocução, então, a nossa proposta representa também um passo na direção deste objetivo.

Por outro lado, se este processo de produção e de compreensão dos atos de linguagem pelos falantes pressupõe esta capacidade comparativa, não é absurdo dizer que a língua comporta uma estrutura argumentativa, na medida em que a noção subjacente a este mecanismo é a noção de grau, isto é, uma noção de profunda relatividade dinâmica: dinamismo que se desdobra no tempo, relatividade que se configura num espaço, sempre renovado e, por isso, imperfeito. Onde a situação de absoluto ou de suficiência lógica provém do idealismo que serviu para conter o fluxo, fixando-o na metodologia da objetividade científica. A situação lógica na linguagem é pois uma situação artificial criada pela eliminação da subjetividade que marca todo ato de fala: feita a abstração dos interlocutores, o *eu* e o *tu* desta linguagem tornam-se impessoais assim como o seu *aqui* e o seu *agora* são neutros e atemporais; o seu sujeito e o seu objeto tornam-se, pelo mesmo impulso, universais. Mas o que é tal universalidade senão a manifestação de uma decisão subjetiva, idealista? Decisão de eliminar-se a si mesmo e ao outro, decisão de eliminar a multiplicidade imperfeita em favor da unidade silenciosa. Que tal procedimento tenha conseqüências proveitosas no domínio da lógica formal e das matemáticas é um fato que o próprio desenvolvimento destas ciências pode mostrar. Mas daí a assimilar todo procedimento argumentativo do sujeito de um discurso, à intenção de um dado auditório, a esta situação fictícia de objetividade, significa reduzir todas as formas de adesão do interlocutor às teses do locutor deste discurso à simples fórmula da *evidência*, que, em si mesma, constitui um conceito bastante discutível, seja ela de natureza lógica ou de natureza empírica.

Na medida em que situamos ao nível do lingüístico um componente argumentativo, dizemos, por isso mesmo, e a partir de fatos que a nossa análise tem procurado mostrar, que a lingüística não pode contentar-se com uma situação de exceção, que é bem o caso da situação lógica de uma língua natural.

Evidentemente, podem-se construir sistemas formais e modelos que os interpretem no sentido de dar conta de uma sistemática necessária que, numa língua natural, responde pela função comunicativa. Mas tal redução não pode, de forma alguma, ser absoluta, ainda que se diga, como o fazem os neopositivistas, que é sempre possível e inevitável aumentar o campo do objetivável, cientificamente, o que faria com que a ciência estivesse sempre discutindo o seu próprio alcance. Mas tal posição epistemológica não pode esconder o fato de que a relação entre o objetivado e o residual da objetivação é uma relação dinâmica onde o residual é sempre maior, quanto maior é a capacidade de estruturação da ciência. E, de qualquer forma, tal provisoriedade que a ciência modernamente se invoca é sempre uma provisoriedade relativa a si mesma e, nestes termos, absoluta. *O que é preciso interrogar é se o caminho da formalização é imperiosamente o único caminho para a lingüística e para as demais ciências humanas. A meu ver não, e é no sentido desta negação que este trabalho se desenvolve.* Ou, se é necessário dar-lhe um sentido positivo, acredito que a melhor fórmula pode ser encontrada nas palavras de Perelman, quando diz:

> Et, sans aucun doute, dans le domaine des sciences purement formelles, telles la logique symbolique ou les mathématiques, ainsi que dans le domaine purement expérimental, cette fiction qui isole du sujet connaissant le fait, la vérité ou la probabilité, présente des avantages indéniables. Aussi, parce que cette technique "objective" réussit en science, a-t-on la conviction que dans d'autres domaines, son usage est également légitime. Mais là où un accord n'existe pas, même chez des personnes compétentes en la matière, qu'est-elle, sinon un procédé à exorciser, cette affirmation que les thèses préconisées sont la manifestation d'une realité ou d'une vérité devant laquelle un esprit non prévenu ne peut s'incliner?
>
> Il semble, bien au contraire, que l'on risque moins de simplifier et de déformer la situation dans laquelle s'effectue le processus argumentatif en considérant comme un cas particulier, quoique très important, celui où la preuve de la vérité ou de la probabilité d'une thèse peut être administrée à l'intérieur d'un domaine formellement, scientifiquement ou techniquement circonscrit, de commun accord, par tous les interlocuteurs. C'est alors uniquement que la possibilité de prouver le pour et le contre est l'indice d'une contradiction qu'il faut éliminer. Dans les autres cas, la possibilité d'argumenter de façon à aboutir à des conclusions opposées implique justement que l'on ne se trouve pas dans cette situation particulière que l'usage des sciences nous a rendu familière[26].

Ora, parece-me ser bem este o caso das línguas naturais. Que a formalização tenha contribuído de maneira inegável para o desen-

26. Ch. Perelman & L. Olbrechts-Tyteca, *La nouvelle rhétorique – Traité de l'argumentation*, pp. 60-61.

volvimento da Lingüística no século XX, sobretudo no campo da fonologia e da sintaxe, é um mérito dificilmente contestável, mas que daí se conclua pela universalidade de tais critérios e pela possibilidade da circunscrição lógica da linguagem é cometer um salto e expor-se a uma tautologia. Porque, se a elaboração da linguagem lógica foi feita a partir da linguagem natural, pela eliminação progressiva das "imperfeições" que lhe são próprias, é evidente que, quando se pretender fazer o caminho inverso, encontrar-se-ão fatalmente as estruturas de uma na outra, isto é, da lógica nas línguas naturais. Mas é um estar de conteúdo e não de continência, é uma situação particular e não a regra geral, porque as "imperfeições" eliminadas para fins teóricos nem por isso deixaram de existir e de constatar a insuficiência de tal tratamento.

A concepção da situação lógica das línguas naturais como uma situação particular da situação argumentativa, mais ampla e mais geral, sustenta epistemologicamente a nossa concepção do C.L. de uma D. S., tal como o apresentamos nos esquemas anteriores.

Com efeito, não fosse já o fato de que todo enunciado lingüístico não existe senão como elemento constituinte de um ato de enunciação que por sua vez pressupõe também a relação específica dos atores do discurso numa situação, *hic et nunc*, determinada, há ainda estas marcas formais, estes operadores, como *mesmo*, *ainda*, *também*, e esta estrutura que é a comparação, a transbordar os quadros desta pretensa situação de objetividade comunicativa.

Acredito, assim, que o C.A., tal como ele foi aqui apresentado, possa também responder pelos elementos que, além do enunciado, constituem um ato de enunciação. Deste modo, mesmo o enunciado mais simples, como, por exemplo, *Pedro veio,* deverá ao nível do C.A. receber a indicação dos elementos do ato específico de enunciação que o constituiu: haverá, por exemplo, variáveis indicando um ato específico de linguagem (no caso, o ato de afirmar), variáveis indicando a presença dos sujeitos deste ato, a relação que os constitui enquanto tal, através deste ato mesmo, isto é, uma variável r que marcará a intenção, a atitude dos locutores diante do conteúdo informativo do enunciado. A flecha que vai da situação de enunciação ao C.A.

permitirá prever de maneira abstrata estes elementos, enquanto que a outra flecha que vai da situação de enunciação ao C.R. permitirá o preenchimento ou instanciação destas variáveis.

No caso em que se pretender que a situação de um dado enunciado seja puramente informativa, lógica ou comunicativa, a situação de enunciação será neutra e, embora o Componente Argumentativo preveja as variáveis situacionais, o Componente Retórico, ao invés de instanciá-las, deverá suprimi-las, de modo a responder pela neutralidade de tal situação, produzindo, assim, uma significação que se assimila à noção de conteúdo informativo.

Na medida em que o C.R., dada a neutralidade das informações que lhe fornece a situação de enunciação, produz tal significação, operando no sentido de eliminar as variáveis que estão no *output* do C.A., pode-se dizer que a situação puramente informativa de um enunciado é uma situação retórica específica, o que significa, em outras palavras, dizer que considerar um enunciado na ausência de toda situação de discurso é considerá-lo numa nova situação específica, produzida por um processo de introspecção artificial por parte do observador. E é esta prática que tem permitido à sintaxe e à fonologia o nível de abstração e formalização que a Lingüística almeja. E talvez seja lícito proceder deste modo nestes campos.

Mas daí a pretender, de uma situação retórica específica, que é a situação teórica em que a gramática se desenvolve, isto é, a situação de ciência formal, assimilar a totalidade dos feitos de linguagem, é cometer o desatino do mal-avisado que encerra o gênio numa garrafa sem fundo.

Na verdade, a tão decantada função comunicativa da linguagem é esta função que se estabelece na textura formal das relações que a construção de um sistema lingüístico, por parte do cientista, institui. Neste sentido, tal função é logicamente necessária e é esta necessidade que a justifica, prescindindo de toda consideração de natureza histórica e onde o homem, produto desta necessidade, vive prisioneiro e solitário[27].

27. Cf., por exemplo, o comentário que faz Perelman sobre a distinção que, na *Crítica da Razão Pura*, Kant faz entre a convicção e a persuasão que para ele constituem duas es-

Acredito que um trabalho de descrição semântica não possa ficar circunscrito aos limites dessa necessidade e dessa função. Admito que, no nível gramatical e mesmo de um ponto de vista informacional, é possível circunscrever-se teoricamente num quadro lógico de demonstrações necessárias, desde que se considere tal situação como uma situação particular de uma situação mais ampla da linguagem, que a meu ver é fundamentalmente argumentativa.

Embora esta concepção da situação lógica da linguagem, enquanto situação argumentativa particular, não seja corrente na lingüística moderna, pode-se encontrar um modo brilhante de concebê-la no admirável artigo de Sapir sobre a noção de grau que já mencionamos a propósito da comparação.

Se se quiser, então, guardar para as línguas naturais a função de comunicação, será preciso, a partir deste momento, precisar que se trata de comunicação intencional. Só assim é possível entender que a linguagem é uma atividade de representação contínua do homem diante de si mesmo e do mundo; só assim é possível entender que toda pretensão universalista da gramática encontra na própria língua que ela estrutura e legisla a contrapartida de uma especificidade histórica, que já não serve para opor a espécie homem a outras espécies animais, mas para tecer o jogo infinito das relações entre os homens e o seu tempo, a sua sociedade. Atividade que recria, a cada

pécies de crença: "La conception kantienne quoique par ses conséquences assez proche de la nôtre, en diffère parce qu'elle fait de l'opposition *subjectif-objectif* le critère de la distinction entre persuasion et conviction. Si la conviction est fondée sur la vérité de son objet, et par là valable pour tout être raisonnable, elle seule peut être prouvée, la persuasion ayant une portée uniquement individuelle. On voit, par là, que Kant n'admet que la preuve purement logique, l'argumentation non contraignante étant, par lui, exclue de la philosophie. Sa conception n'est défendable que dans la mesure oú l'on admet que ce qui n'est pas nécessaire, n'est pas communicable, ce qui exclurait toute argumentation à l'égard d'auditoires particuliers: or, celle-ci est le champ d'élection de la rhétorique. A partir du moment où l'on admet qu'il existe d'autres moyens de preuve que la preuve nécessaire, l'argumentation à l'égard d'auditoires particuliers a une portée que dépasse la croyance purement subjective." *La nouvelle rhétorique – Traité de l'argumentation*, pp. 37-38. Cf. também o excelente livro de Túlio de Mauro, *Une introduction à la sémantique* (trad. francesa), Payot, Paris, 1971, onde o autor, depois de analisar a visão da linguagem em Aristóteles, Croce, Wittgenstein e Saussure, mostra como a comunicação plena, do ponto de vista lógico, dissimula a total solidão do homem.

instante, o universo de representação de si mesmo, recriação que tem o movimento que lhe empresta a sua própria relatividade, a linguagem se dispõe, então, para o espaço de uma concepção legítima da liberdade do homem. Compreender e produzir significações são o verso e o reverso de um amplo processo argumentativo de comparação e deste modo poderia haver algum sentido em perguntar se foi por simples acaso que este trabalho elegeu a estrutura comparativa como campo de análise concreta.

Se aceitarmos que a argumentação constitui uma ação que tende sempre a modificar um estado de coisas preexistentes, admitindo, portanto, que a sua finalidade é provocar ou aumentar a adesão de um dado auditório às teses que lhe são apresentadas, aceitaremos também que é absurdo reduzir esta ação à ação sobre o entendimento dos homens excluindo desta forma a validade da ação que se exerce sobre a sua vontade[28].

Ora, a dicotomia razão/vontade que está na base de todo racionalismo científico corresponde, num plano epistemológico, às distinções que a Lingüística fez no século XX, por exemplo, entre língua e fala no estruturalismo, entre competência e performance na gramática transformacional, de maneira a poder eleger um setor privilegiado onde se possa realizar o ideal de transcender as particularidades históricas ou locais, de modo que as teses assim defendidas possam ser admitidas por todos: a este ideal corresponde, na lingüística, a busca de uma objetividade científica e a afirmação dos universais de linguagem.

28. Cf. Ch. Perelman & L. Olbrechst-Tyteca, *La nouvelle rhétorique – Traité de l'argumentation*, p. 62. "On peut se demander si l'existence chez Aristote de deux traités consacrés à l'argumentation, *Topique* et *Rhétorique*, l'un se référant à la discussion théorique de thèses, l'autre tenant compte des particularités des auditoires, n'a pas favorisé cette distinction traditionnelle entre l'action sur l'entendement et l'action sur la volonté. Quant à nous, nous croyons que cette distinction, qui présente la première comme entièrement impersonnelle et intemporelle, et la seconde comme tout à fait irrationnelle, est fondée sur une erreur et conduit à une impasse. L'erreur est de concevoir l'homme comme constitué de facultés complètement séparées. L'impasse est d'enlever à l'action fondée sur le choix toute justification rationnelle, et de rendre par là absurde l'exercice de la liberté humaine".

Entretanto, quando na própria língua se encontram elementos cujo valor não é mediado pelo sistema que a representa como quer a relação significante/significado no estruturalismo, nem por regras de formação e transformação, como pretende a gramática transformacional, elementos cujo referencial constitui sempre uma atitude dos locutores diante do dito e que, portanto, reclamam no seu interior o próprio ato de dizer, isto é, a presença do *eu* e do *tu* da enunciação, é que neste momento a barra transversal, que constitui tais dicotomias, transforma-se num canal por onde a fala irrompe no interior da língua para apresentá-la como subjetividade, ou ainda, mais precisamente, como intersubjetividade.

Trata-se agora de uma relação em que termos como *sujeito* e *objeto* ou *conceito* e *experiência*, que constituem oposições postas em movimento no interior de uma dialética do saber, já não fazem muito sentido. É no limite do conhecimento ou do saber, onde ele já não pode dizer, que esta intersubjetividade atua para constituir uma nova forma de dialética: uma dialética da separação onde a noção de "sujeito" já não se opõe à noção de "objeto", mas lhe é anterior porque constituída na relação primordial com o outro e com o mundo[29].

A mesma linguagem que se expõe à transparência da razão necessária articula o obstáculo à sua própria reconciliação: ao nível da enunciação o "eu" (sujeito) e o "tu" (auditório), postos em movi-

29. O termo "dialética da separação" é empregado por E. Bréhier no livro *Transformation de la philosophie française*, ed. Flammarion, 1950, e retomado no excelente trabalho de Bento Prado Jr., "Lecture de Rousseau", publicado em *Discurso*, n. 3, pp. 9-66, onde, com o objetivo de situar a temática rousseauniana, o autor escreve: "En parlant d'une dialéctique de la séparation, Bréhier veut dire que la nouvelle philosophie renonce à l'ideal de dépasser les contradictions qui déchirent l'expérience. Si la philosophie avait pu, auparavant, être définie par l'effort de l'unité ou comme volonté d'unification, on la voit maintenant définie comme l'exploration des écarts infranchissables, des béances du Savoir et de ses limites. Cette idée de la philosophie qui naît pourtant aussi d'une lecture de Hegel, pourrait être exprimée par l'affirmation que les blessures de l'esprit ne guérissent jamais sans laisser de cicatrices. Une dialéctique de la séparation est moins une dialéctique qui s'accomplit dans le dépassement des contradictions, qu'une dialéctique qui insiste sur leur caractère irréparable, qui ne tourne pas les yeux vers le futur et vers une réconciliation possible, mais vers le passé et vers une unité à jamais perdue" (p. 13).

mento por esta dialética, renovam a cada ato a relação que os institui e os diferencia.

Se a linguagem falasse apenas à razão e constituísse, assim, uma ação sobre o entendimento dos homens, então ela seria apenas comunicação. Mas, ao mesmo tempo em que ela desprende o conjunto de relações necessárias da razão, ela também articula o conjunto de relações necessárias da existência. E, neste sentido, o seu traço fundamental é a argumentatividade, a retórica, porque é este traço que a apresenta, não como marca de uma diferença entre o homem e a natureza, mas como marca da diferença entre o eu e o outro, entre subjetividades cujo espaço de vida é a história. Como diz Bento Prado Jr.[30] a propósito de Rousseau:

> La connaissance de la nature et la connaissance de l'homme obéissent à des *raisons* différentes, dont chacune parcourt le chemin inverse de l'autre. Dans un cas, l'individu est transparent et conduit le regard vers la connaissance de l'espèce: dans l'autre, les individus se modèlent dans leurs rapports réciproques, séparés de leurs corps et de leur espèce.

E citando Rousseau:

> La connaissance de la nature des plantes peut bien, par exemple, être aideé par celle du terroin qui les produit, des sucs qui les nourrissent, et de leurs vertus spécifiques, mais jamais on n'en connoîtra bien la méchanique et les ressorts si l'on ne les examine en elles même, si l'on n'en considère toute la structure intérieure, les fibres, les valvules, les trachées, l'écorce, la moelle, les femelles, les fleurs, les fruits, les racines, et en un mot, toutes les parties qui entrent dans leur composition. Dans les recherches morales, au contraire, je commencerois par examiner le peu que nous connaissons de l'esprit humain pris en lui-même et consideré comme individu, j'en tirerois en tâtonnant quelques connaissances obscures et incertaines, mais abandonnant bientôt ce tenebreux labirynthe, je me hâterois d'examiner l'homme par ses relations, et c'est là que je tirerais une foule de vérités lumineuses qui feroient bientôt disparoi-

30. *Art. cit.*, pp. 14-15.

tre l'incertitude de mes premier arguments et qui recevroient encore du jour par comparaison[31].

O autor conclui:

C'est donc bien au niveau de l'intersubjectivité – ce domaine ouvert par le regard et par "l'opinion" – que l'humanité se constitue et c'est là que son destin est decidé, comme chute au dehors de l'Ordre ou comme espoir de réconciliation: c'est la transparence ou l'opacité de ce reseau qui permet ou empêche l'homme de trouver sa place dans la Nature[32].

É neste sentido que se compreende em Rousseau a impossibilidade de dissociar a Retórica de sua teoria das línguas e de sua teoria da história e é neste sentido que se compreende também a primazia que tem na sua obra a noção de verdade prática sobre a noção de verdade teórica e é neste sentido, ainda, que se pode dizer que a sua visão da linguagem é uma visão fundamentalmente argumentativa:

Les langues se forment naturellement sur les besoins des hommes; elles changent et s'altèrent selon les changements de ces mêmes besoins. Dans anciens temps, où la persuasion tenait lieu de force publique, l'éloquence était nécessaire. A quoi servirait elle aujourd'hui que la force publique supplée à la persuasion? L'on n'a besoin ni d'art ni de figure pour dire, *tel est mon plaisir.* Quel discours restent donc à faire au peuple assemblé? Des sermons. Et qu'importe à ceux qui les font persuader le peuple, puisque ce n'est pas lui qui nomme aux bénéfices? Les langues populaires nous sont devenues aussi parfaitement inutiles que l'éloquence. Les sociétés ont pris leur dernière forme: on n'y change plus rien qu'avec du canon et des écus: et comme on n'a plus rien à dire au peuple, sinon, *donnez de l'argent*, on le dit avec des placards au coin des rues, ou des soldats dans les maisons. Il ne faut pas assembler personne pour celà: au contraire, il faut tenir les sujets épars: c'est la première maxime de la politique moderne[33].

31. J.J. Rousseau, *Oeuvres Complètes*, vol. II, pp. 1244-1245.
32. B. Prado Jr., "Lecture de Rousseau", *Discurso*, São Paulo, USP, p. 15.
33. *Essai sur l'origine des langues*, reprodução em *offset* de l'édition Dupuis 1817. *Cahiers pour l'analyse*, 1967, p. 542.

E, se a linguagem traz desde o seu interior as marcas desta argumentatividade, não fosse já a presença dos pronomes pessoais e a presença de verdadeiros operadores de argumentação, como é o caso de *mesmo*, de *ainda* e de *também*, é que ela está voltada para o homem como o espaço em que a sua história se escreve: entre a transparência do objeto e a opacidade do fenômeno, entre a simplicidade do sistema teórico e a complexidade da existência, este espaço se delineia com a inconveniência crítica de um intervalo. Nele, a linguagem reencontra a mobilidade que as dicotomias do racionalismo tinham estancado, e ela já não pode ser apenas comunicação mas, sim, comunicação intencional; nele, para sempre juntos e diferentes o *eu* e o *tu* produzem a significação profunda da linguagem enquanto ação, enquanto atividade, e é nele ainda que se produz o sentido de uma provisoriedade que remete o homem à sua história. É este o intervalo semântico da argumentatividade, onde a simples relação lógica ou gramatical de predicação já não pode responder pelo contínuo de significações que aí se produzem e, a partir do qual, a língua é agora vista, se nos é permitido recorrer a uma distinção matemática, não mais como um conjunto infinito de enunciados, isto é, um conjunto enumerável, como o é, por exemplo, o conjunto dos números inteiros, mas como um conjunto infinito de enunciações, isto é, um conjunto não-contável, como o é o conjunto de pontos sobre uma reta ou o conjunto dos números reais. Ao conjunto de elementos discretos que permitiu à lógica o seu nascimento e à Lingüística a sua formalização opõe-se agora o conjunto infinito de elementos indiscretos, como o intervalo que recusa a indiferença, como o espaço onde o 1 já pode ser 2 e o 2 ainda pode ser 1, onde sujeito e objeto se confundem e a distinção entre língua e fala, competência e performance já não fazem sentido. Neste intervalo Lingüística e Retórica se confundem e a sua distinção já não pode ter senão um valor meramente didático.

4. *Também*: Operador de Direção Argumentativa

Uma vez indicado, ainda que de modo geral, o lugar da argumentação numa teoria semântica do tipo que aqui tentamos esboçar, é necessário que levemos adiante a nossa análise sobre o valor específico deste operador argumentativo que é *também*, a fim de que dela possamos tirar todas as conseqüências e deste modo precisar melhor as implicações de um tratamento argumentativo da linguagem.

Na medida em que *também* iguala, como dissemos, duas proposições, do ponto de vista de sua força argumentativa, opondo-se à exclusividade com que um argumento é dado para uma certa conclusão r, podemos dizer que *também* é um operador complexo e que sua complexidade se compõe fundamentalmente de dois elementos: *e* e *mas*.

O elemento *e* é responsável pelo acréscimo que *também* opera no nível dos argumentos. Isto é, dado um argumento p para r, *também* sempre acrescenta um argumento q de igual força para r ou para ~r.

Mas esta soma de argumentos não constitui, de forma alguma, uma hierarquia dentro da escala que os orienta. Ao contrário de *mesmo*, que exclusiviza sempre a proposição que ele introduz, do ponto de vista argumentativo, *também* soma a esta exclusividade um outro argumento de força igual. Em outras palavras, nega esta exclusividade através da igualdade que opera entre p e q. Nessa igualdade há pois um elemento de oposição e tal elemento pode ser representado pelo operador *mas*.

Se tal hipótese é correta, podemos então dizer que *também* pode ser caracterizado como um *operador de adição argumentativa*.

Por adição argumentativa entendo a operação que, como o nome indica, permite adicionar argumentos a outros argumentos dados, relativamente a uma certa intenção do locutor. Esta operação, entretanto, não tem como resultado a fusão dos argumentos num terceiro argumento, que representaria o total da força argumentativa, de uma soma aritmética. Ao contrário, o fato de adicionar proposições de igual força argumentativa, ainda que orientadas segundo o mesmo r, constitui um obstáculo para a "demonstração" deste r. Tudo se passa como se cada passo realizado no sentido definitivo de r perdesse o apoio da diferença, que lhe dá exclusividade, e deslizasse, no terreno úmido da igualdade, para o ponto de partida. É neste sentido que dissemos ainda que *também* constitui um operador de neutralização.

Estranha dialética esta em que a síntese se adia: iguais, mas inassimiláveis, como o sujeito e a sua imagem refletida no espelho, as proposições que *também* opera giram num espaço neutro e recusam a síntese: uma dialética da separação, se quisermos retomar o termo com que Brehier vê a filosofia depois de Rousseau[34].

Estranha adição esta que *também* opera, onde a impossibilidade aritmética de somar, por exemplo, "um homem e uma laranja", desaparece: agora é possível somar objetos diferentes, mas eles permanecerão irremediavelmente estranhos na igualdade totalizada.

Por isso dissemos haver uma diferença fundamental entre enunciados do tipo:

Pedro e João vieram. /19/

e

Pedro veio e João também. /20/

Esta diferença, que não pode ser determinada do ponto de vista informacional, encontra sua realidade quando dizemos que o enunciado /19/ foi produzido pela soma lógica de duas proposições, enquanto que o enunciado /20/ produziu-se pela soma argumentativa destas mesmas proposições.

Deste modo, se quiséssemos representar o valor deste operador segundo o esquema geral da D. S. que propusemos na figura 16, teríamos, ao nível do componente lingüístico, o seguinte:

FIGURA 17

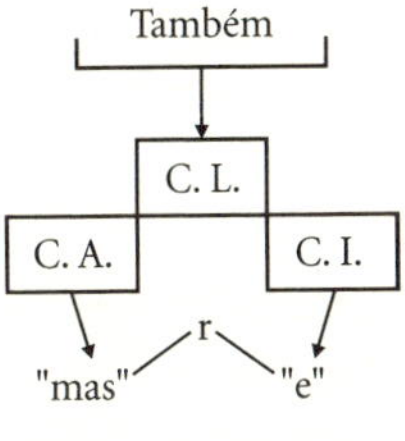

34. Falo evidentemente da síntese lógica, o que não significa de nenhuma forma a possibilidade de realização de uma síntese argumentativa, não fosse já o exemplo que nos dá o materialismo dialético. A este propósito ver o meu artigo "A Palavra Envolvente", p. 56, nota 2, onde discuto rapidamente a crítica que fazem os lógicos à idéia de uma síntese de contrários, quando observam que de p e de ~p não pode resultar nada do ponto de vista lógico. Do ponto de vista argumentativo resultará sempre p e ~p, o que

onde, no nível do C.A., o elemento "mas" responde pela oposição entre as proposições somadas pelo "e", no nível do C.I., ao mesmo tempo em que se estabelece o r, relativamente ao qual a igualdade das proposições operadas por *também* é dada através da relação específica entre o C.A. e o C.I.

Em outras palavras, a igualdade operada por *também* contém dois movimentos psicológicos:

1.º) um movimento de adição, que faz com que freqüentemente *também* seja interpretado como equivalente de *além disso*;

2.º) um movimento de oposição, que recoloca as duas proposições em um nível de igualdade e a igual distância da conclusão r, para a qual, argumentativamente, elas se orientam. É isto que permite que *também* possa freqüentemente introduzir um valor de contrariedade ou descontentamento entre as enunciações que ele relaciona, como, por exemplo, no diálogo abaixo, onde A e B são as personagens e onde A conta a B o seu insucesso como vendedor, e diz:

Diálogo VII

A: *Não adianta, eu não consigo vender nem mesmo uma panela.* /46/

ao que B responde:

B: *Também você não faz nenhuma força para que os caras comprem.* /47/

Voltaremos mais adiante a este tipo de diálogo. Por enquanto, o que é preciso reter é a idéia de que a igualdade realizada por *também* se faz em duas etapas, ou, melhor, através de dois componentes distintos no nível do lingüístico, isto é, o C.A. e o C.I.

É evidente que tal operador pode realizar com maior ou menor intensidade os valores que cada um destes componentes lhe atribui, dependendo, evidentemente, da situação de enunciação em que os enunciados que ele opera se realizam: Quando se tratar da situação artificial em que o *eu* e o *tu* são omitidos a fim de reduzir a noção

reencontra a noção de uma dialética da separação, incapaz de superar as contradições, num movimento para um resultado futuro, mas capaz de realizar uma espécie de síntese argumentativa que guarda para sempre a memória desta diferença.

de sentido à mera noção de predicação, ou de relação entre sujeito e objeto, então nessa situação, que facilmente identificamos com a que chamamos de situação lógica do discurso, o *também* poderá realizar isoladamente o seu valor aditivo e ser, assim, traduzido por *além disso*. Mas trata-se sempre de uma situação particular e artificial que, em hipótese alguma, constitui a regra, mas, sim, a exceção, se bem que dificilmente, no caso de uma teoria semântica argumentativa, tais termos tenham algum significado.

De modo geral, é a igualdade que se opera como totalidade, através da relação entre os dois subcomponentes do C.L., isto é, do jogo entre a adição informativa e a oposição argumentativa, processo que no seu conjunto chamamos adição argumentativa.

A fim de pôr ainda mais em evidência o fato de que *também* indica um valor argumentativo igual, e não superior, das proposições que ele opera, considerem-se as seguintes enunciações que integram um diálogo entre nossos eternos personagens, A e B. A manifesta a intenção de comprar um determinado artigo e B lhe diz:

Diálogo VIII

B: *Não compre isto, é bom* mas *é caro.* /48/

Não compre isto, é bom mas *é caro também.* /49/

Reflita antes de comprar, é bom mas é caro também. /50/

Entre estas enunciações possíveis de B, como resposta à intenção de A, só /49/ parece estranha.

De fato, em todos estes enunciados o *mas* aparece com o seu valor habitual, isto é, ele opõe os enunciados que opera, segundo intenções argumentativas contrárias, r e ~r, e por isso /48/ é possível, já que nenhuma apreciação sobre o valor argumentativo das proposições é enunciada.

Entretanto, se /49/ é estranha, é porque *também* apresenta a propriedade de "ser caro" como um contra-argumento de igual força que a propriedade "ser bom", o que não pode justificar um imperativo categórico, como o que aparece neste enunciado.

Ao contrário, /50/ é possível, mesmo com *também*, porque a existência de dois argumentos opostos mas de igual força justifica facilmente um conselho de reflexão.

Se quisermos, agora, considerar uma vez mais a presença de um *mas* no *também*, que não opõe as proposições relativamente a intenções argumentativas contrárias, mas quanto à sua posição no interior de uma escala orientada pelo mesmo r, tomaremos o seguinte diálogo entre A e B, onde se tecem considerações sobre os efeitos do chocolate para a saúde, num quadro ideológico onde engordar é ruim.

A diz então:

Diálogo IX

A: *Chocolate dá alergia.* /51/

ao que B responde:

B: *E também faz engordar.* /52/
Também faz engordar. /53/
E faz engordar. /54/
Mas também faz engordar. /55/
**Mas faz engordar.* /56/

Entre as respostas possíveis de B que enumeramos, a única que parece impossível é a representada pelo enunciado /56/. E isto se explica facilmente pelo fato de que o operador *mas* introduz, neste caso em que aparece sozinho, um argumento orientado segundo uma intenção oposta à que orienta a enunciação de A. Ora, como a situação de enunciação deste diálogo nos diz que tanto "dar alergia" como "engordar" são ruins, tal oposição é impossível.

Ao contrário, /55/ é possível, ainda que introduzido por *mas*. E tal possibilidade é dada pelo operador *também*. Com efeito, reencontramos aqui um caso semelhante àquele representado pelo diálogo IV, onde, dado um enunciado p orientado segundo a escala argumentativa de r, q, apesar de ter a mesma orientação argumentativa de p, é possível porque *também* o apresenta como um argumento de mesmo valor para r que p, o *mas* agindo como um retificador, um refutador da exclusividade com que p é apresentado. Isto é, trata-se do *mas* incluído no *também*, que, em lugar de opor proposições segundo intenções argumentativas contrárias, as opõe quanto à força argumentativa com que são apresentadas relativamente ao mesmo r. O *mas*, neste caso, age contra a pretendida exaustividade de p, na medida em que, como parte de *também*, ele introduz uma outra proposição q, de igual força argumentativa.

Como dissemos anteriormente, uma enunciação do tipo da resposta de B representada no enunciado /55/ tem uma estrutura semântica que pode ser parafraseada por:

não só p mas também q.

A este propósito, é interessante notar que há línguas, como é o caso do alemão, em que o *mas* desta estrutura, isto é, o *mas* de *também*, é morfologicamente diferente do *mas* que introduz orientações contrárias para as proposições que ele opera: *sondern*, para o primeiro caso, e *aber*, para o segundo.

Assim, em alemão, a construção *p sondern q* só é possível se p = neg p e tal construção significa: "não se deve dizer p, mas q", isto é, o *mas (sondern)* corrige p em q, como se pode ver nos enunciados abaixo:

er ist nicht gross sondern klein. /57/

(Ele não é grande mas pequeno)

er ist nicht gross sondern sehr gross. /58/

(Ele não é grande mas muito grande)

Ora, é o mesmo *sondern* que aparece na estrutura

não só p mas também q

onde, dissemos, o *mas* refuta e corrige, de certa forma, p, como se pode verificar no enunciado:

er ist nicht nur gross sondern auch stark. /59/

(Ele não só é grande mas também forte)

onde *er ist stark* corrige a pretensão de exaustividade contida em *er ist nicht nur gross.*

E o que é importante notar é que, ao contrário do que se poderia pensar à primeira vista a partir destes exemplos, *sondern* não é jamais exigido automaticamente pelo caráter negativo de p, como mostra o enunciado abaixo:

er ist nicht sehr gross, aber *er ist gross.* /60/

(Ele não é muito grande, mas ele é grande)

onde *aber* tem o valor habitual de *mas*, isto é, opõe as proposições segundo intenções argumentativas contrárias. Isto mostra que *sondern* funciona realmente como um operador de correção, de refutação de um ato ilocucional e que combinado com *auch* (também) tal refutação é feita com base na igualdade que, do ponto de vista da força argumentativa, este operador realiza entre duas proposições.

Ao longo deste capítulo, temos insistido no fato de que *também*, enquanto operador de adição argumentativa, apresenta, por oposição à exclusividade com que se pretende dar uma proposição p como argumento para r, a igualdade de q a p, o que é, em outras palavras, um modo de contestar a exaustividade com que p é apresentado.

Assim, nossa hipótese poderia ser resumida da seguinte maneira:

Dada uma estrutura do tipo
p mas também q, onde o *mas* é o *mas* incluído em *também,* segundo o representa a figura 16:

1) *O mas* serve para refutar a pretensão de exaustividade com que p é representado;

2) Ora, a exaustividade tem sido considerada como um fenômeno de natureza retórica;

3) Entretanto se 2) é verdadeiro, a interpretação de *também* pressupõe este efeito retórico desde o C.L., isto é, pressupõe uma leitura retórica de p. E isto, mesmo que o locutor de p não tenha tido a intenção de exaustividade, o segundo locutor, ao dizer *mas também q*, lhe atribui tal intenção. É lógico que no caso em que p é argumentativamente marcado por *mesmo*, como no diálogo IV, tal intenção de exaustividade será manifestamente do locutor de p.

A situação de leitura exaustiva, por parte de B, da enunciação de A, quando tal enunciação não tem nenhuma marca de exaustividade, pode, ainda no quadro do sucesso da festa, explicar diálogos como:

Diálogo X

A: *Pedro veio e a festa foi um sucesso.* /61/

B: *Mas João também veio.* /62/

A: *Eu sei, eu sei... Não falei porque a importância de João é evidente.* /63/

4) Se quisermos então representar tal mecanismo dentro da estrutura geral da D. S., veremos que duas soluções são possíveis.

A primeira consistiria em estabelecer anéis (no sentido da teoria dos gráficos) que, partindo do C.L., passassem pelo C.R. para voltar, em seguida, ao C.L., conforme o representa o esquema abaixo:

FIGURA 18

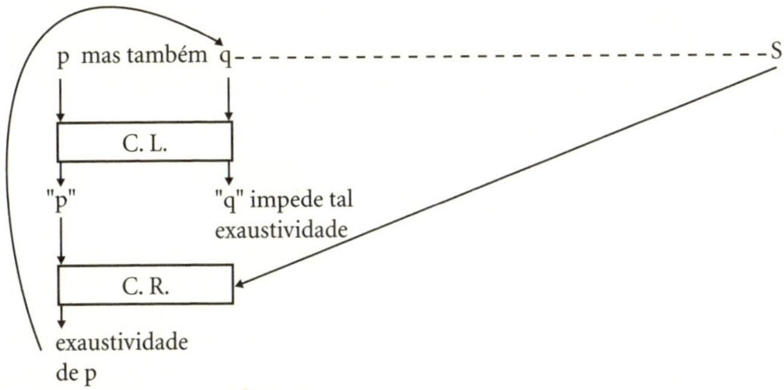

Tal solução, como se pode ver, guarda, do ponto de vista técnico, uma grande proximidade com o esquema geral da D.S. proposto por Ducrot e que nós representamos na figura 9, mas já apresenta uma diferença fundamental.

É que, ao contrário daquela proposta, agora não existe uma hierarquia que vai do lingüístico ao retórico, mas os dois componentes são obrigados a interagir, de forma que a produção do sentido lingüístico do enunciado em questão deve, num determinado momento, levar em conta a sua significação retórica. Deste modo já não é só o C.L. que é condição de funcionamento do C.R., mas este também é condição para o funcionamento daquele. Como dissemos anteriormente, tal esquema não é senão uma forma de representar o espaço em que o lingüístico e o retórico se confundem.

A segunda solução seria a que propusemos neste trabalho e que consistiria, portanto, em considerar, no nível do lingüístico, a existência de um Componente Argumentativo, conforme o representa o seguinte esquema:

FIGURA 19

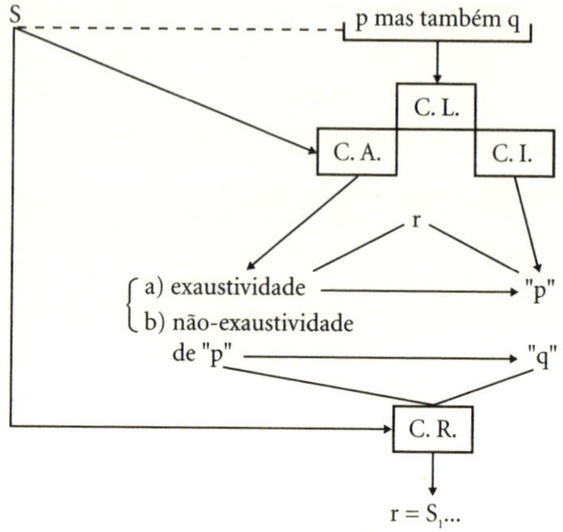

Evidentemente, tal solução, que tem do ponto de vista teórico as mesmas conseqüências que a primeira, pois aqui também o retórico é puxado para o nível do lingüístico, apresenta algumas vantagens sobre a outra, do ponto de vista da descrição. Com efeito, para que a "exaustividade" de p seja contestada por q, é necessário que levemos em conta o valor do operador *também*, que, como sabemos, iguala p a q relativamente a r, através de um mecanismo de adição e de oposição, mecanismo que, se não considerarmos a existência de um Componente Argumentativo, no nível do C.L., não poderia ser determinado.

5. Linguagem e Memória

Resta ainda considerar as ocorrências em que *também*, a exemplo do enunciado /47/ *Também você não faz nenhuma força para que os caras comprem,* parece introduzir uma dose de afetividade ainda maior no enunciado que ele opera.

É interessante notar que tais ocorrências de *também* têm sido freqüentemente anotadas pelos gramáticos e lexicógrafos do português sem que forneçam, contudo, alguma explicação para as nuances afetivas da significação deste termo.

Assim, no *Dicionário Contemporâneo da Língua Portuguesa* (Lisboa, ed. de 1881), organizado sob a direção de Antônio Lopes dos Santos Valente, e que constitui a primeira edição do Dicionário de Caldas Aulete, pode-se, no verbete dedicado a *também*, ler o seguinte:

> – Também, adv./conj.: do mesmo modo, igualmente, conjuntamente, outrossim.
>
> Exs.: 1) Se as nossas demonstrações de benevolência fogem de ter a Deus por testemunha, *também* o não quererão ter por juiz (P. M. Bernardes).
>
> 2) Também eu não gosto nada disto, sra. Dª Brízida (R. da Silva).
>
> 3) De Egas Moniz a lealdade e honra aqui *também* se refere (A. Garrett).

Já aqui aparece um problema representado pelo fato de que *também* tem, segundo o organizador do dicionário, valores que ele anota com pertinência, mas que seriam, à primeira vista, contraditórios, como, por exemplo: *do mesmo modo, igualmente*, de um lado, e *outrossim*, do outro.

Digo à primeira vista contraditórios, porque à luz de uma análise semântica argumentativa, como a que aqui desenvolvemos, tais valores não são senão a manifestação superficial de uma estrutura semântica onde a oposição e a igualdade convivem como elementos integrantes do valor profundo de *também*.

Mas o Dicionário ainda anota:

> – Esta palavra tem, às vezes, no vulgo um sentido interjectivo para significar *desgosto, descontentamento* ou *estranheza*. Exs.:
>
> 4) Também! *fazes tal gritaria que ninguém se entende.*
>
> 5) Também *me sahiste muito parvo!*

Esse valor interjectivo da partícula mantém-se reconhecido nas edições posteriores do Dicionário de Aulete, no qual, aliás, todo verbete dedicado a *também* permanece fiel à primeira edição.

Mas é Rodrigues Lapa quem, na sua *Estilística da Língua Portuguesa*[35], no capítulo 13, dedicado ao estudo das palavras invariáveis,

35. M. Rodrigues Lapa, *Estilística da Língua Portuguesa*, Lisboa, Seara Nova, 1945, pp. 249-252, onde o autor, aliás, retoma a indicação de Caldas Aulete sobre o valor de *também* que aqui citamos.

revela uma intuição admirável sobre o valor de *também*, assim como sobre outros advérbios da língua.

Toda a primeira parte deste capítulo, que o autor chama "Aspectos Gerais do Advérbio", está repleta de sugestões, de indicações, de observações que muitas vezes o lingüista moderno, na sua ânsia de objetividade e apesar (ou por causa) do aparato formal de que dispõe, não consegue, ou não quer ver. E no entanto estas páginas estão aí para quem puder lê-las.

Desde o início já se pode ter prova desta riqueza da intuição do autor:

> A Gramática ou o Dicionário fixam para cada advérbio um certo sentido; mas a linguagem oral e escrita está constantemente a refundir esse significado original, imprimindo-lhe variações mais ou menos profundas (p. 249).

Em seguida, como exemplo, mostra como um antigo advérbio de tempo – *Ora* = *Agora* – "sob a ação duma descarga afetiva", passa a "novos aspectos de significado" e traduz "sentimentos como a surpresa, o aborrecimento, a dúvida, etc." (p. 249).

O mesmo acontece com o lugar e o espaço, de modo que são comuns ocorrências, por exemplo, do advérbio *lá*, em noção de lugar "oblitera-se por completo, para dar lugar a significações profundamente subjetivas, como na frase de Miguel Torga:

"Estive entre a vida e a morte; *lá* vivi",

onde o que o autor "quer significar com o adv. é isto: 'a muito custo, com muitos esforços consegui viver' " (p. 249).

E logo adiante, conclui o autor:

> Não sabemos, nem é fácil, a evolução ideológica dos advérbios, até darem este resultado; mas compreendemos que isso se deve a embates sentimentais, e que as palavras ditas invariáveis não foram menos atingidas que as outras por esses choques afetivos. A língua ficou muito enriquecida com os novos valores semânticos; mas não há dúvida que o estudo e até a compreensão desses tons de significado apresentam muita dificuldade. É a parte da língua que oferece maior resistência ao estrangeiro (p. 250).

O que é interessante notar nestas observações de Rodrigues Lapa é que, apesar de sua intuição profunda sobre o valor semântico destes advérbios, ele é conduzido, talvez como castigo pela riqueza de suas intuições, a um impasse, do ponto de vista explicativo.

Porque, como pudemos observar através das citações que fizemos, ele oscila entre uma visão lógica da língua e uma visão que, segundo a nossa terminologia, poderíamos chamar de argumentativa.

Com efeito, colocando-se na perspectiva teórica que concebe os efeitos estilísticos numa dada língua como desvios da norma, ele é levado a considerar o valor fixado pelo dicionário e pela gramática como "original", segundo a expressão que ele mesmo emprega na citação feita na p. 182, quando opõe a estaticidade daqueles ao dinamismo da linguagem. O impasse, portanto, já está aqui declarado e vai encontrar a sua expressão mais forte na observação profunda de que a parte da *língua* que fornece mais resistência ao estrangeiro é exatamente esta onde o universo da subjetividade está presente.

Ora, o impasse para Rodrigues Lapa está exatamente em ter, de um lado, percebido com acuidade e sutileza a existência deste espaço na língua, que é o lugar próprio da intersubjetividade, isto é, o que chamamos de *o intervalo semântico* e, por outro lado, permanecido nos limites, ainda que implícitos, de um quadro teórico em que os valores fundamentais da língua são concebidos como lógicos ou informativos.

É por isso que, no decorrer da sua exposição sobre o valor semântico de *também*, quanto mais o autor progride no sentido de uma visão argumentativa deste operador, tanto mais ele manifesta o espanto de ver que o tratamento lógico não consegue responder pela sua complexibilidade semântica, a ponto de, diante de uma frase como

Também vocês nunca sabem nada

confessar que é difícil, "senão impossível apreender o verdadeiro sentido da palavra, pela espontaneidade irreprimível do jato afetivo" (p. 252) e acrescentar que "apenas podemos dizer que se trata de uma atitude de descontentamento" (p. 252), para, então, chegar à conclusão que resume, de maneira precisa, o seu impasse e confessa, de modo explícito, a impossibilidade de uma explicação lógica para o valor semântico deste elemento:

"E aqui temos como um advérbio, que normalmente desempenha certa função lógica, acaba por perder todo o contacto com a razão discursiva e desfazer-se em puro sentimento" (p. 252).

Conseguindo anotar todas as variações de significação de *também*, o autor não consegue, entretanto, ultrapassar o impasse criado entre a sua posição teórica e a sua intuição.

Assim, ele começa por indicar a origem comparativa da expressão, que tinha ainda os dois elementos separados e dá como exemplo de tal uso o seguinte enunciado:

"Espero firme de ser na vida também *na morte"*

e diz que o seu sentido era "assim como", "como ainda".

Disto, ele parte para considerações breves e poucos explícitas em que procura mostrar que, por "evolução natural", passou-se da idéia de comparação e de igualdade para a de sentimentalidade. A omissão de um dos termos da comparação teria dado maior intensidade ao *também:*

"'Eu também vou' não quer dizer apenas 'Eu vou assim como tu vais', mas ainda 'Eu vou ao mesmo tempo que tu vais, do mesmo modo, e por motivo de uma forte inclinação interior'" (p. 250).

para, então, concluir que "não foi estranha à modificação do sentido uma certa dose de energia afetiva" (p. 250) que seria ainda responsável pelas "tonalidades" que a palavra hoje tem.

Em seguida, ele apresenta estas "tonalidades" não sem antes anotar a marca de intersubjetividade que lhes é própria.

"Digamos, desde já, que todos os exemplos apresentados pertencem à linguagem dialogal ou ao discurso semi-direto, que vem a ser quase a mesma coisa, é a linguagem viva, trepidante, sentimental por excelência" (p. 251).

Dá como primeiro exemplo a seguinte passagem de *O Primo Basílio*, de Eça de Queirós:

"Juliana pôs-se a tomar o seu caldo com vagar moribundo. Joana consolava-a baixo: – *Também* a sra. Juliana arrenegava-se por qualquer coisa".

E anota:

> O advérbio não tem aqui o significado normal, não o teria, mesmo que não estivesse colocado à frente. Poderíamos substituí-lo aproximadamente por: "na verdade", "com franqueza", "realmente", mas nenhuma destas locuções tem a espontaneidade, o calor de alma e até mesmo a complexidade de sentido daquele *também*. A palavra, proferida em tom vagamente exclamativo, marca uma atitude de oposição, de discordância amigável da parte de quem está falando (p. 251).

Insiste depois no tom interjectivo da expressão e retoma o exemplo de Caldas Aulete que citamos anteriormente. Observa que o ponto de exclamação acentua o caráter afetivo da palavra e toma um exemplo de Júlio Moreira, "filólogo que se dedicou meritoriamente ao estudo da linguagem oral" (p. 251):

"Aquele homem é muito abrutalhado com os cavalos: *também*, tem apanhado cada trambolhão!"

Anota mais uma "tonalidade" de significado, dizendo que, neste exemplo, "descortina-se uma relação de conseqüência, expressa dum modo explosivo, sentimental: 'tratava mal os cavalos, por isso é que dava muitos trambolhões'" (p. 251).

Passa daí para a relação de *causa*, com a seguinte explicação:

> E como a relação de conseqüência anda estreitamente ligada à relação de causa, não é para estranhar que o advérbio *também* exprima a causalidade, como nesta frase: "Grandes éguas! *Também*, o que eu as olho, o que as trato!" Como quem dissesse: Não é isso muito de espantar, porque as olho e trato bem (p. 252).

E finalmente chega à explicitação final de seu espanto diante da impossibilidade de explicação lógica para tais fenômenos, cuja transcrição fizemos logo acima, mas que aqui retomamos:

"E aqui temos como um advérbio, que normalmente desempenha certa função lógica, acaba por perder todo o contacto com a razão discursiva e desfazer-se em puro sentimento" (p. 252).

Se Rodrigues Lapa é levado num crescendo contínuo ao espanto do que sua intuição revelou e ao impasse desta revelação com a função "normal" de *também*, que ele aceita como sendo lógica, o que o leva, por conseguinte, a considerar tais ocorrências "afetivas" da partícula como desviantes em relação à norma, e, logo, como exceções à regra, é que o ponto de referência teórica adotado não é, em absoluto, pertinente para a análise de *também*.

Entretanto, se adotarmos para a sua descrição semântica o ponto de vista argumentativo, que ao longo deste trabalho viemos apresentando e defendendo, veremos que tais ocorrências de *também*, ao invés de aparecerem como constituindo casos excepcionais do emprego do operador, virão, ao contrário, justificar, de maneira espetacular, o valor profundo que a nossa análise lhe atribuiu.

Com efeito, se a nossa hipótese sobre o valor lingüístico de *também* é correta, isto é, se *também* constitui, como dissemos, um operador de argumentação que opera uma igualdade entre as proposições que ele relaciona e, se tal operação se caracteriza, de modo complexo, pela adição e pela oposição, então, nada mais natural do que estas ocorrências em que *também* assume nuances de significação que constituem marcas explícitas da intersubjetividade que lhe é própria.

Bastará, se quisermos explicar cada uma destas ocorrências de *também* que o texto de Rodrigues Lapa nos aponta, lembrar o que dissemos sobre a sua natureza argumentativa e sobre as condições de realização da argumentatividade na linguagem.

Lembraremos primeiramente que, dados dois enunciados p e q, para que possamos dizer que eles são semanticamente argumentativos, isto é, lingüisticamente marcados como tal, é preciso que o seu conteúdo informacional responda pelas exigências que tal marca ou operador de argumentatividade cria no universo da enunciação.

É a esta exigência que respondia, por exemplo, na nossa análise, o conteúdo posto e o conteúdo pressuposto de um enunciado onde p não era explícito, tanto nos casos de *também* como nos casos de *mesmo* que analisamos. E é ainda a relação entre os elementos semânticos fornecidos pelo C.A. e os elementos semânticos fornecidos pelo C.I., que, segundo a nossa proposta, permite o estabelecimento de um r, no nível lingüístico, isto é, de uma conclusão que permite a orientação dos enunciados p e q segundo uma ordem argumentativa.

O fato de que as condições argumentativas e as condições informativas interagem de modo a permitir ou a recusar o emprego argumentativo de p e q pode ser verificado se considerarmos, por exemplo, os seguintes enunciados:

* *Pedro bebe pouco e mesmo muito.* /64/

Pedro bebe um pouco e mesmo muito. /65/

Pedro bebe pouco e mesmo quase nada. /66/

* *Pedro bebe um pouco e mesmo quase nada.* /67/

A impossibilidade de /64/ se explica pelo fato de que *pouco* e *muito* pertencem a categorias lingüísticas diferentes e contrárias, como já observamos anteriormente; e como *mesmo* é um operador que ordena os enunciados segundo uma única intenção argumentativa – como também já vimos – tal enunciado se torna impossível porque a conclusão que se pode tirar de *Pedro bebe pouco* é, qualquer que ela seja, sempre contrária à que se pode tirar de *e mesmo muito.*

A mesma explicação pode ser dada para a impossibilidade do enunciado /67/ e, contrariamente, para a possibilidade de /65/ e /66/.

Em segundo lugar, é preciso lembrar que, no caso de *também*, o que é fundamental é o valor de igualdade argumentativa que este elemento estabelece entre duas proposições, p e q, igualdade que é obtida pelo que chamamos operação de adição argumentativa, de tal modo que, em um nível mais profundo de análise, a estrutura semântica deste operador revela a existência concomitante de um *mas* e de um *e*.

Deste modo, a atitude de oposição, de descontentamento e mesmo a relação de conseqüência ou de causa que o operador pode significar encontrarão naturalmente a sua explicação: bastará que, no nível do C.R., se leve em conta, de um lado, a situação de enunciação em que o enunciado *p também q* foi produzido e que, de outro lado, se tenha em consideração o conteúdo específico de p e q, o que é dado pelo C.I. Como o valor de igualdade, isto é, de oposição e de adição estão sempre presentes, dados pelo C.A. e pelo C.I., não será difícil produzir aquelas "tonalidades de significação".

Assim, por exemplo, se o conteúdo específico de dois enunciados operados por *também* prestar-se à realização do valor de igualdade, que é próprio deste operador, como uma relação de conseqüência, como no exemplo dado por Rodrigues Lapa, será, então, possível, em um nível de manifestação de *também*, falar em valor consecutivo do operador.

Se, ao contrário, o conteúdo informacional dos enunciados, e evidentemente a disposição deste conteúdo, prestar-se a uma realização da igualdade como *causa*, poder-se-á falar que em um nível de manifestação superficial *também* tem um valor causativo.

O que é, entretanto, inegável é que, em todas estas ocorrências, este elemento guarda o seu sentido de oposição, realizando sempre, qualquer que seja a nuance de significação que ele possa assumir, no nível do C.R., uma operação de comparação em que a exclusividade argumentativa de uma dada proposição é neutralizada pela igualdade de valor argumentativo da outra proposição que ele introduz.

Assim, se quiséssemos completar agora o esquema geral da D. S. do *também* cujo nível lingüístico já tínhamos apresentado na figura 17, teríamos, então:

FIGURA 20

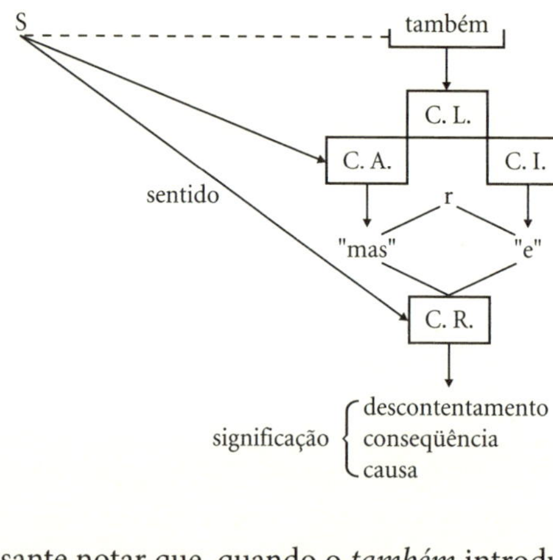

É interessante notar que, quando o *também* introduz, no nível da significação, a noção de *causa*, ele o faz opondo à excepcionalidade com que uma proposição é apresentada uma outra proposição que, por ter igual força argumentativa, nega esta exclusividade e remete a primeira proposição para um estado de "normalidade", já que a sua "causa" é explicitada. E é este mecanismo que, por uma espécie de ironia argumentativa, permite substituir o *também*, nestes contextos, pela expressão *é lógico*, como se pode verificar no seguinte diálogo:

Diálogo XI

A: *Pedro tem dor de garganta.* /67/

B: *Também ele fuma muito.* /68/

Neste diálogo, se quiséssemos, a exemplo do que fizemos com o diálogo VII, guardar a distinção *standard* entre C.L. e C.R. tal como a propõe Ducrot, poderíamos fazê-lo desde que trabalhássemos novamente com anéis que, partindo do C.L., passassem pelo C.R. e depois retornassem ao C.L. , de tal modo que mais uma vez teríamos necessidade de admitir que os limites entre o retórico e o lingüístico são mais tênues do que o pretenderam a lingüística estrutural e a lingüística transformacional.

O esquema a seguir, onde X e Z são variáveis para representar o sentido dos enunciados, representa este mecanismo:

FIGURA 21

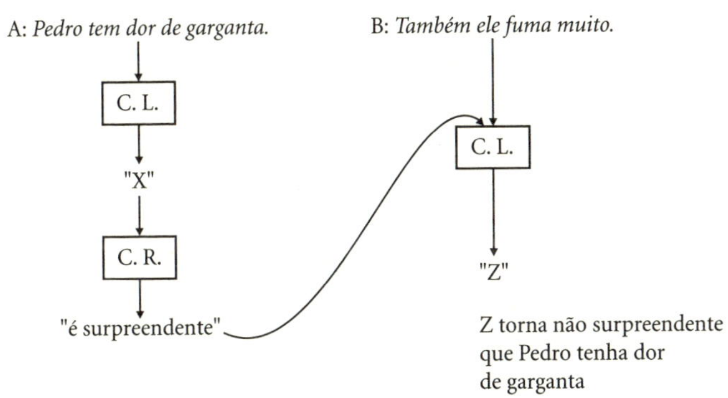

Quanto ao valor consecutivo do operador, anotado por Rodrigues Lapa e que podemos ainda constatar, bastando para isso inverter a ordem de enunciação do diálogo XI:

Diálogo XII

A: *Pedro fuma muito.* /69/

B: *Também ele tem dor de garganta.* /70/

o valor de compensação argumentativa está sempre presente.

Entretanto, parece que no francês o *aussi* consecutivo tem uma função puramente informativa. Mas neste caso – sempre possível, segundo a nossa análise, como realização de uma situação em que todo o dinamismo do operador foi eliminado, isto é, uma situação estática ou lógica – o *aussi* francês encontra um fenômeno gramatical que marca particularmente a ocorrência: é o fenômeno da inversão sujeito-verbo, como o mostram os exemplos abaixo:

Il fait beau. Aussi vais-je sortir. /21/

Il fume trop. Aussi a-t-il mal à la gorge. /72/

É evidente que tal situação pode ocorrer no português. Mas a sua ocorrência, como veremos pelo exemplo dado a seguir, é uma faca de dois gumes: do mesmo modo que ela serve para mostrar a possibilidade de uma ocorrência só informativa de *também,* ela serve para justificar a análise que identificou um *mas* e um *e* como elementos semânticos constituintes do valor deste operador.

Assim, imaginemos um diálogo entre um paciente (A) e o seu médico (B) que o tinha aconselhado a não tomar nada de álcool nas refeições:

Diálogo XIII

A: *Eu só tenho bebido água nas refeições e continuo a me sentir mal.* /73/

B: *Também, você também bebe cerveja.* /74/

E ainda tal diálogo encontra a possibilidade de uma ocorrência onde o segundo *também* seria simplesmente aditivo, através do efeito argumentativo que o primeiro *também* produziu.

Mas ainda aqui seria difícil sustentar que mesmo o segundo *também* tenha um valor puramente informativo. Porque na realidade o primeiro *também* indica uma oposição à exclusividade argumentativa com que A apresenta o seu enunciado e por isso pode perfeitamente ser substituído por *mas,* enquanto que o segundo *também* introduz o enunciado que, por ter o mesmo valor argumentativo que o primeiro, justifica a recusa da sua exclusividade por parte de B. Isto é, caímos aqui novamente na estrutura argumentativa do diálogo V e cuja paráfrase poderia ser representada, como o sugerimos, pela estrutura:

– *não só p mas também q*

E a propósito desta estrutura gostaria de anotar a possibilidade de realizá-la ainda da seguinte maneira:

– *não só p como também q*

Ora, o *como* é um operador de comparação de igualdade. Por outro lado, se a nossa hipótese sobre a estrutura comparativa for correta, isto é, se esta estrutura contém realmente um elemento dinâmico de oposição e um elemento temporal (se quisermos um *mas* e um *e*), como exigência deste dinamismo, seremos então levados a considerar que há uma relação bastante profunda entre o valor do *também* e o valor da comparação em geral, e especialmente o valor do comparativo de igualdade.

Neste sentido, pode-se dizer que o *também* mantém o seu valor comparativo, de origem.

Pode-se dizer ainda, ao contrário da posição do estruturalismo tradicional, que a língua guarda, de alguma forma, a memória de si mesma. É neste sentido que uma teoria semântica argumentativa poderia talvez conter sugestões interessantes para uma revisão da diacronia nos estudos lingüísticos.

V | Sempre a Comparação

Ce sujet (la signification du comparatif) est un de ceux où l'apriorisme logique a fait le plus de tort à l'interprétation linguistique.

ÉMILE BENVENISTE,
Noms d'agent et noms d'action en indo-européen.

1. TRANSFORMAR OU ARGUMENTAR?

Apesar desta observação de Benveniste que transcrevemos em epígrafe e apesar da riqueza de exemplos do indo-europeu e de línguas de outras famílias lingüísticas e das análises sempre penetrantes que são a marca deste autor, nada disso pode impedir que a lingüística, motivada pelo grande sucesso da lógica nos estudos sintáticos, cometesse, no tratamento semântico da comparação, o erro para o qual Benveniste procura nos alertar.

Baseados em motivações de natureza sintática, os transformacionalistas propuseram desde logo uma análise da comparação que do ponto de vista semântico nos parece insatisfatória.

Assim, Lees[1], baseado no argumento de que a relação entre a agramaticalidade de:

1. R. B. Lees, "Grammatical Analysis of the English Comparative Construction", *Word*, 17: 171-185, 1961.

(a) * *The table is amazed*

e

(b) * *The boy is more amazed than the table*

requer a formulação de um conjunto de regras que derivem as construções comparativas de frases simples (argumento que faz apelo, como se vê, aos problemas de restrição de seleção envolvidos nas duas frases citadas), permitirá, no interior da gramática gerativa transformacional, o desenvolvimento de uma visão da construção comparativa que, com algumas variações e refinamentos técnicos, deverá repetir-se nos trabalhos de muitos transformacionalistas, entre eles Chomsky (1965), Smith (1961), Pilch (1965), Huddlestone (1967), Doherty & Schwartz (1967), Bresnan (1970-1973), Ruwet (1968), Jacobs & Rosenbaum (1968, pp. 232-233)[2].

É assim que Chomsky (1965, pp. 241-250) propõe para a frase do inglês

John is more clever than Bill. /1/

a seguinte estrutura profunda:

FIGURA 1

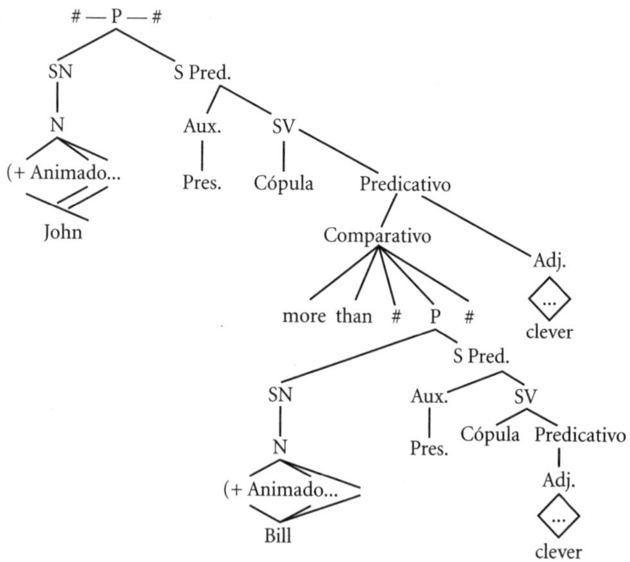

2. N. Chomsky, *Aspects of the Theory of Syntax*, Cambridge, Mass., MIT Press, 1965. Trad. francesa: *Aspects de la théorie syntaxique*, Paris, Seuil, 1971, pp. 241-250. C. S. Smith, "A

Para a derivação desta frase, segundo Chomsky, as regras de transformação aplicam-se primeiramente ao marcador de frase encaixado e depois à configuração total para produzir (omitindo vários detalhes):

John is more than # Bill is clever # clever. /2/

Depois, a transformação comparativa apaga os marcadores de fronteira de palavras, o adjetivo da frase encaixada e faz a permutação dos segmentos – *than Bill is* – e – *clever* –, para produzir:

John is more clever than Bill is. /3/

onde se tem ainda a possibilidade facultativa de apagar a cópula repetida e obter /1/.

Como se pode ver, tal análise sintática da comparativa simples é feita de modo a permitir que possa ser atribuída a mesma estrutura profunda não só a frases do tipo de /1/ e de /3/ como também a comparativas do tipo:

I am fatter than I was last summer. /4/

The river is as deep as it is wide. /5/

Class of Complex Modifiers in English", *Language*, 41, 1961, pp. 37-58. H. Pilch, "Comparative Constructions in English", *Language*, 41, 1965, pp. 37-58. P. Huddlestone, "More on the English Comparative", *Journal of Linguistics*, 3, 1967, pp. 91-102. P. Doherty & A. Schwartz, "The Syntax of the Compared Adjective in English", *Language*, 43, 1967, pp. 903-936. J. W. Bresnan, "On Complementizers: Toward a Syntactic Theory of Complement Types", *Foundations of Language*, 6, 1970, pp. 297-321. *Idem*, "Syntax of the Comparative Clause Construction in English", em *Linguistic Inquiry*, 4, 3, 1973, pp. 275-343. N. Ruwet, *Introduction à la grammaire générative*, Paris, Plon, 1968, pp. 163-259-406, nota 14. A. J. Roderick & P. S. Rosenbaum, *English Transformational Grammar*, Waltham, Mass., Toronto, Xerox College Publishing, 1968. Cf., ainda, a este propósito, a observação de R. N. Campbell & R. J. Wales, "Comparative Structures in English", *Journal of Linguistics*, vol. 5, n. 2, pp. 217-218, sobre a discordância de certos autores quanto à estrutura da frase constituinte na comparação: "[...] There is considerable disagreement in previous work as to what should be the structure of the constituent sentence. Smith and Chomsky opt for *Nom-be-Adj* where the Adj is identical to the *Adj* in the matrix sentence. Lees suggests *Nom-be-that-Adj* and Huddlestone (1967) *Nom-be-than-Adj*, with the same restrictions on the *Adj*. Of course, if these restrictions are not met, then 'two-variable' comparisons such as

John is fatter than Bill is tall

are produced, since deletion is blocked. This is generally considered a desirable consequence! However, a case for *Nom-be-wh-Adj* could probably be argued as well and there are doubtless other possibilities". E, com efeito, parece ser esta a opção feita por Doherty & Schwartz no artigo citado.

Por outro lado, sabemos também que Chomsky será levado nos *Aspects*, a partir do estudo do comparativo e da sua proposta de análise, a reformular as condições de aplicação da regra de transformação de apagamento, considerando que os únicos traços que devem ser levados em conta para que tal regra possa ser aplicada são os traços inerentes do formante lexical, enquanto que os traços introduzidos por transformação (como gênero, número) não desempenham, neste ponto, nenhum papel. Assim, um formante deverá, a partir desta distinção, ser considerado como um par de conjuntos de traços, onde um dos membros do par é constituído de traços inerentes na entrada lexical ou na posição de inserção lexical e o outro, de traços acrescentados por transformação.

Tais observações o levam então a formular o princípio geral que fixa as condições para a aplicação da transformação de apagamento, da seguinte maneira:

"Um termo X da análise própria pode ser empregado para apagar um termo Y da análise própria, quando a porção inerente do formante X não é distinta da porção inerente do formante Y" (Chomsky, 1965, p. 247).

Deste modo o que é implicado no apagamento de um formante por um outro não é mais a identidade estrita dos dois formantes mas a sua não-distinção.

Vemos facilmente que Chomsky é levado a fazer tal distinção pela existência de frases comparativas como:

Estes homens são mais inteligentes que João. /6/

onde não existe identidade absoluta entre *João* e *homens,* uma vez que há entre eles uma diferença de número (sing. e pl.) que, no entanto, por ser introduzida por transformação, não constitui um traço pertinente para bloquear a comparação.

Por outro lado, tal distinção, como se pode perceber, está ligada ao problema da distinção tantas vezes apontada pelas gramáticas tradicionais entre os adjetivos em posição de epíteto ou de adjunto nominal e os adjetivos em posição predicativa ou atributiva. No primeiro caso, assim como para a relativização, o número seria um traço a ser considerado como inerente, enquanto que no segundo, porque o grupo nominal se acha em posição de atributo ou de complemento predicativo, os traços que se relacionam com a concordância são introduzidos por transformação.

Na verdade, os transformacionalistas trataram, desde cedo, o adjetivo, levando em conta tal distinção.

Assim, só os adjetivos em posição atributiva eram tratados como produzidos pelas regras sintagmáticas de tal modo que as regras que desenvolvem o sintagma predicativo deveriam conter a seguinte possibilidade:

a) S Pred. ⟶ cópula + Sintagma Atributivo

b) Sintagma Atributivo ⟶ $\left\{\begin{array}{l}\text{SN}\\\text{Adj.}\end{array}\right\}$

Os adjetivos em posição de epíteto ou de adjunto adnominal seriam, ao contrário, introduzidos por transformações generalizadas, a partir dos primeiros, e tal procedimento visava, principalmente, a simplificar a formulação das restrições seletivas entre adjetivo e substantivo, de forma a especificá-las uma só vez, para os atributos, evitando, assim, a redundância da regra e permitindo explicar de uma só vez a impossibilidade de co-ocorrências do tipo:

* *A mesa está assustada.* /7/

* *Gosto de mesas assustadas.* /8/

Na seqüência de seus trabalhos sobre os grupos nominais em inglês, lingüistas como Lees (1960, p. 85 e p. 91), C. S. Smith (1961) e o próprio Chomsky (1964, pp. 75-78) foram levados, ao contrário do que propunha Chomsky anteriormente (1957, p. 114, onde os epítetos eram introduzidos por uma regra de transformação "adjetiva" especial), a introduzir os adjetivos em posição de adjunto adnominal passando pela proposição relativa.

Assim a frase

Gosto de mesas redondas. /9/

passa a ser engendrada obedecendo às seguintes etapas de produção:

(a) transformação generalizada

Gosto das mesas
as mesas são redondas $\Big\}\longrightarrow$ *Gosto das mesas que são redondas*

(b) elipse

Gosto das mesas que são redondas	→	*Gosto das mesas redondas*

Como observa Ruwet (1968, p. 407, nota 14), tal procedimento encontra sua motivação no fato de que ele permite representar formalmente o paralelismo funcional, já observado, por exemplo, por Benveniste (1957-1958, p. 213) e por Grevisse (p. 873) entre a proposição relativa e o adjetivo epíteto. "Mais precisamente", como diz Ruwet, "ele permite representar, contanto que seja um pouco mais detalhado, o paralelismo que existe, de um lado, entre as relativas ditas restritivas e os adjetivos epítetos e, de outro, o paralelismo entre as relativas explicativas e os adjetivos apositivos", conforme se pode verificar nos trabalhos de Lees (1960, p. 86) e de C. S. Smith (1961, p. 343 e 1964).

Enfim, a sua justificação pode ser dada pelo fato de que é tal procedimento que permite engendrar não só as formas adjetivas simples mas também as complexas, como, por exemplo, adjetivos seguidos de complementos e as comparativas, conforme se pode ler em C. S. Smith (1961).

É dentro desta linha de procedimento que se pode situar também o estudo de J. C. Milner (1973, pp. 29-92) sobre a analogia entre as frases comparativas e as frases relativas[3].

Baseando-se fundamentalmente na observação tradicionalmente feita sobre certas analogias estruturais entre os grupos maiores da frase, como, por exemplo, a relação do adjetivo para o nome e a do

3. R. B. Lees, *The Grammar of English Nominalizations*, Bloomington, Ind., Indiana University Press, 1960. C. S. Smith, "Determiners and Relative Clauses in a Generative Grammar of English", *Language*, 1964, pp. 37-52. N. Chomsky, *Current Issues in Linguistic Theory*, La Haye, Mouton, 1964; versão corrigida e aumentada de 1964: "The Logical Basis of Linguistic Theory", *Proceedings of the IXth International Congress of Linguistics*, La Haye, Mouton, pp. 914-978 (o texto é seguido de uma discussão, pp. 978-1008). Igualmente retomado com ligeiras modificações em J. J. Katz & J. A. Fodor, *The Structure of Language. Readings in the Philosophy of Language*, Englewood Cliffs. New Jersey, Prentice Hall, 1964, pp. 50-118. Idem, *Syntactic Structures*, La Haye, Mouton, 1957. E. Benveniste, *Problèmes de linguistique générale*, Paris, Gallimard, 1957. M. Grevisse, *Le bon usage*, 3. ed., Paris, Glembloux-Duculot, 1964. J. C. Milner, *Arguments linguistiques*, Paris, Mame, 1973, col. Repères, Série bleu, Cap. I: "Comparatives et relatives".

adjetivo para o advérbio, o fato de em certos grupos nominais o nome principal se comportar em relação ao grupo todo como o sujeito em relação à frase, etc., e tomando como ponto de partida a formalização feita por Chomsky (1970)[4] destas intuições, o autor procura desenvolver a hipótese de que as frases comparativas são para os adjetivos o que as frases relativas são para os nomes, o que por sua vez se coloca no quadro mais geral da hipótese trabalhada pelos transformacionalistas, da analogia entre o Grupo adjetivo e o Grupo nominal.

Chomsky, procurando dar uma formulação precisa a estes problemas, propõe os seguintes esquemas:

(1) $\bar{X}$ x

(2) $\bar{\bar{X}}$ (espec. $\bar{X}$) $\bar{X}$

onde X é uma variável que pode representar o nome (N), o adjetivo (A) e o verbo (V), o que permite, uma vez que X recebe o seu valor, fazer corresponder a X os grupos GN, GA, GV, de tal modo que (Espec. $\bar{N}$) é o especificador do nome, (Espec. $\bar{A}$) é o especificador do adjetivo e (Espec. $\bar{V}$) é o especificador do verbo. O especificador do nome é o determinante, o do verbo é o sistema do auxiliar e o do adjetivo, os advérbios e as estruturas comparativas.

É apoiado nesta proposta que Milner (p. 33) pretende demonstrar a analogia entre as estruturas relativas e as estruturas comparativas. Tal analogia seria, então, representada, para o francês, da seguinte maneira:

FIGURA 2

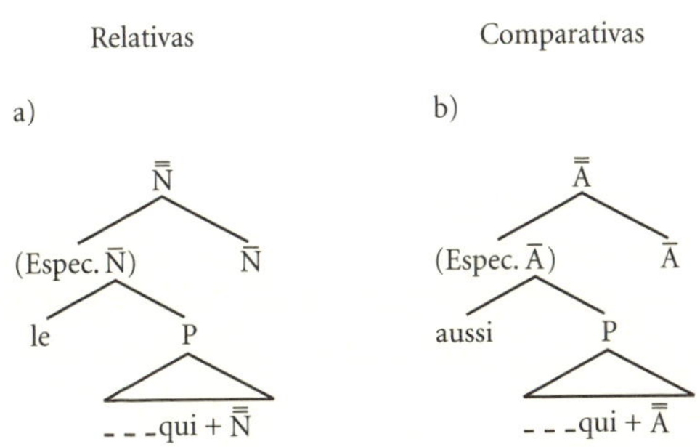

4. Chomsky, "Remarks on Nominalizations", em Jacobs & Rosenbaum (orgs.), *Readings in English Transformational Grammar*, Waltham, Mass., Ginn and Co., 1970, pp. 184-221.

de tal modo que a árvore a) é, como se vê, idêntica à árvore b), descontando a diferença entre N e A e onde a) pode, por exemplo, representar

Le livre qui est à moi. /10/

a partir de

le (P qui est à moi P) livre. / 11 /

e onde b) pode representar, por exemplo,

Ce livre est aussi beau (P qui le mien est beau P) /12/

a partir de

Ce livre est aussi (P qui le mien est beau P) beau. /13/

A partir daí, o trabalho se desenvolve, através de uma série de analogias entre as duas construções, onde os argumentos, mais de natureza sintática, mas também morfológicos e semânticos, buscam a demonstração da sua hipótese que deverá ainda explicitar que a analogia entre as duas construções é de tal ordem perfeita que para os dois tipos de construções relativas, as restritivas e as explicativas ou apositivas, correspondem dois tipos de construção comparativa que sob muitos aspectos (sintático, semântico e morfológico) lhes são equivalentes.

Além disso, Milner será, ao longo de sua análise, levado a distinguir dois tipos de construção comparativa, para que a sua hipótese sobre a analogia com as relativas possa manter-se.

É este o ponto que particularmente nos interessa em seu trabalho, não só porque aí ele faz apelo com mais freqüência a critérios de natureza semântica, como também porque a distinção que propõe nos parece, senão artificial, pelo menos particular demais, para que, como é a sua intenção e a dos transformacionalistas em geral, ele conclua a universalidade dos seus resultados.

Como se sabe, e a partir do próprio quadro teórico em que Milner trabalha, as construções relativas exigem a identidade dos nomes da frase matriz e da frase constituinte, de tal modo que uma frase como:

O menino que estava na rua voltou pra casa. /14/

deriva-se de

O menino (# o menino estava na rua #) *voltou pra casa.* /15/

onde o nome contido nos parênteses será apagado com base nesta identidade.

Da mesma forma, uma frase comparativa como

João é mais inteligente que Pedro. /16/

deverá, segundo tal teoria, derivar-se de

João é mais que (# Pedro é inteligente #) *inteligente.* /17/

onde também o adjetivo contido nos parênteses será apagado com base na identidade com o adjetivo da frase matriz.

Entretanto, a existência de construções comparativas do tipo

$$\textit{João é} \left\{\begin{array}{l}\textit{mais}\\ \textit{tão}\\ \textit{menos}\end{array}\right. \quad \textit{inteligente} \left\{\begin{array}{l}\textit{do que}\\ \textit{quanto}\\ \textit{do que}\end{array}\right\} \textit{Pedro é corajoso. /18/}$$

representa um obstáculo para que a analogia entre as relativas e as comparativas seja perfeita, na medida em que a condição de identidade não se realiza da maneira prevista.

Neste momento, o autor, apoiando-se principalmente em Benveniste (1948), distinguirá dois tipos de comparação, dos quais apenas um responde à analogia com as relativas[5].

Assim, considerando o comparativo de igualdade, Milner pretende que as duas frases francesas

(Votre Rome) est une Rome de Tite-Live et aussi pompeuse qu'elle était au temps des premiers Césars. /19/

(Guez de Balzac, *Lettre à Corneille sur Cinna*)

Jean est aussi courageux que Paul est intelligent. /20/

constituam duas frases comparativas de natureza diferente, apesar de comportarem o mesmo marcador *aussi... que.*

Tal diferença de natureza consistiria, fundamentalmente, no fato de que só a frase /20/ exprime, na realidade, uma noção de grau em que as propriedades comparadas não precisam ser necessariamente realizadas sobre os indivíduos comparados, enquanto que na frase /19/ se passa o contrário, isto é, não há nenhuma indicação de grau, e a qualidade comparada deve realizar-se necessariamente na sua ple-

5. E. Benveniste, *Noms d'agent et noms d'action en indo-européen*, Paris, Adrien Maisonneuve, 1948, cap. x: "Le comparatif".

nitude pelo termo comparado ("La Rome de Corneille"), uma vez que a referência ou o termo comparante é dado de maneira absoluta, funcionando como um modelo que realiza, de maneira exemplar, a propriedade designada e sendo portanto privilegiado em relação ao termo que lhe é comparado.

E Milner (p. 41) estabelece a diferença entre os dois tipos nos seguintes termos:

1.º tipo: exprime a realização na sua plenitude qualitativa de uma propriedade por um sujeito, independentemente do grau de intensidade quantitativa, referindo-se a um modelo exemplar;

2.º tipo: situa as propriedades sobre uma escala quantitativa de intensidade, independentemente da qualidade da realização.

Destes dois tipos só o tipo 1 responderia à hipótese da analogia do comparativo com as frases relativas. Nele a asserção incide sobre o adjetivo, enquanto que no tipo 2 a asserção incide sobre o grau de intensidade. No primeiro caso, a condição de identidade concerne ao total do Grupo Adjetivo, isto é, $\overline{A}$, inclusive a unidade lexical; no segundo, tal condição não concerne senão ao grau do adjetivo, isto é, segundo a notação de Milner, um (Espec. $\overline{A}$), sem tocar, necessariamente, os adjetivos em si mesmos.

Tal distinção Milner (p. 48) representa da seguinte forma:

FIGURA 3

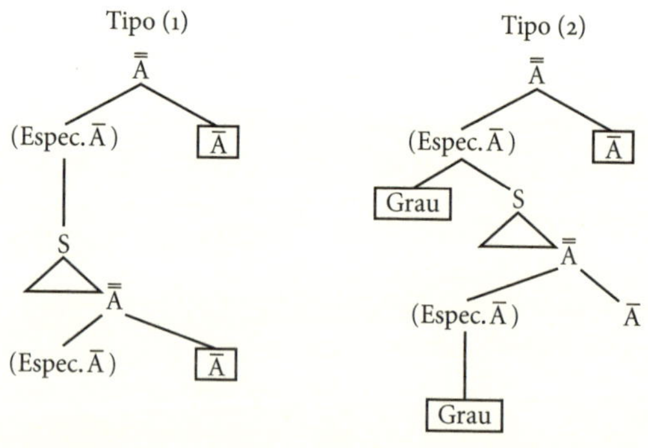

onde os constituintes enquadrados são aqueles sobre os quais a condição de identidade se exerce.

No primeiro caso, diz Milner (p. 48), o morfema *aussi* não exprime senão a relação efetiva de dois adjetivos idênticos, não sendo, pois, um advérbio de grau e não tendo mais conteúdo que o artigo *le* em *l'homme qui a été renvoyé*; no segundo, o morfema denota um grau particular, ou seja, a igualdade quantitativa de intensidade.

Sem entrar na discussão do mérito que, do ponto de vista sintático, tal análise possa ter, é necessário, entretanto, dizer que os seus resultados e conseqüências semânticas são bastante insatisfatórios, além do *tour de force* que o autor faz para sustentar a sua hipótese no momento em que transfere para o francês uma distinção entre as comparativas que o latim deve ter conhecido mas que as línguas românicas em geral perderam.

Com efeito, apoiando-se na interpretação que Benveniste (1948, pp. 141 ss.) dá à distinção do comparativo de desigualdade no indo-europeu, Milner pretende reconhecer no francês atual esta distinção, mas estendida também para o comparativo de igualdade.

Benveniste, ao contrário de outros autores, entre eles Small (1924, 1929) e Gallis (1946)[6], que discutiram o problema da anterioridade da construção com partícula comparativa sobre a construção com caso, procura explicar a coexistência destas duas maneiras de construir a comparação no indo-europeu, dando-lhes para tanto interpretações semânticas diferentes.

Assim, em latim a construção com ablativo, como em *melle dulcior luce clarior*, é considerada por Benveniste (1948, p. 135) como um comparativo "adequativo" no sentido de que ele se limita a enunciados predicativos, do tipo:

"*... sa parole est plus douce que le miel; ton coeur est plus dur que la pierre; il n'y a rien de plus misérable que l'homme*".

E acrescenta:

> Les objets pris pour "normes" sont les exemplaires accomplis de la qualité, et la comparaison consiste dans l'évaluation d'une grandeur connue. Ceci, pour le dire en passant, dénonce l'erreur du schème (pseudo) logique auquel on ramène si souvent ces comparaisons: "plus doux que le miel" – signifierait "plus doux que

6. G. W. Small, *The Comparison of Inegality in English*, 1924. Idem, "The Germanic Case of Comparison", *Language Monographs* IV, 1929, pp. 18-19. A. Gallis, *Études sur la comparaison slave*, Oslo, Norsk Videnskaps Akad, n. 3, 1946, p. 34.

le miel est (doux)". Tout au contraire, nous avons affaire à une évaluation "synthétique" au moyen d'une norme qui s'identifie avec la qualité qu'elle symbolise. Cette qualité, *variable* dans l'objet comparé, est absolue dans la norme de comparaison.

O comparativo com partícula aparece, em latim, ainda segundo Benveniste (1948, p. 139), onde o ablativo é excluído. As condições que permitem o aparecimento de *quam* em lugar do ablativo, ele as enumera e as apresenta da seguinte maneira:

1.º) depois de um advérbio: *magis quam...*

2.º) com um genitivo de preço: *maioris, minoris quam...*

3.º) quando o segundo termo é determinado por um genitivo ou por uma proposição relativa: *luna maior quam dimidia pars terrae est; nihil est miserius quam animus hominis conscius.*

E Benveniste (p. 142) observa que a construção com partícula – "qui assurait mieux la fonction proprement 'comparative' " – foi progressivamente anexando o domínio da construção casual que se conservou apenas em empregos tradicionais e sobretudo nos usos proverbiais.

Tal observação é interessante quando levamos em conta uma outra observação sua (p. 141) onde diz:

> Nous ne connaissons aujourd'hui qu'un seul type de comparatif; cela ne nous dispose pas à comprendre d'emblée pourquoi bien des langues en emploient deux simultanément. De plus, un exemple comme "il est plus grand que moi" est, dans sa simplicité, le plus fallacieux de tous, puisqu'il peut comporter en indo-européen deux expressions différentes. On a confondu "simple" et "élémentaire".

Ora, o que Milner pretende é que haja no francês e em outras línguas modernas um tipo de construção comparativa que corresponda fixamente à construção casual do indo-europeu, de tal modo que a interpretação que dá para este tipo de comparação corresponde exatamente à interpretação que Benveniste dá àquela construção no indo-europeu, não fosse pela repetição quase que literal no seu trabalho dos termos com que Benveniste a define.

Assim como o caso era a marca desse tipo especial de comparação, Milner pretende que o *como* (*comme*) seja a sua marca distintiva nas construções comparativas do francês e de outras línguas.

Dá como um dos argumentos importantes para tal particularidade o fato de que as expressões proverbiais só admitem a construção comparativa de igualdade com *comme* e não com *aussi... que* e cita alguns exemplos em que este segundo operador seria impossível (p. 41): *sourd comme un pot, bête comme une oie, fort comme la mort, beau comme un astre.*

Deste modo, as construções comparativas de igualdade com *aussi... que* seriam ambíguas porque poderiam ter a estrutura profunda ou do tipo 1 ou do tipo 2, enquanto as construções com *comme* seriam necessariamente do tipo 1.

Uma frase como:

Jean est aussi intelligent que Einstein. /21/

é, segundo Milner, ambígua no sentido indicado, enquanto a frase

Jean est intelligent comme Einstein. /22/

não o é por causa da presença do marcador *comme.*

E a existência de frases onde só pode ocorrer esta forma e não a outra seria uma indicação forte de que a dupla natureza da comparação de igualdade, como pretende Milner, é um fato lingüístico incontestável.

Mas as coisas não parecem ser tão tranqüilas quanto o autor preferiria que fossem.

Como conclusão de seu trabalho Milner reclama, para a sua hipótese sobre a analogia entre as comparativas e as relativas, o estatuto de um universal de linguagem:

> [...] l'hypothèse que nous avançons et du même coup l'analogie générale proposée originellement par Chomsky entre A et N, est exactement ce que Jakobson appelait un universel d'implication. Il ne suffira donc pas pour le réfuter de montrer que telle ou telle de ses conséquences empiriques n'est pas réalisée, il faudra de plus qu'elle soit matériellement contredite (p. 79).

Sem pretender discutir o problema da analogia de comportamento sintático entre o adjetivo e o nome – problema que transborda os objetivos de nosso trabalho – é preciso, entretanto, dizer que há pontos na demonstração de Milner que não se mantêm com a evidência desejada.

Assim, a exclusividade do operador *como* enquanto marca de um comparativo "adequativo" ou equivalente a um superlativo absoluto, segundo a interpretação que dá o autor (p. 43), encontraria problemas para se justificar nas línguas em que o segundo elemento do operador de comparação é normalmente *como* e não *que* (fr.) ou *quanto* (port.). É o que acontece, por exemplo, em espanhol e em catalão, conforme se pode ler nos enunciados abaixo:

Pedro es tan inteligente como Juan. /23/

En Pere es tan llest com en Joan. /24/

E o mesmo acontece quando os dois adjetivos são diferentes:

En Pere es tan llest com en Joan valent. /25/

Além disso, acredito que em português se possa ter uma comparação em que o operador de igualdade seja apenas *como* sem que haja identidade de adjetivos e onde, conseqüentemente, a comparação não exprime de maneira necessária "a realização na sua plenitude qualitativa de uma propriedade por um sujeito, independentemente do grau de intensidade quantitativa, referindo-se a um modelo exemplar", segundo os termos com que Milner (p. 41) caracteriza o seu 1º tipo de comparação. Isto é, posso ter, em português, um enunciado comparativo com *como* e que pode pertencer ao 2º tipo da distinção de Milner.

Se isto é possível, então é difícil manter um elo importante de sua demonstração, quando explicitamente considera (p. 45) o enunciado

Pierre est intelligent comme Paul est courageux. /26/

como agramatical.

Imaginemos a seguinte situação de discurso: A e B são interlocutores que conhecem João e sabem que ele não peca pela coragem. Falam e comentam os traços de personalidade de uma outra personagem (Pedro) e em um dado momento A utiliza "a coragem de João" para comentar (emprego o verbo comentar no sentido técnico da oposição tema/comentário) a inteligência de Pedro, dizendo:

A: *Ele é inteligente como João é corajoso.* /27/

do que B pode concluir que Pedro é pouco ou nada inteligente.

Em outras palavras, o que é importante, do ponto de vista semântico, neste enunciado é que, a exemplo do que acontecia com as outras construções comparativas que discutimos nos capítulos II e III, o locutor A utiliza a *coragem de João* como um argumento para comentar a *inteligência de Pedro.*

Tecnicamente, no sentido em que a nossa análise trabalhou a comparação, este argumento é favorável à "inteligência" de Pedro e, se objetivamente acontece de o termo comparante ser preenchido por um nome cuja referência satisfaça ou não a qualidade na sua plenitude, é um problema que não altera nem impede o dinamismo da construção comparativa.

E dizer que o enunciado /27/ depende de um uso irônico da comparação com *como* pode constituir um artifício para preservar a integridade da hipótese mas, nem por isso, deixa de ser um artifício e uma desculpa, e não uma explicação.

Tínhamos já visto que o problema da marca do adjetivo e o da referência dos termos comparados é algo que não se pode considerar independentemente do traço argumentativo que semanticamente caracteriza a estrutura comparativa.

Ora, num enunciado como:

A Roma de Corneille é tão pomposa quanto a Roma dos primeiros Césares. /28/

ou no enunciado:

Pedro é tão inteligente quanto Einstein. /29/

o fundamental é que num "a pompa da Roma dos primeiros Césares" é dada como argumento favorável para a "pompa da Roma de Corneille", assim como no outro *a inteligência de Einstein* é dada como argumento favorável à "inteligência de Pedro". E é evidente que, se os referenciais objetivos dos termos comparantes já realizam de forma "exemplar" a qualidade, os termos comparados a realizarão com a força argumentativa que os termos comparantes lhe asseguram.

Em ambos os enunciados, o fundamental para a sua compreensão é que quem os enuncia faz um "elogio" forte da Roma de Corneille e da inteligência de Pedro. Além disso, no caso de /28/, o adjetivo *pomposo* é de uma tal polaridade que poderia perfeitamente entrar na classe dos adjetivos que respondem a uma forma de grau especial que Sapir chama de Grau Polar[7].

Entre estes adjetivos Sapir aponta "perfeito", "completo", "pleno", "cheio" como sendo do tipo implicitamente de grau superior, e "vazio", "nu", como do tipo implicitamente de grau inferior e os apresenta como tendo implicitamente um valor superlativo. Mas, ao contrário do que se poderia pensar, mesmo tais termos são suscetíveis de gradação, porque se apresentam, nas palavras de Sapir, com "a peculiaridade lingüística e psicológica de ser considerados, não como os pontos extremos de uma série em grau, mas como pontos polares de uma normalidade" (p. 200).

É por isso que, como observa ainda Sapir,

> a implicação superlativa de "perfeito", que deveria fazer dele um termo único e insuscetível de grau, tende a se esvair pela simples razão de que é própria da classe dos termos suscetíveis de grau (*e. g.* "*bom*"). Termos como "menos perfeito" são psicologicamente uma mistura de termos únicos do tipo de "perfeito" com termos suscetíveis de grau do tipo de "menos bom". Estica-se um pouco, por assim dizer, o termo polar, para que ele abranja, pelo menos, o segmento superior (ou o inferior) da escala da realidade posta em grau (p. 201).

Tais observações, tanto mais preciosas quanto guardam todo o dinamismo que é próprio das construções comparativas, mostram mais uma vez, a exemplo do que ocorre em todo o seu ensaio, que se comete um erro profundo quando se pretende considerar o grau com a fixação lógica de uma relação predicativa. É o que faz Milner quando considera os enunciados /28/ e /29/ como equivalentes de um superlativo absoluto que, por isso, não seria suscetível de grau.

Mas, se o adjetivo *pomposo* pode, como sugerimos, ser considerado como um adjetivo de grau polar e se as observações de Sapir são corretas, então uma frase como

7. Cf. E. Sapir, "O Grau: Estudo de Semântica", em *Lingüística como Ciência*, Rio de Janeiro, Acadêmica, 1969, p. 200.

A Roma de Corneille é mais pomposa que a Roma dos primeiros Césares. /30/

continuará, e com muito mais razão, a constituir uma afirmação sobre a pomposidade da Roma de Corneille.

O que quero dizer é que Milner parece confundir a situação objetiva a que um enunciado comparativo possa aplicar-se com a estrutura própria deste enunciado e assim distinguir lingüisticamente, e de maneira necessária, o que não depende senão do circunstancial. Que um enunciado comparativo possa significar lógica e objetivamente uma relação de medida e de quantidade é uma decorrência da própria natureza argumentativa desta construção, isto é, é um resultado que se pode indiretamente obter quando o equilíbrio dinâmico dos "mais" e dos "menos" se vê fixado num ponto de igualdade ou de diferença entre os termos comparados. Tal fixação – que é produzida pelo artifício lógico que consiste em esvaziar a relação de seu dinamismo, como já observara Sapir, – não constitui senão uma situação particular dentro da possibilidade argumentativa que é própria desta construção.

Em outras palavras, Milner parece confundir a zona da escala, em que a comparação se efetua, com fixação superlativa da qualidade. No caso de /28/ e de /29/ a comparação se efetua na zona "alta" da escala e tal fato se verifica, no 1º caso, graças à polaridade de "pomposo" e ao referente do termo comparante, enquanto que no 2º caso o referente do termo comparante (*Einstein*) é suficientemente conotado para que a comparação se efetue na zona da *inteligência* da escala.

Mas isto não significa, em absoluto, que tais enunciados sejam necessariamente equivalentes de superlativos absolutos.

É porque os interpreta como tal, e talvez por não levar em conta um trabalho fundamental como o de Sapir, que o autor é levado a afirmar que com vários adjetivos como *unívoco*, *eterno* etc. – que poderiam ser considerados como adjetivos de grau polar, da mesma forma que "*perfeito*" – são impossíveis os enunciados com *plus* e com *moins* que seriam, segundo suas próprias palavras, próprios dos comparativos de tipo 2, enquanto que a expressão de igualdade *aussi... que* seria ambígua, isto é, poderia significar tanto o superlativo absoluto como uma relação de grau.

Mas, se o que diz Sapir sobre estes adjetivos é exato, frases como

O poema é mais perfeito do que o romance. /31/

O poema é menos perfeito do que o romance. /32/

são perfeitamente possíveis, embora menos "unívocas" e ainda menos "eternas" do que a "universalidade" das conclusões a que Milner pretende chegar.

E o que é mais grave é que a assimilação e a extensão que ele faz da interpretação de Benveniste do comparativo casual no indo-europeu é, sob alguns aspectos, um tanto precipitada.

Primeiramente, Benveniste trabalha exclusivamente com o comparativo de desigualdade e a sua interpretação dos dois tipos de comparativo (casual e com partícula) exclui, praticamente, o comparativo de igualdade, enquanto que Milner, excluindo a possibilidade de os *mais* e os *menos* pertencerem ao seu tipo 1 de comparação, isto é, ao tipo que na verdade constitui um falso comparativo, pois que deve equivaler a um superlativo absoluto, pretende assimilar a tese de Benveniste ao domínio que ela exclui, isto é, o comparativo de igualdade.

Em segundo lugar, se tomarmos as palavras de Benveniste como justas, quando procura alertar-nos para um erro grave de assimilação dos tipos de comparativo em indo-europeu ao único tipo de comparativo que conhecemos, interpretando aqueles através deste, podemos então dizer que Milner comete o avesso do erro, quando interpreta o comparativo no francês moderno à luz dos comparativos do indo-europeu.

Basta, para que tenhamos uma amostra de tal procedimento, acompanhar primeiro o que diz Milner e depois o que diz Benveniste.

Assim Milner (p. 41, nota 18):

> Nous retrouvons par des voies indépendantes et l'étendant aux comparaisons d'égalité, la doctrine de Benveniste touchant les deux marques du comparatif en indo-européen:
>
> "Les deux [citando Benveniste – C. V.] constructions indo-europénnes du comparatif [...] dénotent bien deux catégories de la comparaison. Si on veut les traduire en images typiques, l'une est la comparaison entre une longueur donnée

et un mètre étalon; l'autre, la comparaison qui s'établit par le niveau inégal (ou égal, J. C. M.) des plateaux d'une balance…." (Benveniste, 1958, p. 141).

E logo Benveniste, na mesma página:

> Nous ne connaissons aujourd'hui qu'un seul type de comparatif; cela ne nous dispose pas à comprendre d'emblée pourquoi bien des langues en emploient deux simultanément. De plus, un exemple comme "il est plus grand que moi" est, dans sa simplicité, le plus fallacieux de tous puisqu'il peut comporter en indo-européen deux expressions différentes. On a confondu "simple" et "élémentaire".

E aí está a confusão que mais uma vez se comete, apesar do alerta que a aponta. Tanto mais grave quanto o próprio autor que faz tal aviso é utilizado para apoiar substancialmente o que ele buscou evitar.

Que haja línguas, mesmo modernamente, em que existam diferentes formas de comparativo, comportando ao mesmo tempo diferenças semânticas significativas, tal fato não constitui de modo algum um *a priori* que as demais línguas devam respeitar, e muito menos uma lei universal que determine de maneira estática e categórica as possibilidades de tais variações.

Assim, em polonês parecem efetivamente existir dois tipos de comparativo, que Zuber[8] chama de perifrástico e analítico. Eis como o autor os apresenta e os distingue.

Trata-se de duas construções que superficialmente corresponderiam às duas construções comparativas de superioridade do inglês, onde é possível encontrar o adjetivo precedido da partícula *more*, ou, no outro caso, seguido do sufixo *-er*. A diferença é que, enquanto no inglês as duas possibilidades raramente coincidem no que concerne aos adjetivos, no polonês a sua diferença estaria ligada, não aos adjetivos, mas ao fenômeno da pressuposição lingüística.

A construção perifrástica, que utiliza o advérbio *bardziej* (*mais*), tem uma forma equivalente a:

8. R. Zuber, *Structure présupositionnelle du langage, documents de linguistique quantitative*, 17 – "Association Jean-Favard pour le développement de la linguistique quantitative", Paris, 1972, pp. 60 ss.

a) SN_1 é mais A que SN_2

(onde SN = sintagma nominal; A = adjetivo)

A segunda, que Zuber chama *analítica*, corresponderia ao que está representado em:

b) SN_1 é A – Sfx que NP_2

(onde Sfx = sufixo)

Enquanto a construção perifrástica a) pressupõe b), a construção analítica b) não admite tal pressuposição.

c) SN_1 e SN_2 são A

O autor apresenta, em seguida, uma série de argumentos dos quais guardaremos alguns a título de indicação e de orientação do leitor, seguindo bastante de perto a sua exposição:

1.º) A comparação perifrástica a) não pode ocorrer em frases do tipo:

João é dez anos mais velho que Pedro. /33/

Esta casa é um andar mais alta que aquela. /34/

Tal impossibilidade é dada pelo fato de que em frases desse tipo podem-se comparar objetos independentemente de eles possuírem ou não a qualidade expressa pelo adjetivo. Isto é, estas frases não pressupõem, de maneira necessária, c).

2.º) Frases do tipo:

João não é { *inteligente* / *grande* } *mas ele é mais* { *inteligente* / *grande* } *que Pedro.* /35/

também são impossíveis com a construção perifrástica, uma vez que negam o pressuposto de que

João e Pedro são { *inteligentes* / *grandes* } /36/

3.º) Frases em que a qualidade comparada é representada por um particípio passado passivo de verbos ativos, ao contrário, não admitem senão o comparativo perifrástico a), já que, neste caso, tem-se sempre a pressuposição c). É o caso, por exemplo, do enunciado:

Este livro está mais rasgado do que aquele. /36/

Tal fato, como observa Zuber, pode ser verificado se pensarmos que para estas construções existem sempre paráfrases em que o particípio é substituído pelo verbo, de tal modo que, para /36/, poderíamos ter algo como:

Rasgou-se este livro mais do que aquele. /37/

onde, com toda a evidência, existe o pressuposto de que os dois livros estão rasgados.

4.º) Frases do tipo:

João é mais careca do que Pedro. /38/

João é mais doente do que Pedro. /39/

porque pressupõem, respectivamente,

João e Pedro são carecas. /40/

e

João e Pedro são doentes. /41/

excluem a construção analítica, não admitindo senão a forma perifrástica. Zuber fala em adjetivos categoremáticos como responsáveis por tais pressupostos, isto é, adjetivos cujo sentido não depende do nome que modificam. Como se pode ver, tais adjetivos correspondem aos adjetivos que havíamos chamado independentes do ponto de vista argumentativo, tendo ainda como característica o fato de serem marcados na oposição que semanticamente os constitui.

Sem me alongar por mais tempo na apresentação dos argumentos e da análise que o autor faz destes dois tipos de comparação, acredito que dispomos já de fatos que permitem, a exemplo do que faz o autor, na hipótese de que a sua análise seja boa, considerar a expressão polonesa

$\left.\begin{matrix} \textit{ser} \\ \textit{estar} \end{matrix}\right\}$ *mais A que* SN_2, como um predicado.

Ainda que não entrando no mérito específico desta análise e do modo pelo qual o autor apresenta a distinção das duas formas de comparativo de superioridade em polonês, um fato nos salta aos olhos e justifica a nossa apresentação do estudo de Zuber.

Como vimos, Milner afirma a universalidade dos resultados a que a sua análise do comparativo de igualdade em francês o conduz. Reserva a sua hipótese da analogia entre as relativas e as comparativas a este domínio da comparação e, dentro deste, ao tipo de comparação que Benveniste chama de adequativa no indo-europeu e que ele diz equivaler a um superlativo absoluto.

No corpo de sua demonstração é importante o fato de que o comparativo com *mais* e com *menos* pertença necessariamente ao segundo tipo de sua distinção, em que o fundamental é que a afirmação incida sobre o grau, podendo os adjetivos expressar uma qualidade que é nula.

Ora, em polonês é exatamente o contrário que se passa.

Não só a construção com *mais* é que exprime o seu tipo 1, o "adequativo", como também, e de modo necessário, vemos tratar-se de uma construção com partícula, o que pode mostrar o alto grau de contaminação sofrido pelo antigo comparativo casual das funções que Benveniste lhe atribui.

Foi este alto grau de contaminação do comparativo casual pelo comparativo com partícula, na evolução das línguas indo-européias, que levou muitos comparatistas notáveis, entre eles Gallis (1946) e Small (1924, 1929), a considerar o segundo como anterior ao primeiro, reflexão esta que Benveniste (1948) julga não-pertinente para a análise das funções destas duas formas de comparação no indo-europeu.

Em terceiro lugar, e ainda na linha de nossa crítica a Milner, é preciso dizer que, mesmo no que concerne às expressões proverbiais, a exclusividade do operador *como* enquanto marca específica, no comparativo de igualdade, do antigo valor do comparativo casual do indo-europeu parece não ter nenhum apoio factual.

Assim, em português, para todas as expressões do tipo *doce como mel, feio como assombração, forte como um touro* etc., que são, com toda a evidência, expressões feitas e de tipo proverbial e onde, segundo a sua análise, o segundo termo deve ser considerado como exemplar quanto à qualidade comparada, podem-se encontrar expressões paralelas, e de uso muito comum, do tipo: *doce que nem mel, feio que nem assombração, forte que nem um touro, esperto que nem macaco* etc.[9]

9. Estas expressões podem facilmente ser compreendidas como equivalendo a:
doce que nem mesmo mel é doce
feio que nem mesmo assombração é feia
forte que nem mesmo um touro é forte etc.
Isto é, *nem* compreenderia, de alguma forma, um operador *mesmo*. O valor deste operador é, como vimos, hierarquizar argumentos, dando exclusividade àquele sobre o

Ora, estas expressões, ainda que conservando o seu caráter proverbial, e ainda que o seu segundo termo realize exemplarmente a qualidade comparada, nem por isso deixam de realizar o dinamismo argumentativo da compensação entre o termo comparado e o termo comparante.

Que as construções comparativas possam indicar através dos adjetivos e dos nomes as zonas em que, numa escala objetiva de grau, a comparação se efetua, é um fato que de forma alguma deve ser tomado como um *a priori* determinante da estrutura de tais construções, sob pena de se cometer um equívoco fundamental: o equívoco que, como diz Benveniste, na observação com que epigrafamos este capítulo, nasce de um apriorismo lógico absolutamente indevido, porque conduz a uma interpretação semântica que, dada a pretensão de objetividade lógica que se propõe, não faz mais do que responder a certas circunstâncias de emprego objetivo ou informativo, deixando um residual de fenômenos, que testemunham muito fortemente, para que se possa escondê-los.

Ao contrário, quando se consideram tais construções do ponto de vista do valor argumentativo que lhes é próprio, a descrição semântica que aí se faz não só responde pelas circunstâncias objetivas a que elas se aplicam, como também pelo dinamismo da intersubjetividade onde residem: espaço cheio das motivações profundas do *eu* e do *outro*, em que a linguagem é o instante necessário de toda provisoriedade. Aqui já não há referência fixa e a palavra envolvente torna-se palavra envolvida. Atores das dicotomias da ciência, o sujeito e o objeto transformam-se na relação primitiva do eu e do mundo e criam na passagem um intervalo proibido e brilhante, o intervalo semântico do *interdito*, da proibição.

qual opera. O comparativo *que nem* evidencia, na igualdade, a presença da oposição (pelo valor negativo de *nem*) entre os dois termos comparados, aproximando-a das outras duas formas de comparativo. A combinação de *que nem mesmo* mostra, com toda a força, que a igualdade já é sintoma de uma diferença, argumentativamente falando, porque agora tais enunciados significam necessariamente:
mais doce que mel
mais feio que assombração
mais forte do que um touro etc.

O *grande* e o *pequeno*, o *feio* e o *bonito*, o *forte* e o *fraco*, o *inteligente* e o *burro*, o *triste* e o *alegre* etc. enquanto qualidades que se comparam não predicam nem classificam o mundo do alto de uma ausência – a ausência do eu, que é também ausência do outro.

Porque toda predicação pressupõe uma necessidade: a necessidade lógica do distanciamento e da objetividade. Aí, neste espaço transparente, a linguagem é informativa e as alternativas são claras: o que não e verdadeiro é falso, o que não é falso é verdadeiro. Semântica de contrários e de contradições.

Mas onde os termos não se fixam, lá onde a qualidade é um conceito fluido e as alternativas se multiplicam, onde a dimensão, a medida do outro é também a dimensão do eu, lá, entre a ortodoxia da verdade e da falsidade, entre a distância do objeto e a fixidez do sujeito, entre os atos disciplinados da ciência ou da religião, entre todas as dicotomias, está a linguagem do homem e a sua história.

Se a dialética hegeliana fala nos termos clássicos de tese-antítese-síntese, é preciso agora falar de um quarto termo onde a análise se completou. Aqui, se o movimento persiste, já não é para cumprir o destino de toda dialética, isto é, a superação dos contrários, mas para guardar inevitavelmente a memória de sua própria origem. O eu e o tu, o locutor e o interlocutor deste discurso são o verso e o reverso de uma mesma necessidade e que nenhuma abstração pode anular: a necessidade e a razão históricas que forjam significações de que a linguagem é conivente porque o homem é o envolvido e o envolvente.

Dialética da separação, havíamos dito. Síntese argumentativa, também dissemos. Intervalo da provisoriedade e da existência.

Nenhuma grandeza, por maior ou menor que seja, será jamais absoluta. A inteligência de X, a coragem de Y não serão dadas porque X é inteligente ou porque Y é corajoso. Há um estágio anterior, intermediário, em que a língua refugia a imperfeição da sua humanidade. O *igual*, o *grande*, o *inteligente*, o *forte* serão depois absolutos ainda que negativos, quando as matemáticas formularem os conceitos. A estrutura comparativa mantém-se ainda no canto da subjetividade, da intersubjetividade da linguagem. Ou, como diz Sapir (1969, pp. 162-163), referindo-se à quantidade:

Contrastes, como *pequeno* e *grande*, *pouco* e *muito*, *poucos* e *muitos*, nos dão a sensação falaz de valores absolutos, no que se refere à quantidade, comparável a diferenças qualitativas como *vermelho* e *verde* no que se refere à percepção da cor. Tal sensação é uma ilusão, porém, e em grande parte devida ao fato lingüístico de não estar formalmente assinalado o grau implícito nesses termos, ao passo que o grau está explícito em juízos como "Há menos gente ali que aqui" ou "Ele tem mais leite que eu". Em outras palavras, *muitos*, para só tomar um exemplo, não concretiza uma classe de juízos agrupados em torno de uma dada quantidade normal que se aplica a qualquer tipo de experiência, no sentido em que *vermelho* e *verde* se aplicam a qualquer experiência em que se trate de cor; mas é, propriamente falando, um termo puramente relativo, que perde toda a significação quando privado de sua conotação com "mais que" e "menos que". *Muitos* quer dizer apenas um número qualquer, definido ou indefinido, que é mais que outro número que se toma como ponto de partida. E esse ponto de partida, como é óbvio, varia enormemente segundo o contexto. Para quem contempla as estrelas numa noite límpida, trinta equivale a "poucas" estrelas; para um revisor tipográfico corrigindo erros numa página de prova, o mesmo número pode ser não só "muitos" erros, mas erros "demais". Cinco libras de carne pode ser "muito", e de sobra, para uma família de duas pessoas, mas menos que "pouco" do ponto de vista do aprovisionamento de um batalhão.

2. Compensação Argumentativa: A Diferença na Igualdade

"Iracema, a virgem dos lábios de mel, que tinha os cabelos mais negros que a asa da graúna", escreve José de Alencar, logo na abertura do segundo capítulo de seu conhecido romance[10].

10. José de Alencar, "Iracema", em *Obras Completas*, Rio de Janeiro, Ed. Aguilar, vol. III, p. 196. A descrição da personagem continua sempre como desenvolvimento da estrutura comparativa com que é aberta: "Iracema, a virgem dos lábios de mel, que tinha os cabelos mais negros que a asa da graúna e mais longos que seu talhe de palmeira. O favo da jati não era doce como seu sorriso, nem a baunilha rescendia no bosque como seu hálito perfumado. Mais rápida que a ema selvagem, a morena virgem, corria o sertão e as matas do Ipu, onde campeava sua guerreira tribo, da grande nação tabajara. O pé grácil e nu, mal roçando, alisava apenas a verde pelúcia que vestia a terra com as primeiras águas".

Vê-se mal como Milner poderia explicar o fato de que haja aí duas comparações: a primeira, implícita, de igualdade, e a segunda, explícita, de superioridade, mas ambas traduzindo de maneira inequívoca a doçura dos lábios e o negrume dos cabelos da personagem.

O que dizer neste caso?

Que a primeira, porque de igualdade e porque construída sobre a lembrança proverbial da propriedade do mel, é uma comparação adequativa, equivalente a um superlativo absoluto, cuja estrutura semântica pode ser reduzida à relação sujeito/predicado, enquanto a segunda, porque de superioridade, é uma falsa comparação ou uma comparação de tipo (2) em que a afirmação incide sobre o grau, a intensidade, e não sobre a qualidade?

Mas e quando estas duas comparações ocorrem no mesmo contexto, como é o caso, e na seqüência uma da outra, ambas apresentando propriedades da beleza da mesma personagem, mas de tal modo que exista uma intensificação na forma de apresentá-las (da igualdade para a superioridade) e um processo argumentativo em que a intenção do autor é a de traduzir dinamicamente a própria intensidade desta beleza?

Se na primeira comparação, a de igualdade, a doçura do mel é implicitamente dada como argumento para a doçura dos lábios de Iracema, na segunda, a de superioridade, o negrume da asa da graúna, obedecendo a um processo psicológico ascendente, é dado como argumento para o negrume dos cabelos de Iracema: das duas construções comparativas pode ser tirada a mesma conclusão, isto é, a beleza de Iracema.

Neste sentido, não seria mais simples considerar a existência de um só tipo de comparação, seja de igualdade, de superioridade, ou de inferioridade, harmonizados pelo fato de responderem todos ao mesmo princípio de compensação argumentativa, de que falamos, e considerar o ponto de partida da comparação como um problema de referência do nome ou de marca do adjetivo?

Senão, como seria possível explicar que o processo psicológico que leva o autor de *Iracema* a enunciar a doçura de seus lábios através de uma comparação de igualdade é o mesmo que o leva a enunciar a beleza pelo negrume de seus cabelos, através de um comparativo de superioridade?

No quadro de uma teoria semântica em que o caráter argumentativo da língua seja levado em conta, tal fenômeno pode facilmente encontrar a sua explicação. Fora dele, as coisas parecem complicar-se bastante, porque toda interpretação estática do comparativo tende a obscurecer aspectos importantes da sua significação.

Na análise que propusemos desta estrutura, o movimento crescente da beleza de Iracema encontra a sua expressão no fato de que o comparativo de igualdade se apresenta como um equilíbrio passageiro entre dois pesos de uma balança e que, por isso mesmo, se sustenta por uma oposição entre os dois termos comparados. Tal oposição, que é dinâmica, tanto pode realizar-se no nível das conclusões que se podem tirar de cada um dos termos, ou no nível dos próprios termos, enquanto argumentos equivalentes para uma mesma conclusão. Tal foi o resultado de nossa análise da comparação e do operador *também*.

Em qualquer destas hipóteses, é importante observar, como já fizemos anteriormente, que na comparação de igualdade o 1.º termo, o termo comparado, movimenta-se argumentativamente no sentido do comparativo de superioridade, isto é, no sentido de *mais*, enquanto que o 2.º termo desliza no sentido de *menos*: tal dinamismo pode ser traduzido por uma lei argumentativa que chamamos de compensação, ou, se preferimos uma imagem sensível, podemos, como fizemos há pouco, recorrer ao movimento dos pratos de uma balança. Tal imagem é tanto mais significativa quanto lembramos que tanto Sapir (1969), como Benveniste (1948) a utilizaram.

Diz o primeiro:

> A tendência do uso lingüístico é partir de um conceito já posto em grau *e.g. bom (= melhor que indiferente), mau (= pior que indiferente), grande (= maior que de um tamanho médio), pequeno (= menor que de um tamanho médio), muito (= mais que uma porção razoável), pouco (= menos que um número razoável)*, em virtude do motivo óbvio de que na prática é o conceito de grau, notavelmente alto ou notavelmente baixo, que se torna significativo, enquanto o conceito

geral, que inclui todos os membros da série dos graus, resulta de um processo paulatino de pôr em equilíbrio a *balança* entre os diversos graus. Por isso, as ordens de primazia, do ponto de vista lógico, do psicológico e do lingüístico, não se correspondem necessariamente (p. 166).

E Benveniste a propósito do grego antigo:

Le domaine propre de ce type de comparaison [com partícula] est celui du choix entre deux objets en présence, ce qui est accordé à l'un se trouvant refusé à l'autre. C'est donc une *alternative,* signalée par une véritable *disjonction.* Il n'y a donc plus adéquation du terme A au terme B, mais disjonction entre eux, comme entre les plateaux d'une balance, et la marque de cette disjonction est ἢ qui a bien ici sa fonction propre de disjoindre les membres d'une alternative: Χρεῖττον τεθνάναι ἢ φυγεῖν "mieux vaut mourir que (= ou bien) fuir" (p. 137).

Esta negatividade de um elemento em relação ao outro pode, de modo geral, ser traduzida pela oposição entre o caráter *favorável* e o caráter *desfavorável* das conclusões que podem ser tiradas de um e de outro termo, e o dinamismo de tal concepção seria então representado, segundo a nossa proposta, pelas seguintes escalas argumentativas, onde r = conclusão favorável, ~r = conclusão desfavorável, A e B os termos da comparação e as flechas, o espaço argumentativo da propriedade onde o mecanismo de compensação se realiza:

FIGURA 4

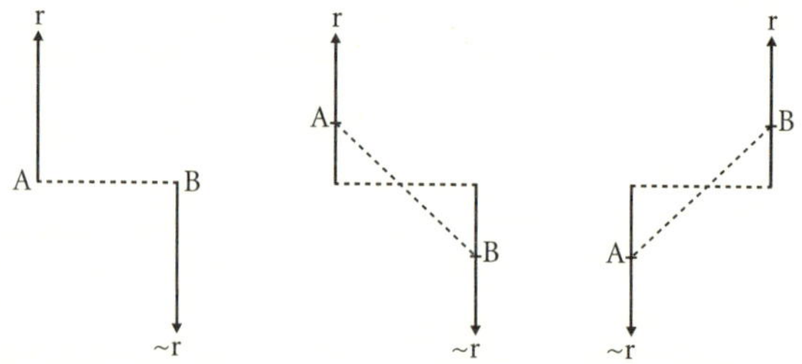

Igualdade a) Superioridade b) Inferioridade c)

O fato de que a igualdade argumentativa contenha já o elemento negativo próprio da adversidade ou da disjunção entre os dois termos, relativamente à propriedade comparada, é, como já dissemos, passível de observação, quando consideramos tal construção no português e nos damos conta de que ela pode formalmente ser representada pela expressão *que nem*, de uso comum, e onde a negatividade aparece de maneira evidente.

Há, além disso, todos os fatos que nos capítulos III e IV apontamos, quando tratamos da igualdade, utilizando certos operadores como *mesmo* que também evidenciavam, já neste nível, a presença de uma oposição implícita dos termos comparados.

Deste modo, parece-me que o trabalho de Milner, se considerado de um ponto de vista dos resultados que a sua análise possa apresentar para a compreensão da estrutura comparativa, isto é, de um ponto de vista semântico, peca por fazer abstração deste dinamismo, da sinestesia, como diz Sapir, que lhe é própria, reduzindo assim as possibilidades de sua interpretação a um estaticismo lógico que omite, por necessidade intrínseca, as marcas de subjetividade que, no entanto, são fortes e fundamentais na comparação.

Se a negatividade entre os sujeitos já se revelava na análise argumentativa que propúnhamos para a comparação e se confirmava na análise do operador *também*, ela também encontrava testemunhas idôneas de defesa nos trabalhos de Valin, de Sapir, de Small e do próprio Benveniste.

Assim como Small, cujo trabalho e interpretação do comparativo já comentamos, Benveniste, que aparece no trabalho de Milner como um ponto de sustentação de sua hipótese, também trata, como já tivemos ocasião de observar, o comparativo (com partícula) no indo-europeu de modo a identificar semanticamente a oposição dos termos comparados:

> la construction avec particule donne un comparatif de nature mécanique et de fonction disjonctive, servant à contraster deux termes mis en alternative par une inégalité extrinsèque (p. 141).

O interessante é notar que Benveniste, sempre tratando do comparativo com partícula, recorre mais de uma vez a esta noção de exterioridade que é, de certa forma, determinante do contraste e da oposição entre os termos, relativamente à propriedade comparada.

Assim, apresentando detalhadamente as duas formas que caracterizam o comparativo indo-europeu, uma, em * -yes- (estendida em * -is-en-) e a outra, em * -ter-, Benveniste (1948, p. 125) apresenta no final da segunda parte de seu estudo o seguinte quadro de características próprias das duas formas:

1.º) O sufixo *-yes- (*is-en-), primário, indica uma modalidade interna; enquanto que * -ter-, secundário, acrescenta a uma qualificação dada uma característica externa;

2.º) * -yes- tem um valor "dimensional";
* -ter-, um valor "posicional";

3.º) * -yes- define quantitativamente; -ter- localiza espacialmente;

4.º) * -yes- é "avaliativo"; -ter- é separativo.

E mais adiante, na conclusão do capítulo, pode-se ler:

> Nous avons dégagé des emplois de la forme em * -yes- cette particularité de sens qui lui est propre, et que nous avons dénommée "dimensionnelle". Il paraît légitime de relier ce caractère sémantique du comparatif en * -yes- au caractère fonctionel de la construction avec cas, de la construction "adéquative" (pp. 142-143).

E, em seguida, opondo as características da construção com partícula:

> Au contraire avec la construction à particule s'exprime une comparaison disjonctive entre deux termes posés en alternative. A cette expression semble bien convenir le comparatif en -tero- qui opère séparation et qui dote l'adjectif d'une qualification extrinsèque.

Até que ponto não seria, então, lícito ver nesta exterioridade a presença mesma da orientação argumentativa da comparação que a nossa análise revelou e que, como vimos, opõe um certo r, que representa de modo geral as conclusões *favoráveis* que se podem tirar de um termo da comparação, a um ~r, que por sua vez representa as conclusões *desfavoráveis* que podem ser tiradas do outro termo da comparação? Tal movimento entre o *favorável* e o *desfavorável* é que produz a idéia de compensação argumentativa que procuramos caracterizar como profundamente significativa para a compreensão da estrutura comparativa.

E, como o português e mesmo o francês não conhecem senão uma forma de comparativo, o comparativo com partícula, parece-nos que o caminho que se mostrou mais acertado para uma explicação semântica de tal fenômeno é aquele aberto por uma teoria semântica argumentativa, tanto mais quanto chegamos a conclusões que, partindo de pontos diversos e de enfoques teóricos independentes, harmonizam com os resultados da análise levada a efeito por comparatistas de renome e principalmente pela intuição e sagacidade de um dos lingüistas contemporâneos mais importantes, Benveniste.

Se nos conformarmos à proposta que aqui fizemos, o problema das comparações em que o termo comparante aparece como carregado de uma referência exemplar não contradiz, mas antes confirma, o dinamismo que é próprio da comparação em português e cujo exemplo pode ser, de modo feliz, tomado no texto de José de Alencar com que abrimos a segunda parte deste capítulo.

Aliás, o próprio Benveniste (p. 142) fala em adequação referencial quando se refere ao comparativo casual e em disjunção correlativa quando se refere ao comparativo com partícula. E, se a expressão do comparativo no português se faz fundamentalmente com partícula, é evidente que o valor desse tipo de construção contaminou e penetrou todo o vazio deixado pela comparação casual. Neste domínio, isto é, o da comparação com partícula, as observações de Benveniste são preciosas para uma justificação de tipo diacrônico de nossa análise argumentativa desta estrutura.

Do mesmo modo que o gótico *pau* e no resto do germânico as formas *pan, panna,* partículas comparativas de sentido adversativo, como mostra Small (1924) e do mesmo tipo que o grego ἤ, o sânscrito *na* e o velho eslavo *li* é, segundo Benveniste (1948), a forma latina *quam* que traduz, ao contrário do ablativo, uma dinâmica de oposição, não difícil de identificar com a descrição que fizemos para o português[11]:

> [...] cet ablatif [...] suppose que le premier terme est rapporté au second pris pour norme. Or une norme est fixe et constante, elle exclut toute restriction ou détermination occasionnelle.
>
> [...] le contraste a pour signal *quam*, qui est lui-même de sens adversatif, ainsi qu'il ressort de l'emploi ancien *tam... quam* où les deux termes s'opposent: *quam malus Homerus, tam bonus Choerilus poeta est.* Ce sens est souligné par Festus 494 citant Titinius: *quamquam estis nihili, tam ecastor simul vobis consului*, et apparaît d'ailleurs dans la relation entre *tam* et *tamen*, entre *quam* et *quamquam*.

E da mesma forma que Small, Benveniste é levado a constatar também a presença de um valor temporal no comparativo:

> Il n'est pas fortuit que le même *quam* soit employé avec le comparatif et avec des adverbes de temps, *ante, post, quam.* C'est le même procédé de disjonction (p. 139).

E numa outra passagem, falando do comparativo com partícula no indo-europeu, ele é categórico:

> Quelle que soit la modalité particulière de la comparaison avec particule, elle énonce toujours un comparatif de notions contrastées, qui se trouvent posées en alternative.

Além disso, se Milner se apóia em Benveniste para reforçar a sua distinção dos dois tipos de comparativo no francês moderno e assim

11. Benveniste dá ainda os seguintes exemplos (pp. 139-140)
– Sânscrito *na*: mrtyur mama śreyãn na punah śclaviplavah ("a morte me parece melhor não (= que) a perda da virtude").
– Gótico *pau*: hvapar ist raihtis azetizo qipan: afletanda pus frawaurhteis, pau qipan: urreis jah gagg? (= "o que é, na verdade, mais fácil de dizer 'teus pecados te serão perdoados' ou (pau = ἤ) dizer 'levanta-te e anda?' ") (Mt, 19: 5).
– *pau*: azitizo ist ulbandau pairh pairko neplos galeipan, pau (ἤ) gabigamma in piudangardja gudis galeipan (= "é mais fácil um camelo passar pelo buraco de uma agulha que (para) um rico entrar no reino de Deus" (Mc, 10: 25).

pretender chegar à determinação de universais, no que concerne à sua hipótese sobre a analogia entre a estrutura comparativa e a estrutura das frases relativas, ele o faz de maneira a perder certas considerações importantes daquele autor, mesmo quando se trata do comparativo casual.

Na verdade, como vimos, Milner insiste mais de uma vez na idéia de que o seu segundo tipo de comparação – o falso comparativo, o comparativo adequativo – equivale semanticamente a um superlativo absoluto. Tal equivalência seria então traduzida por uma relação predicativa precisa, da propriedade e do sujeito da frase, de tal forma que o adjetivo teria, logicamente, um rigor classificatório decorrente do fato de que a predicação se faria como inclusão do termo comparado no conjunto determinado pela propriedade, e de que já faz parte o termo comparante.

É o que aconteceria com um enunciado como:

Pedro é tão inteligente quanto Einstein. /29/

quando considerado como equivalente de

Pedro é inteligente como Einstein. /42/

de tal maneira que a sua significação seria

Pedro é inteligentíssimo. /43/

Entretanto, o que se pode ler em Benveniste (1948, p, 122), quando este fala do sufixo -ι ω ν, formador do comparativo adequativo no grego, por oposição a τερος, qualificador das noções de caráter espacial (posições no espaço e no tempo) e marcador do comparativo de oposição, é o seguinte:

> L'adjectif en -ι ω ν dénote une certaine modalité de la qualité qui doit être appreciée directement par la considération des emplois et en écartant tout recours à un "comparatif".
>
> Prise en elle-même, la forme en -ι ω ν porte une valeur difficile à rendre par un terme unique, qu'on ne peut que cerner par approximations sucessives. Elle signale une qualité en tant qu'elle peut être reconnue de tous, sous son aspect le plus visible, et en même temps comme peu définie et impliquant tous les degrés possibles dans sa manifestation. Tout ce qu'elle énonce est une propriété d'appréciation variable, dépouillée de la limitation que lui imposerait l'expression "positive", et dont le caractère le plus marqué consiste seulement à

n'être pas son contraire. *Mais elle ne definit pas cette propriété comme prédicat absolu et précis.* [Os grifos são meus.]

E mais adiante, comentando o que se passa com os adjetivos desse tipo, no sânscrito:

C'est porquoi en sanskrit les adjectifs en *-īyan*, qui se comportent comme des participes, ont un sens à la fois affirmatif quant à la notion et indéfini quant à ses limites; *-īyan-* tourne seulement en qualité éminente la signification de la racine verbale: *yajzyan* – "qui possède éminemment la qualité de sacrifiant", *vahiyan* "qui transporte remarquablement". En avestique, *aiwivanyah* – "éminemment apte à vaincre" (avec regime à l'accusatif). *Tout ce qui l'adjectif gagne en relief sémantique il le perd en rigueur classificatoire* (p. 123).

Ou ainda, quando fala dos adjetivos em *-ior* do latim, onde se pode, de maneira implícita, mas forte, ver jogar a noção de marca do adjetivo, tantas vezes desenvolvida e utilizada em nosso trabalho:

C'est aussi un trait marquant de la formation em *-ior* du latin: dans *senior (es), prior (es)* on ne trouve rien qui caractérise positivement un certain état de la notion de "vieux" ou "d'ancien"; seule est circonscrite fortement une région sémantique *(sen-, pri-)* par rapport à celle de signe opposé. Même dans une forme sécondaire comme *certior,* cette valeur demeure. Comparons *certum facere* et *certiorem (certius) facere* dans deux passages de Plaute entre bien d'autres: *nimis velim certum qui id mihi faciat, Ballio leno ubi hic habitat* (= "Je voudrais qu'on m'indiquât exactement où il habite" *(Pseud.,* 598); mais *eccum qui ex incerto faciet mihi quod quaero certius (ibid.,* 965) (= "voici quelqu'un qui va me tirer d'embarras et me renseigner" (Ernout): *certum facere* a quelque chose d'absolu et de défini; *certius facere,* parce qu'il fait d'abord ressortir que l'incertitude a pris fin *(ex incerto),* inclut tous les degrés possibles de certitude (pp. 123-124).

E levando adiante a sua análise sobre esta formação do comparativo:

Du fait que l'adjectif en *-yes- n'est pas "positif", il ne comporte pas la notion précise et catégorisée qui est celle d'un adjectif normal. Il transpose directement la signification en une forme nominale qui prédique la qualité sous l'aspect du "*plus ou moins*" (p. 124).

Benveniste define a noção de adjetivo dimensional, que, por sua vez, como vimos, desempenhará um papel fundamental na interpretação do comparativo casual:

> Alors que μέγας, *magnus* affirment l'idée de "grand" comme une qualité définie, qui se spécifie à l'intérieur d'une classe morphologique (dérivés gr. En -α λ ο-, lat. en *-no-*), on voit que μείζων, *maior* signifient "plus ou moins grand". La qualité est affectée d'un indice de variabilité sous le rapport de la *dimension*. Telle nous paraît être la valeur du sufixe: il forme des adjectifs de sens *dimensionnel*. La qualité **meg-yes-* est définie selon l'axe de la dimension, par rapport à **meg-alo* (*mag-no-) qui la pose dans l'absolu. On a donc deux formes parallèles, en latin, par exemple: **mag-no-* "positivement grand" et **mag-yes-* "mesurablement grand", cette dernière forme n'impliquant proprement ni le "plus" ni le "moins", mais seulement une appréhension de la qualité sous l'aspect de la mesure. C'est ce que nous appelons un adjectif "dimensionnel" (p. 124).

Vê-se, assim, que, nem mesmo quando Benveniste trata do comparativo casual do indo-europeu, a idéia de uma predicação pura e simples do adjetivo, isto é, a idéia de que ele tenha um valor classificatório relativamente ao sujeito, não se sustenta. E por isso é difícil entender que Milner tenha procurado a sua autoridade, para defender, neste caso, uma interpretação de superlativo absoluto, quando Benveniste fala de valor dimensional e relativo.

A meu ver, a interpretação de Benveniste das duas formas do comparativo indo-europeu está muito mais próxima da visão de Sapir, que já consideramos, e na qual ele vê a noção de medida como pressupondo a noção de grau.

Em outras palavras, seguindo as sugestões que o nosso trabalho tem feito para a análise semântica do comparativo, poderíamos dizer que as duas formas de comparativo que Milner também tenta identificar nas línguas modernas correspondem a dois estágios psicológicos da apreciação do mundo pelo sujeito falante. No primeiro, a apreciação é dinâmica e argumentativa e permite, num processo de interação do *eu* e do *tu*, a manifestação sensorial de uma imagem do objeto que é pura representação intersubjetiva: seu lugar é o intervalo cindido no indivíduo pelo espelho do outro. Neste sentido ela é argumentativa e dinâmica porque não classifica nem determina, fixando. A predicação que lingüisticamente ocorre é de um tipo anterior à predicação lógica, na medida em que não há distanciamento possível entre o *eu* que enuncia e o objeto enunciado. Presentes na diferença, sujeito e objeto se confundem na igualdade de sua condição histórica. A provisoriedade do sujeito é a mesma que a do objeto: ambos podem tomar-se objeto e sujeito do outro. Este envolvimento que é próprio da argumentatividade traduz-se semanticamente na ambigüidade de que tratamos nos capítulos anteriores, relativa ao que é tema e ao que é comentário, num enunciado comparativo.

A constituição do sujeito e do objeto está ainda na anterioridade intervalar do nascimento da matemática: espaço em que a memória da igualdade é também nostalgia da diferença. *Igual*, *mais* e *menos* são realidades e não conceitos. Por isso a igualdade argumentativa já é passagem para uma diferença: *A é tão p quanto B* enuncia uma igualdade de A e B relativamente a p, mas de modo a apreciar A como provavelmente *mais* e B como necessariamente *menos*. A direção do *favorável* e do *desfavorável* é dada pela presença do *eu* e do *tu* como intenção do ato de linguagem: comparar não é ainda medir e muito menos classificar. É abrir, de forma primitiva, o espaço em que o eu e o mundo poderão, depois, tornar-se na relação lógica do sujeito e do objeto, mas também na relação poética de uma identidade capaz de toda diferença: a metáfora.

Se todo o dinamismo da comparação puder ser-lhe retirado por um processo de redução da relação intersubjetiva a uma relação sujeito/objeto, o que se obtém é uma situação particular em que, se a relação ganha em objetividade e em rigor classificatório, toda a força da estrutura comparativa cede lugar ao silêncio da predicação. Tratase, então, de uma situação lógica onde a igualdade e a diferença serão produzidas estaticamente pela ausência do *eu* e do *outro*.

Este é o sentido do artigo de Sapir que citamos. E a interpretação de Benveniste dos dois comparativos no indo-europeu assenta sobre tal diferença, embora Benveniste não considere nem mesmo o comparativo casual como expressão de uma predicação pura e simples, do tipo *A é p*.

E nisto está, a meu ver, o erro de interpretação de Milner, que é também o erro da maior parte dos trabalhos transformacionalistas sobre a comparação. Que a sua distinção tenha fundamentos sintáticos, ou não, é uma questão que o nosso trabalho não pretende discutir. Mas que tal tratamento leva a conseqüências que obscurecem o valor semântico de tal estrutura é um problema que este escrito não pode negligenciar. E tal problema consiste, como era de esperar, no fato de que a sua concepção da estrutura comparativa é uma concepção estática, onde a igualdade e a diferença são tratadas matematicamente, como relações objetivas entre dois termos, lá onde tais relações são exatamente a expressão de uma intersubjetividade inalienável.

Com efeito, Milner, porque trabalha com um sistema de regras cujo fundamento metateórico é puramente lógico, é obrigado a tratar o comparativo numa perspectiva estática que, se pode ser verificada, no entanto, responde mal pela natureza profunda desta construção.

Assim, mesmo quando trata do que ele distingue como o 1.º tipo de comparativo, o verdadeiro comparativo, ele propõe (p. 51) um sistema de traços semânticos que dêem conta da igualdade e da diferença: (± Igual), (± Superior), de modo que *menos* corresponda a (- Igual, - Superior), *mais* a (- Igual, + Superior) e *Igual* (tão ... quanto) a (+ Igual).

E acrescenta em nota que, tecnicamente, as que dariam conta, numa gramática transformacional, destas diferentes situações semânticas poderiam ser regras de reescritura, do seguinte tipo.

Grau ⟶ (± Igual)
(- Igual) ⟶ (± Superior)

Bastaria, entretanto, lembrar que a igualdade na comparação já é, como a análise argumentativa demonstrou, sintoma de uma diferença para que tal sistema de traços mostre a sua circunstancialidade.

Que se considere, apenas a título de exemplo (voltaremos mais adiante e de forma mais detalhada a este problema), o enunciado:

João é tão grande quanto Pedro e até mesmo quanto Luís. /44/

onde a igualdade entre os termos comparados (*João, Pedro e Luís*) é falaciosa porque esconde uma diferença: *Luís é maior que Pedro* e, se João é tão *grande* quanto Luís, *ele também já é maior que Pedro.* O importante aqui é menos a situação de igualdade que pode evidentemente cobrir uma determinada circunstância objetiva e mais a apreciação que o locutor deste enunciado faz da grandeza de Pedro. E, como se trata de fornecer argumentos que sustentem tal apreciação, o dinamismo psicológico deste ato de fala usa a igualdade entre os termos, para dispor o primeiro (João) no sentido ascendente de uma escala argumentativa orientada segundo as conclusões *favoráveis*, que o movimento da qualidade, em João, determinam.

Compare-se a título de justificação do que dissemos a possibilidade de /44/ com a impossibilidade de /45/:

* *João é tão grande quanto Pedro e até mesmo um pouco menor que Luís.* /45/

É evidente que de um ponto de vista lógico-informatívo tal enunciado pode responder a uma situação objetiva que garanta, semanticamente, a sua condição de verdade ou de falsidade.

Suponhamos, assim, que tenhamos, objetivamente, as seguintes medidas:

Pedro = 1,75 m

Luís = 1,90 m

João terá então a mesma altura que Pedro, o que responde à condição de igualdade da primeira parte da comparação e tendo 1,75 m responderá à condição de inferioridade relativamente ao segundo termo comparante.

Tanto do ponto de vista da verdade lógica como do ponto de vista da informação objetiva, o enunciado /45/ é perfeito, o que, no entanto, é insuficiente para torná-lo aceitável.

Deste modo, vê-se mal como uma descrição da estrutura comparativa feita através de traços semânticos possa conduzir a resultados que não sejam parciais, quando não enganadores.

A impossibilidade de /45/, que diz respeito à natureza argumentativa da comparação, só pode ser explicada fora da rigidez e do estaticismo de uma concepção lógico-informativa da linguagem.

Como dissemos, a igualdade comparada já é, do ponto de vista argumentativo, sintoma de uma diferença. E tal diferença manifesta-se como disposição *favorável* do locutor relativamente ao termo comparado. O operador *mesmo*, como já demonstramos, na posição em que aparece em /45/ evidencia a escolha de *Pedro*, pelo locutor, como tema do enunciado, enquanto que o que se segue – o comentário – é apresentado como argumento, necessariamente *favorável* ao primeiro termo, no que diz respeito à qualidade comparada.

Como a segunda parte da comparação contradiz o movimento argumentativo da primeira – *tão* caminha no sentido de *mais* e *menos*, invertendo a escala argumentativa, contrária à primeira – o enunciado é semanticamente bizarro, ainda que alguém que tenha 1,75 m de altura possa objetivamente ser considerado como alto.

Um outro ponto interessante do tratamento argumentativo da comparação e também ligado ao problema do dinamismo semântico desta construção como alternativa à concepção estática que, em geral, está implícita nas formas como ela é tratada pode ser ainda anotado a partir de uma observação feita por Milner.

Sempre na linha da distinção entre os seus dois tipos de comparativo o autor diz (pp. 36-37) que, num enunciado francês como

Pierre est aussi intelligent que Paul. /46/

o adjetivo é determinado por *aussi que* e não pode receber outras modificações de grau, de modo que não se pode ter frases como

* *Pierre est aussi très intelligent que Paul.* /47/

embora – é ainda Milner quem o observa – a interpretação semântica deste enunciado não seja impossível.

Entretanto, ele se contenta em anotar esta impossibilidade e assim compará-la com a "normalidade" de uma ocorrência do tipo

Pierre est très intelligent, autant que Paul. /48/

o que para ele constitui um traço revelador da distinção que propõe entre um verdadeiro e um falso comparativo.

Como se pode observar na transcrição quase literal que fizemos das palavras de Milner, o problema para ele é de natureza sintática porque, como ele diz, "a sua interpretação semântica não seria impossível".

Que haja restrições de natureza sintática sobre o emprego de *très* em francês, e mesmo de *muito* em português, é um fato que não pretendemos discutir neste trabalho, porque lhe escapa aos propósitos. Mas que Milner, que tem tais propósitos, não o aprofunde, nem procure explicá-lo é uma questão um pouco mais delicada ainda quando, sem que seu olhar pousasse mais demoradamente sobre o valor semântico das construções comparativas, ele também afirma a possibilidade de uma interpretação, que na realidade é preciso explicar como impossível.

Mas para tanto, se se quisesse buscar uma explicação semântica para a mesma impossibilidade de ocorrência de *muito*, no português, como o comparativo de igualdade *tão que*, seria preciso, mais uma vez, sair dos quadros de um tratamento lógico da comparação e aventurar-se pelos intervalos proibidos da argumentatividade. Aí então veríamos que mesmo semanticamente – se a semântica é agora entendida na amplitude dinâmica de um espaço, onde a enunciação se produz – tal ocorrência é impossível.

Tomemos o enunciado português correspondente ao enunciado /47/ do francês:

* *Pedro é tão muito inteligente quanto João.* /49/

em que a mesma estranheza se revela. E tal estranheza, como dissemos, é fundamentalmente de natureza semântica.

Como explicá-la então?

Acredito que a resposta não seja difícil e que, embora a nossa intenção não seja absolutamente poder responder a todas as objeções imagináveis e, assim, garantir a eternidade de nossa visão argumentativa da linguagem, o que seria paradoxal com a dinâmica que lhe é implícita, tal fato pode encontrar, no interior de uma teoria semântica, a sua explicação.

Com efeito, se lembrarmos que, do ponto de vista argumentativo, existe uma dissimetria evidente entre os três estágios da comparação, isto é, entre o *tão*, o *mais* e o *menos*, as coisas se esclarecem de modo bastante natural.

Tal dissimetria resulta do fato de que a igualdade já é, como dissemos, sintoma de uma diferença, de tal forma que o *tão* coloca-se, na escala argumentativa determinada pelas conclusões *favoráveis* que se possam tirar da "inteligência de Pedro", do lado, ou no sentido do *mais*, e não do *menos*.

Deste modo *tão* é um equivalente semântico de *tanto* que sempre significa *muito*, ainda que este *muito* seja apenas produzido no nível da percepção do locutor e não corresponda a nenhuma quantidade ou medida real ou imaginária, como quando o amante impaciente, depois de cinco minutos à espera da amada retardatária, diz quando a vê chegar:

Esperei tanto por você! /50/

E obviamente é este o mesmo *tanto* que aparece nas comparações do tipo

O livro era tanto bonito quanto falso. /51/

Se não há simetria na relação entre a igualdade e a superioridade, e a igualdade e a inferioridade, isto é, se o *tão* não aparece como um ponto intermediário, eqüidistante do *mais* e do *menos*, porque argumentativamente ele se movimenta já no sentido do primeiro e distanciando-se do segundo, então a impossibilidade de *tão muito* pode ser explicada como um fenômeno de forte redundância semântica, que a língua prescinde e exclui.

Por outro lado, o fato de dizer que o *tão* se coloca argumentativamente do lado do *mais* implica dizer que não existe um *tão* que se coloque do lado da *inferioridade* e, se tal fato se verifica lingüisticamente, creio que podemos dizer que dispomos de fortes argumentos para afirmar a pertinência de nossa interpretação.

Com efeito, o fato de não haver, do ponto de vista argumentativo, uma igualdade voltada para a inferioridade encontra na língua a sua expressão na possibilidade de se ter, de modo bastante natural, *tão pouco*, mas não * *tão muito*.

Isto significa que, não havendo simetria entre os três estágios, e porque a igualdade já é disposição para a superioridade, o modo pelo qual a língua compensa tal dissimetria é impedindo de um lado a sobrecarga pela redundância e permitindo, do outro, o abaixamento pela explicitação.

A mesma análise que explica a impossibilidade * *tão muito* deve também poder explicar a possibilidade de *tão pouco*, como, por exemplo, num enunciado do tipo:

Pedro é tão pouco inteligente quanto João. /52/

E se tal análise consegue ainda mostrar que estão aí em jogo fenômenos semânticos que não podem ser relegados a simples fatos de decorrência sintática, é que a semântica, que assim se concebe, é, ela própria, um universo teórico em que os limites do formalismo perdem a nitidez e a dominação e se invadem do mundo, da história e do indivíduo.

3. Outras Línguas: Na Diversidade das Construções Comparativas, a Resistência do Valor Argumentativo

O anseio de universalidade, que não é senão o projetar contínuo da extensão, no espaço, de uma verdade teórica sobre a extensão, no tempo, de uma aspiração moral, a eternidade, motiva agudamente a ciência, mas também mistifica tragicamente o homem.

E quando se trata do que se convencionou chamar a área das ciências humanas, tal mistificação pode ter resultados penosos, mesmo se se considerar apenas o lado do conhecimento que tais ciências se propõem desenvolver.

A lingüística teve e tem nesta aspiração de objetividade, que contaminou no século XX as demais Ciências Humanas, uma responsabilidade de que ela não se pode escusar.

E é esta responsabilidade que tem levado muitos lingüistas e muitos filósofos a redimensionar o problema de uma objetividade que já pesava como conceito inerente da linguagem, quando, na realidade, o que se passa é uma redução desta a um universo lógico, em que a necessidade mais profunda é, não a que a língua natural determina, mas o que a redução ao sistema impõe.

Basta aventar uma hipótese – e o sintaxismo lingüístico teve um papel importante em tudo isto –, trabalhá-la no nível da substituição do fenômeno pela axiomática, encontrar alguns fatos numa dada língua que respondam às necessidades criadas pelas regras, buscar aqui e ali em outras línguas e em outras civilizações fatos que também se acomodem, e está pronto um universal de linguagem.

É preciso dizer que há em tudo isso pretensão demais e uma certa concepção retilínea do homem e da linguagem.

No caso específico da comparação, as coisas não se passam de outra forma, apesar dos estudos e da profundidade das observações de lingüistas da força de um Benveniste.

Tal como Small (1924, p. 18) já o observara de um modo bastante geral quando dizia que muitas línguas primitivas não conheciam uma estrutura sintática específica de comparativo, mas que nem por isso deixavam de exprimir a comparação, através, por exemplo, da disjunção, da adversidade, da oposição de dois termos relativamente a uma dada propriedade, Benveniste (1948, pp. 125-127), agora de maneira mais detalhada, dedica toda uma parte de seu estudo sobre a comparação a mostrar com exemplos concretos o absurdo de uma concepção que pretende projetar universalmente o tipo de estrutura sintática comparativa que aparece nas línguas indo-européias sobre toda língua.

Diz ele:

> Il faut d'abord écarter l'idée qu'une forme de comparatif doive nécessairement apparaître en toute langue ou à un certain point du développement de toute langue. L'expression de la comparaison n'a nul besoin d'une forme spécifique de "comparatif". Comparer deux objets est une opération mentale dont se montrent capables tous les hommes, si rudimentaire que soit leur culture, et cette opération ne requiert pas de forme linguistique spéciale. Il suffit d'énoncer successivement deux objets en leur donnant des prédicats de sens contraire pour que la comparaison soit effectuée (p. 126).

É o que acontece, por exemplo, em *Sa'a*, falar melanesiano das ilhas Salomão, onde este procedimento analítico é utilizado para exprimir uma comparação:

ile nihou e diena, ile niweu e 'aela (literalmente: um (*ile*) este (*nihou*) ele (*e*) bom (*diena*), um (*ile*) aquele (*niweu*) ele (*e*) mau (*'aela*))[12].

Isto é: "Este é melhor do que aquele".

E Benveniste acrescenta:

12. W. G. Ivens, *Dictionary and Grammar of the Language of Sa'a and Ulawa, Solomon Islands*, Washington, 1918, p. 150 (citado por Benveniste, 1948, p. 126).

La comparaison est implicite dans l'énoncé antithétique. Toutes les langues peuvent recourrir à ce moyen, même quand elles disposent d'une expression morphologique (p. 126).

Um outro tipo de procedimento lingüístico para exprimir a comparação, também anotado por Benveniste, consiste em dizer algo como:

"ele é grande a partir de mim" (ou: a mim, que mim)

que é bastante comum encontrar em diversas línguas.

Assim, em indo-europeu é o caso da expressão hitita:

ANA ERIN^{meš} – KAERIN^{meš} – IA mekki

(= *à tes fantassins mes fantassins sont nombreux* = os meus são mais numerosos que os teus).

Ainda no indo-europeu, o armênio:

es em hzawr (ou *hzawragoyn) K'an zna*

= "eu sou forte que ele"

Em indo-europeu, é o caso, por exemplo, do *dameli*, falar dardo do Chitral[13]:

ai tō ta bálō thum

= "eu sou mais grande que você"

lit./*: "eu *(ai)* você-de (*tō-ta*) grande *(balō)* sou *(thum)*".

Em persa popular, principalmente no persa Kābulī, diz-se comumente:

az mā kalān ast.

"de mim ele é grande"

Em semítico, árabe:

huwa afsalu minni

ele (é) superior de mim *(minni)*"

Em turco:

ben-den-büyük

"(ele é) de-mim *(ben-den)* grande"

Em georgiano:

čem-ze didia

"sobre mim *(čem-ze)* ele é grande"

* Lit./ = literalmente.

13. Citado por G. Morgenstierne, *Norsk Tideskr. for Sprogvid.*, XII, 1942, p. 191 (*apud* Benveniste, 1948, p. 126).

Em ob-ougrien (zyriène):
meiś uilin
"de mim *(meiś)* ele é alto"
Em esquimó:
Nanu tuytumit alaiBuq
"O urso é mais grande do que a rena"
lit./: "o urso *(nanu)* da rena *(tuytumit)* (é) grande" *(alaiBuq)*[14]
Em kalispel:
Cin-Ku túnt talanui
"mim *(cin)* grande *(Ku túnt)* de *(tal-)* você *(anui)*"[15]
Em malganês:
Sambatra noho hianao izy[16]
"ele é mais feliz que você"
lit./: feliz *(sambatra)* que *(noho)* você *(hianao)* ele (*izy*)"
Em melanês (Sa'a):
e païne mwaani-e
lit./: "ele *(e)* grande *(païne)* a partir de *(mwaani)* ele *(e)*"[17]
Em houailou (Nova Caledônia):
na Kamo Ka Kau ray nya na cē
"ele é um homem mais grande que eu"
lit./: "ele *(na)* pessoa *(kamo)* que *(ka)* grande *(kau)* desde *(rai)* eu *(nya)* ele-mesmo *(na-cē!)*"
na viKoe ji rai nya
"ele é mais que eu"
lit./: ele *(na)* mais *(viKoe ji)* desde *(rai)* eu *(nya)*[18]

Continuando, Benveniste observa que não há muitas línguas que adotaram uma forma especial como marca do comparativo e entre estas cita as seguintes com os respectivos exemplos (p. 127):

14. M. Swadesh, "Chitimacha", em *Linguistic Structures of Native America*, p. 46, citado por Benveniste, 1948, p. 126.
15. H. Vogt, *The Kalispel Langu*, § 193, 1928, p. 67.
16. Malzac, *Grammaire malganaise*, § 77, 1935, p. 28 (citado por Benveniste, 1948, p. 127).
17. W. G. Ivens, *op. cit.*, p. 64 (citado por Benveniste, 1948, p. 127).
18. Leenhardt, *Vocabulaire et grammaire de la langue houailow*, 1935, pp. 137, 246 (citado por Benveniste, 1948, p. 127).

fino-úgrico:
formas em -mp-:
fino:
vanha- "velho": *vanhenipa;*
Ku-mpi "qual dos dois"
o árabe:

A forma do tipo *af'alu* denominado *ism attafsila* "nome de superioridade" e que é uma espécie de "*elativo*", que Benveniste comenta do seguinte modo:

> formation curieuse qui met la qualité sur le plan d'une couleur ou d'une infirmité, en lui donnant une valeur signalétique: *ahsanu* "plus beau", *akbaru* "plus grand", formés comme *azraqu* "bleu", *ahdabu* "bossu", *a'raju* "paralytique"; donc, à peu près "affecté de grandeur" (*akbaru*) comme "affecté d'une bosse" (*ahdabu*) (p. 127).

E aqui, como se pode ver, as marcas morfológicas do comparativo são produzidas inteiramente por um processo figurativo onde a metáfora exerce um papel fundamental.

Benveniste cita ainda os seguintes casos:
o leto:
que cria um comparativo em *-āks*;
o gaulês:
em *-ach*, provavelmente comparável, segundo ele, ao anterior;
o basco:

com um sufixo *-ago*, de emprego variado: *ederr* "bonito": *ederrago* "mais bonito"; *gizon* "homem": *gizonago* "mais homem"; *maiz* "freqüentemente": *maizago* "mais freqüentemente"; *gugana* "para nós, em nossa direção": *guganago* "mais para nós, mais em nossa direção" etc.

Assim, diz-se em basco:
ni baino handiago da
"ele é mais grande (maior) que eu"
lit./: eu (mim) *(ni)* que *(baino)* grande-mais *(handi-ago)* ele é *(da)*.

Benveniste fecha esta terceira parte de seu estudo sobre o comparativo com as seguintes palavras:

> Cette revue rapide, illustrant sommairement les moyens employés pour la comparaison, montre que ces moyens sont multiples, même au sein d'une même langue, et plus variés que ne semblerait l'exiger une notion réputée simple (p. 127).

E, mais adiante (p. 133), comentando também a complexidade desta estrutura no indo-europeu, no que concerne particularmente à construção casual, e depois de ter discutido o problema geral da substituição de um caso "sociativo" por um caso "separativo" em várias línguas, incluindo o germânico, pode-se ler o seguinte:

> La question n'est d'ailleurs pas limitée au germanique ni simple en germanique même, où le génitif et l'instrumental sont aussi in cause; le sanskrit, outre l'ablatif, fait usage de l'instrumental; peut-être aussi l'ablatif latin répond-il partiellement à l'ancien instrumental.

Um outro processo de realização do comparativo é ainda apontado por Campbell & Wales (1969, pp. 238-239)[19] e pode ser encontrado em muitas línguas africanas e em algumas línguas sino-tibetanas.

Ele consiste no uso de um "pro"-verbo comparativo cujo sentido corresponde mais ou menos ao sentido de "ultrapassar" ou "exceder".

Assim, em vietnamita, segundo Thompson (1965)[20], há três destes verbos: *hon, quá* e *băng*, cujo emprego pode ser ilustrado nos seguintes exemplos, todos citados por Campbell & Wales:

Tiền này hon tiền cúa tôi

"Esta quantia de dinheiro é maior do que a minha"

lit./: "Dinheiro este ser-maior dinheiro classificado possessivo mim (eu)"

Cô Lan mua hon cô Hồng

"A Senhorita Lan comprou mais que a senhorita Hong"

lit./: "A jovem dama Lan comprou ser-maior a jovem dama Hong"

Ông ấ ốm hom tôi

19. R. N. Campbell & R. J. Wales, "Comparative Structures in English", *Journal of Linguistics*, vol. 5, n. 2, out. 1969, pp. 215-251.
20. L. C. Thompson, *A Vietnamese Grammar*, Seattle, University of Washington Press, 1965.

"Ele é mais doente que eu"

lit./: "Classificador macho aqui-referido – ser doente ser – mais doente eu (mim)"

Cái ghĩ này to băng cái Kia

"Esta cadeira é tão grande quanto aquela outra"

lit./: "Classificador geral cadeira esta ser-grande ser igual classificador geral aquela".

Outras línguas apresentam, ao lado destes mecanismos, procedimentos casuais (dativo ou ablativo geralmente) para a construção do comparativo.

Tal variedade de métodos pode, por exemplo, ser encontrada no Tswana[21] e os exemplos que seguem são também citados por Campbell & Wales:

Baruti abolthale gofeta Kgômindinsti

"Baruti é mais inteligente que Kgômindintsi"

lit./: Baruti inteligente para ultrapassar Kgômindintsi

Nua Kemolêêlê gogaisa rrê

"Eu sou mais alto que meu pai"

lit./: "Eu alto para exceder pai-meu"

Órata dínô gofeta dijô

"Ele gosta mais de bebida que de comida"

lit./: "Ele-gosta bebida para ultrapassar comida"

Nestes exemplos um comparativo verbal infinitivo é empregado.

Tlôu ekgolo bogo go-Kubu/mô-Kubu-ng

"Um elefante é maior que um hipopótamo"

lit./: "Elefante grande mais locativo – hipopótamo"

Órata dinô bogolo go-dijô/mô-dijô-ng

"Ele gosta mais de bebida que de comida".

Nestes dois exemplos, como observa Campbell & Wales (p. 239), a partícula comparativa *bogolo* é obrigatoriamente seguida de um nome locativo, ora pessoal (go-) ora impessoal (mô-... -ng).

Tlôu ethata mô-Kubu-ng

"Um elefante é mais forte que um hipopótamo"

21. D. T. Cole, *An Introduction to Tswana Grammar*, London, Longmans, 1955.

lit./: "elefante forte locativo-hipopótamo"

Neste caso, como não há partícula comparativa, o locativo é obrigatoriamente impessoal.

Todos estes exemplos, que não pretendem, de nenhuma forma, ser exaustivos dos procedimentos utilizados nas línguas naturais para a realização do comparativo, isto é, que não têm nenhum valor exemplar, podem, no entanto, ilustrar a diversidade de recursos e de formas que morfológica e sintaticamente marcam a estrutura comparativa.

Por isso, e como já observara Benveniste, é um pouco abusivo, senão bastante mistificante, selecionar em algumas línguas alguns fatos que, respondendo a uma determinada hipótese feita sobre uma língua particular, pretendem a representatividade dos mecanismos e procedimentos profundos implicados na comparação:

> Toutes les études sur le comparatif commencent par cette question: "En quoi consiste une comparaison? Que fais-je quand j' énonce: mon frère est plus grand que moi?" Et invariablement l'auteur répond par une définition logique et facile, que sa facilité n'empêcherait pas d'être vraie ni sa logique d'être constante, si elle n'avait le défaut de préparer la conclusion avant l'examen des faits et de transposer en catégorie universelle un mécanisme lié aux structures des langues modernes, occidentales et normalisantes (p. 141).

O artigo de Campbell & Wales, citado, não foge à regra.

Trabalhando dentro do quadro geral das hipóteses substanciais da gramática gerativa, os autores divergem, entretanto, num nível formal, do tratamento da comparação proposto por Chomsky e desenvolvido por outros lingüistas, entre eles Milner.

Assim, o estudo destes autores situa-se, formalmente, como uma proposta dentro da linha da Semântica Gerativa, por sua vez contrária à concepção interpretativa da semântica; esta, por sua vez, ligada ao que se convencionou chamar gramática gerativa transformacional *standard*[22].

22. Não entro aqui no detalhe desta disputa cuja bibliografia representa em grande parte toda a produção do transformacionalismo lingüístico. Para uma apresentação e dis-

Dentro da preocupação teórica própria da Semântica Gerativa e em particular dentro dos objetivos de construção de uma gramática de casos para as línguas naturais, tal como ela aparece, por exemplo, nos trabalhos de Fillmore (1965, 1967, 1968) e Anderson (1971)[23], Campbell & Wales explicam a comparação, recorrendo ao aparato formal do cálculo dos predicados para constituir-lhe a estrutura profunda que, ao contrário da proposta por Chomsky (cf. cap. VI), por exemplo, para as frases inglesas

John is bigger than Bill. /53/

John is as big as Bill. /54/

derivaria a comparação de uma única seqüência de base e não de duas frases simples. Tal concepção os autores a representam (p. 222) pela seguinte figura:

FIGURA 5

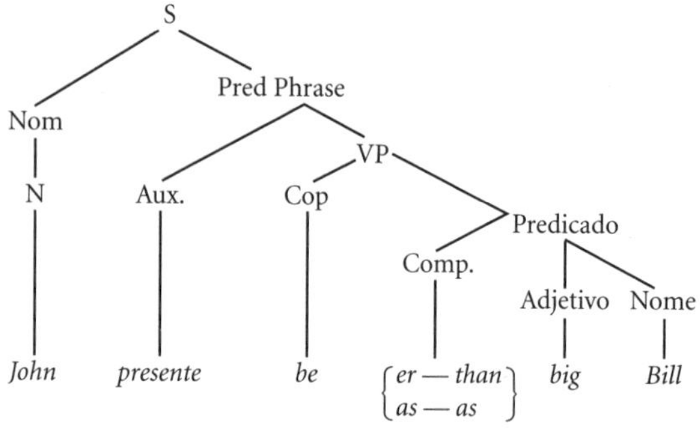

Por outro lado, baseando-se na hipótese da analogia entre o Adjetivo e o Verbo (e aqui se pode sentir a distância desta concepção relativamente às que se baseiam na hipótese chomskyana da analogia

cussão mais detidas deste problema, remeto à minha tese de mestrado: *Une introduction au problème de la sémantique dans la grammaire générative*, onde alguns artigos significativos dos anos em que a divergência era mais intrincada são retomados e onde ainda se pode encontrar uma bibliografia específica do problema.

23. Ch. Fillmore, "Entailment Rules in a Semantic Theory", Ohio State University (POLA Report n. 10, pp. 60-82), 1965. Idem "A Proposal Concerning English Prepositions", MSLL, 17, 1967. Idem "The Case for Case", em E. Bach & R. T. Harms (orgs.), *Universals in Linguistic Theory*, New York, Holt, Rinehart & Winston, 1968. J. M. Anderson, *The Grammar of Case – Towards a Localist Theory*, London and New York, Cambridge University Press, 1971.

entre o Adjetivo e o Nome), apresentada e discutida entre outros por Lyons (1968)[24], tal artigo pretende tratar a comparação a um nível profundo em termos de predicado a dois argumentos:

> At any rate, the high incidence of comparative 'verbs' shows that we are not wrong in looking for a parallelism between comparative structures and di-nominal verb structure (p. 239).

Embora a análise de Campbell & Wales seja menos restritiva do valor do comparativo do que o tratamento que lhe dão os seguidores de Chomsky e embora ela consiga evitar até certo ponto a armadilha que consiste em atribuir a predicação da qualidade comparada ao termo comparante, como o faz a teoria *standard*, nem por isso ela consegue evitar o estrabismo que a sua teoria impõe, e a miragem que a comparação ilude.

No primeiro desvio, os autores são levados, da mesma forma que os seus antagonistas de terreno, a sonhar com a universalidade de sua proposta e a conceber o comparativo como uma estrutura cujos termos se relacionaram, de maneira geral, segundo um esquema de traços casuais do tipo Nominativo (P locativo) e onde o comportamento da comparação pode ser aproximado do comportamento lingüístico das frases passivas, o que de alguma forma recupera a tradição de uma certa concepção instrumental do termo comparante, remetendo esta construção às formas casuais de expressão, que ela conheceu no indo-europeu ou mesmo conhece em outras línguas contemporâneas.

Mas a precariedade de tal pretensão, prova-a a própria divergência, no interior da gramática transformacional, das hipóteses gerais sobre, de um lado, a analogia do Nome e do Adjetivo e, do outro, do Adjetivo e do Verbo.

Como dissemos, pois que as línguas existem e estão aí, é sempre possível e mesmo provável, com um índice forte de certeza, que muitas línguas atestem este ou aquele mecanismo de comparação. Mas

24. J. Lyons, *Introduction to Theoretical Linguistics*, London and New York, Cambridge University Press, 1968.

a diversidade é, como mostraram os exemplos que citamos, bastante grande, e o importante neste caso é menos saber se tal ou qual hipótese responde fixamente por todas as possibilidades lingüísticas de comparação, sobretudo quando a sua profundidade permanece fechada nos limites de uma imobilidade que, tanto do ponto de vista sintático como do ponto de vista semântico, exclui todo o universo pragmático que, no entanto, esta estrutura lingüística implica.

E nisto reside o segundo desvio do olhar de Campbell & Wales: o rigor lógico de sua concepção é o preço da rigidez de seu objeto.

Mas para tal ilusão não há remédio, quando as diferenças teóricas são internas à igualdade de hipóteses externas ou substanciais. Porque, por maior divergência que haja entre duas tendências lingüísticas que, no limite, concebem as estruturas geradoras das línguas naturais como estruturas de transparência lógica, ela não poderá jamais pousar o olhar do lingüista sobre o muro desta transparência e permitir-lhe imaginar-se do outro lado.

Para não citar mais do que um exemplo dos resultados a que a análise de Campbell & Wales conduz, tomemos os seguintes enunciados comparativos, que traduzo para o português e que os autores identificam como tendo, entre si, uma relação de sinonímia (p. 245):

João é maior do que Pedro. /55/

Pedro é menor do que João. /56/

Digamos que, em um certo nível de análise semântica, tais enunciados possam responder a uma mesma situação objetiva e serem, neste sentido, do ponto de vista informacional, equivalentes.

Assim, se Pedro e João medem respectivamente 1,70 m e 1,80 m, /55/ e /56/ são verdadeiros e transmitem exatamente a mesma informação.

Mas a circunstancialidade desta situação objetiva é tal que não resiste ao menor movimento argumentativo.

Com efeito, basta que nos dois enunciados acrescentemos o operador *ainda* para que esta pretendida equivalência estoure e mostre a face de uma diferença que a argumentatividade da comparação esconde e revela:

João é ainda maior do que Pedro. /57/

Pedro é ainda menor do que João. /58/

Se a nossa análise do operador *ainda* (cf. cap. III) é correta, vemos imediatamente que agora estes dois enunciados já não podem de forma alguma responder à mesma situação objetiva.

Porque no caso de /57/ é preciso admitir que Pedro já é grande para que a grandeza de João seja considerada excessiva, enquanto que no caso de /58/ é preciso, ao contrário, admitir que "João já é pequeno" para que a "pequenez" de Pedro seja considerada um excesso.

Evidentemente, podemos imaginar uma civilização onde uma pessoa que tenha 1,70 m seja considerada grande e, portanto, 1,80 m uma medida excessivamente grande; ou, caso contrário, uma civilização, um povo de gigantes, por exemplo, em que ter 1,80 m seja pouco e ter 1,70 m, excessivamente pouco.

Mas o importante é que o mesmo locutor jamais produziria estes dois enunciados para apreciar a mesma situação, na medida em que eles trazem, na sua própria disposição, as marcas de uma contradição argumentativa insuperável.

E dizer que o mesmo locutor não os produziria como sinônimos significa dizer, em outras palavras, que é impossível considerá-los fora de uma concepção pragmática integrada das línguas naturais, pois que é impossível evitar as marcas de subjetividade que, por exemplo, no caso da comparação, orientam e determinam o seu valor semântico.

Neste sentido, uma teoria semântica argumentativa é uma concepção da linguagem em que as distinções tradicionais e estanques entre sintaxe, semântica e pragmática revelam, no reverso de sua objetividade, o artificialismo de sua construção. É, ainda neste sentido, que se pode dizer, ao contrário das tendências lingüísticas que vêem a pragmática como uma etapa secundária e dependente relativamente ao estágio da descrição "gramatical" das línguas naturais, que o estudo da argumentatividade lingüística aparece como um caminho possível para a concepção e constituição de uma pragmática integrada.

4. *Tão ... Quanto*: Igualdade Informativa e Diferença Argumentativa

Os tratamentos que se têm dispensado à comparação, dado o logicismo das categorias e conceitos que os sustentam, não conseguem distinguir aspectos importantes do seu valor semântico e acabam por separar-se em oposições estanques, quando é preciso assumi-las como coexistentes, mas em níveis diferentes da análise lingüística.

Tomemos o caso do comparativo de igualdade e anotemos imediatamente o impasse das observações preciosas de Campbell & Wales (1969, p. 241) sobre as divergências quanto ao valor semântico de um enunciado simples do inglês como:

a) *John is as tall as Bill.*

Dizem eles:

> [...] Sentences such as a) seem to present problems: Idiolects vary on this point. Some speakers maintain firmly that a) must be glossed by
>
> b) *John and Bill are of equal height*
>
> others maintain no less firmly that John may, in fact, be taller. It may well be that both factions are wrong and that the correct view lies somewhere between. For consider,
>
> c) *John is as rich as anyone here*
>
> clearly, the 'exactly equal' school of thought has problems here, as they do in another way with
>
> d) *John is not as tall as Bill*
>
> whereas, the "greater than or equal" faction have problems in so far as the more "normal" interpretation of a) must be glossed by b), even if that glossed by
>
> e) *John is at least as tall as Bill*
>
> is possible. Clearly, the existence of such sentences as e) and similar sentences with *just, exactly, easily*, etc. reflects this plasticity of meaning (notice that we prefer to avoid the term "ambiguity", since it is difficult to see how such an ambiguity might be structurally marked).

Assim, embora percebendo a "plasticidade de sentido" da construção comparativa e observando com justeza a divergência de "escolas" na interpretação da igualdade, os autores não conseguem superar o impasse que os fatos parecem criar, pois, se justificam uma tendência, podem também justificar a outra.

O problema, como dissemos, está em que uma análise semântica da comparação, cujos fundamentos sejam puramente lógicos – quer ela opere como interpretação das relações entre categorias sintáticas, quer ela produza já estas relações e as conceba como o nível mais profundo de uma língua, nos termos fornecidos pelo cálculo dos predicados – é incapaz, como acontece com toda concepção excessivamente sistemática do mundo, de sair dos limites que o sistema que a concebeu lhe impõe.

Tais limites exigem uma tal rigidez da descrição e da explicação de um fenômeno que obriga o lingüista a escolher entre alternativas semânticas que não existem senão por estrabismo teórico.

Assim, quando Campbell & Wales preferem o termo "plasticidade" ao termo "ambigüidade", eles o fazem sob a precaução que lhes é aconselhada pela ausência de marcas estruturais que justifiquem o segundo.

Entretanto, bastaria passar o olhar para além da fixidez dos "traços semânticos" com que se pretende dar conta da comparação, para perceber que existe, nesse tipo de construção, uma ambigüidade estrutural fortemente marcada no que concerne à relação tema/comentário e cujo mecanismo pode ser posto em evidência, quando se considera o valor argumentativo dessa construção lingüística.

Com efeito, tal como a nossa análise mostrou, esta ambigüidade semântica que se traduz como reciprocidade de funções (o que é tema pode também ser comentário e vice-versa) está intimamente ligada ao movimento argumentativo da comparação e impede que a sua visão totalizante possa representar-se nos termos absolutos e fixos de uma relação de tipo lógico, tal como é a relação predicado/argumento.

Neste sentido, a nossa análise dizia que num enunciado como:

João é tão grande quanto Pedro. /59/

o *tema* pode ser tanto *João* quanto *Pedro,* assim como o comentário pode ser *Pedro* ou *João*, relativamente à "grandeza" comparada.

Mas essa alternativa, essa reciprocidade de papéis semânticos não é indiferente, nem mesmo no comparativo de igualdade. Porque, como vimos nos capítulos III e IV, quando trabalhamos com o operador *mesmo*, toda vez que *João* for o *tema* de /59/ e *Pedro,* o *comentário*, o movimento argumentativo da enunciação é sempre *favorável* a João, enquanto que, no caso contrário, onde *Pedro* é o tema e *João*, o comentário, o movimento é argumentativamente *desfavorável* a Pedro.

É neste sentido ainda que dissemos que a comparação, nas línguas naturais, é sintoma de um estágio do pensamento anterior ao impessoalismo rigoroso do estágio matemático, para o qual as línguas ocidentais pareceram caminhar. Estágio figurativo do *eu* e do *mundo*, em que a relação científica não ausentou o sujeito de seu objeto e não pode assim constituir a dicotomia. Movimento retórico em que o *eu* se multiplica, na multiplicação dos atos de fala, e torna-se também a segunda pessoa de um *tu* que se transforma em *eu*.

Presença da intersubjetividade e dinamismo argumentativo, que identificam nas línguas naturais o espaço retórico do envolvimento do homem pela linguagem e desta por aquele.

Tal envolvimento é próprio do exercício da fala e ele caminha exatamente no sentido da observação de Ducrot[25] quando, comentando as conclusões de Benveniste sobre *o status* dos pronomes pessoais *eu/tu*, diz o seguinte:

> Ce qui est remarquable dans le pronom *je*, ce n'est pas seulement qu'il constitue un moyen abrégé pour parler de soi, c'est surtout qu'il oblige celui qui parle à se désigner avec le même mot que son interlocuteur utilisera à son tour pour se désigner lui-même. L'emploi du *je* (on en dirait autant de *tu*) constitue donc un apprentissage et un exercice permanent de la réciprocité. Il insère chaque dialogue particulier dans le cadre général d'une reconnaissance des individus les uns par les autres. Ce que Benveniste résume en disant que les pronoms personnels marquent, à l'intérieur même de la langue, la présence d'intersubjectivité.

Ora, se nos contentarmos com um tratamento da linguagem que necessita, para se consumar, excluir o intervalo desta subjetividade, barrando-o com o risco que toda dicotomia traz no seu próprio interior, arriscamo-nos a perder de vista uma das funções fundamentais da linguagem: permitindo-lhe, do seu interior, o exercício da diferença, a linguagem pode fornecer ao homem o espaço de sua identidade.

Quando no artigo de Campbell & Wales se distinguem "escolas" de interpretação opostas do comparativo de igualdade, o que se confunde são níveis diferentes de valores, o que dá, como resultado, um

25. O. Ducrot, *Dire et ne pas dire*, p. 3.

aplastamento semântico em que enfoques teóricos, que deveriam hierarquizar-se, entram em disputa e se opõem.

O que a análise semântica argumentativa nos mostrou é que tanto a igualdade como a diferença coexistem no comparativo de igualdade.

Basta admitirmos o esquema geral de descrição semântica que propusemos no capítulo IV, e que é representado pela figura 12, e veremos que a existência destes dois elementos (a igualdade e a diferença) não é exclusiva mas complementar.

Assim, ao nível do Componente Informativo (C.I.) poder-se-á falar em igualdade no sentido estrito, enquanto que, no nível do Componente Argumentativo (C.A.), o que se produzirá é a apreciação subjetiva de uma diferença que não é senão o *ao menos* que algumas interpretações do comparativo de igualdade lhe acrescentam.

É neste sentido que, argumentativamente, a "igualdade" na comparação já é sintoma de uma diferença, o que também justifica a dissimetria das relações entre o *tão*, o *mais* e o *menos*.

Valeria a pena insistir um pouco mais sobre estes problemas e mostrar que a solução *ao menos tão grande quanto* para o comparativo de igualdade não faz sentido senão nos quadros de uma teoria semântica argumentativa, enquanto que a solução *da mesma altura que*, se responde pelo valor informativo da igualdade, não alcança explicar o movimento para a diferença.

Nesta mesma linha de desenvolvimento, valeria a pena, ainda, apresentar e discutir, porque bastante ligada àquelas interpretações, uma outra solução semântica da comparação e que consiste, de um modo geral, em dizer que esta estrutura *pressupõe* (no sentido técnico) a predicação da qualidade comparada ao termo comparante. Chamaremos esse tipo de solução de solução *pressuposicional* e veremos que ela continua a ser uma solução semântica de tipo lógico informativo e, portanto, insuficiente. Comecemos pela interpretação que pretende ver num enunciado como

Pedro é tão grande quanto João. /59/

um valor de igualdade preciso, de tal forma que ele possa ser parafraseado por:

Pedro tem a mesma altura que João. /60/

Ducrot (cap. XIII: "Les échelles argumentatives", 1973, p. 247 ss.) já discute tal problema a propósito da lei argumentativa que ele chama "lei de abaixamento 'objetivo'" formulada para explicar um dos efeitos da negação descritiva sobre enunciados cujo valor lingüístico é argumentativamente determinado.

Como a discussão que se segue deverá recorrer de maneira crucial à lei de abaixamento objetivo apresento-a aqui de modo mais detalhado e, para tanto, sigo de perto o desenvolvimento que lhe dá Ducrot.

O fenômeno de abaixamento devido à negação pode, em numerosos casos, traduzir-se pelo fato banal de que ela é equivalente, quando se trata de negação descritiva, a "menos que"[26].

Assim, quando digo *não está frio* ou *não havia muitos amigos meus no encontro*, fica excluída a possibilidade de que faça mais que frio, que o tempo esteja gelado e o que eu digo é que o *tempo está agradável* (por *temperado, morno*), assim como, no segundo caso, excluindo que todos os meus amigos estivessem presentes no encontro, eu digo que poucos amigos vieram. Da mesma forma, num enunciado como:

Pedro não é tão grande quanto João. /61/

26. O. Ducrot, *La preuve et le dire*, Paris, Mame, 1973, pp. 242-247, col. Repères. Lembro que a distinção entre negação descritiva e negação polêmica ou metalingüística é feita por Ducrot (cf. *Dire et ne pas dire*, pp. 37, 104 e 147). Diferentemente da negação descritiva, a negação polêmica consiste num ato de linguagem específico no qual um ato de enunciação anterior é refutado. É neste sentido que tal negação é capaz de refutar os pressupostos de enunciados anteriores e não tem nenhum efeito de inversão das escalas argumentativas, como acontece com a negação descritiva. A lei de inversão de escala, sob efeito da negação descritiva, é também apresentada e discutida por Ducrot (1973, pp. 238-240). Tendo primeiramente formulado a lei segundo a qual se um enunciado p pertence à Classe Argumentativa (Cl. A.) determinada por uma certa conclusão r, ~P pertence à Cl. A. determinada por ~r, Ducrot formula a lei de inversão de escala, relativa também à negação e que vem completar esta primeira. Tal lei diz que a escala onde se encontram os enunciados negativos (escala determinada por ~r) é inversa à escala dos enunciados afirmativos. Isto é, se p' é mais forte que p relativamente a r, ~p é mais forte que ~p' relativamente a ~r

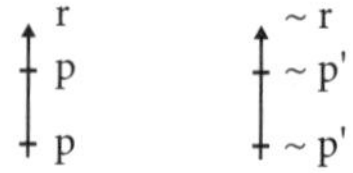

Pode-se ter uma idéia mais clara deste fenômeno quando se recorre ao operador *mesmo*, que, como dissemos, é um hierarquizador dos enunciados, do ponto de vista argumenta-

eu digo que Pedro é "menos grande" que João e este enunciado num contexto como:

Pedro não é tão grande quanto João, ele é maior. /62/

não pode ser compreendido senão como negação metalingüística, isto é, como refutação de um ato de fala anterior e que no caso poderia ser a afirmação contida em *Pedro é tão grande quanto João.*

O problema, como mostra Ducrot, não se apresenta ao nível do fenômeno em si, cuja observação é bastante fácil, mas ao nível da formulação da lei que possa expressá-lo, explicando-o. Tal dificuldade deve-se ao fato de que o fenômeno de abaixamento nem se situa numa escala argumentativa propriamente dita, nem numa graduação objetiva que poderia ser definida a partir de critérios puramente físicos.

Como sabemos, depois dos trabalhos de Ducrot sobre as escalas argumentativas, os adjetivos de temperatura *(frio/quente)* pertencem a Classes Argumentativas (Cl.A.) diferentes, porque se orientam segundo conclusões diferentes (diferentes r), o que implica dizer que os enunciados em que estes adjetivos aparecem pertencem a escalas argumentativas opostas.

FIGURA 6

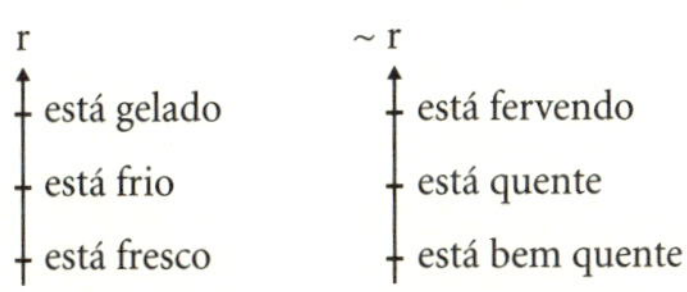

O recurso ao operador *mesmo* pode oferecer um critério para tal distinção de escalas, assim como as conclusões que se possam tirar de uma e de outra, porque opostas, podem justificar a diferença.

Assim, se eu digo *está fresco* como um argumento para é *preciso pôr um agasalho*, os enunciados *está frio* e *está gelado* permitirão também, e com maior força, tirar esta mesma conclusão, ao passo

tivo. Assim, é Ducrot quem dá o exemplo, se aceitarmos a hierarquia subjacente a *Ele tem o doutoramento e mesmo a livre-docência,* deveremos também aceitar, no caso em que o locutor confessasse ter-se enganado quanto aos fatos, *Ele não tem a livre-docência e nem mesmo o doutoramento.* E Ducrot acrescenta: "Les deux énonciations, contraires l'une à l'autre au point de vue des conditions de vérité, reflètent une appréciation identique en ce qui concerne la valeur argumentative respective des titres en question" (p. 246).

que, se eu disser *está bem quente*, a conclusão neste mesmo contexto ideológico deverá ser contrária à anterior, isto é, *é preciso tirar o agasalho*, ou *não é preciso agasalhar-se*, e a ordem dos enunciados na escala argumentativa determina-se, da mesma forma que no caso da escala argumentativa de *frio*, pela conclusão a que podem conduzir. É esta oposição que representamos por r e ~r.

Ora, se quiséssemos representar o fenômeno do abaixamento identificado num enunciado como *não está frio* através da escala argumentativa do adjetivo *frio* e sabendo que a negação equivale a "menos que", o problema estaria em que os estados designados por este enunciado nem sempre seriam exprimíveis pelos enunciados situados na escala onde se encontra o enunciado afirmativo *está frio*. Porque não há na classe argumentativa do *frio* um enunciado que designe as temperaturas quentes correspondentes a *não-frio*, uma vez que eles pertencem à classe argumentativa do *calor* e se distribuem numa outra escala argumentativa.

Não se pode, por outro lado, dizer que o abaixamento se faz na escala objetiva das temperaturas. Basta, para que se possa constatar tal impossibilidade, imaginar uma escala física de temperatura, orientada, por exemplo, do frio para o calor, em que os números são evidentemente arbitrários, mas escolhidos sobre a suposição de um dado locutor, para quem as temperaturas superiores a 100 são quentes e as inferiores a 0° são frias.

FIGURA 7

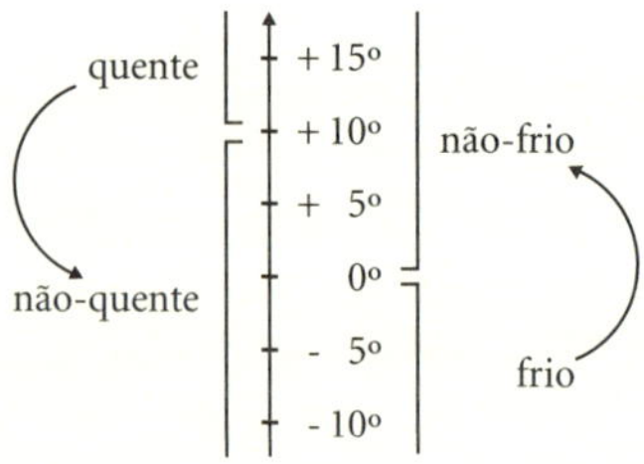

O problema agora é que o movimento que a negação opera é inverso, conforme se negue o *frio* ou o *quente* (calor), de modo que a negação do primeiro faz descer, enquanto que a do segundo faz subir na graduação acima representada, o que tornaria impossível exprimir por uma só lei o efeito da negação no que concerne ao referente, o correspondente real, dos termos negados.

Para superar esse impasse, Ducrot propõe então considerar uma noção mista entre a escala argumentativa e a gradação objetiva. O ponto de partida para constituir tal noção é o fato bastante banal de que uma gradação objetiva não tem, intrinsecamente, nenhuma orientação precisa. Isto é, no caso do *calor* e do *frio*, a gradação física tanto pode orientar-se no sentido de um como no sentido de outro, não havendo, do ponto de vista dos critérios físicos, senão a determinação de uma linha que, no máximo, permite dizer, por exemplo, que 12° está *entre* 11° e 13°. Eles não permitem, portanto, dizer que 12° está *antes* de 13° e *depois* de 11°, ou o inverso.

Em outras palavras, tudo o que uma gradação objetiva fornece são duas relações de ordem possíveis, sendo que uma constitui o inverso da outra, de modo que ela pode orientar-se sempre em dois sentidos.

Se chamarmos R_1, a relação de ordem no sentido do *quente* e R_2 a relação de ordem no sentido do *frio*, podemos na gradação objetiva de temperatura, abaixo representada, decidir que R_1 equivale à relação representada pelo símbolo $>$ e R_2, à relação representada pelo símbolo $<$.

FIGURA 8

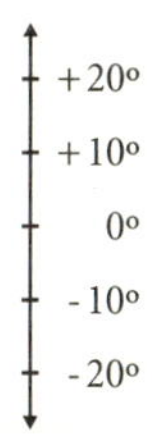

Quando uma escala argumentativa, porque orientada, é posta em relação com uma gradação objetiva, ela escolhe uma destas duas relações e deste modo orienta a gradação objetiva, o que permite, por exemplo, decidir que, se p' é argumentativamente superior a p e se, para um dado locutor, há estados físicos que verificam p' e não p, eles devem ser considerados como superiores aos que verificam p.

A escala argumentativa do *frio* determinará, assim, na gradação física, uma ordem em que 0°, que para alguns verifica *frio*, é superior a 10°, que para estes mesmos locutores não verifica senão *fresco*, do mesmo modo que a escala argumentativa do calor determina na gradação objetiva a ordem segundo a qual + 20° é superior a + 10°.

Em outras palavras, se supusermos *i* um estado de temperatura que na gradação objetiva verifique p' e não p, de tal forma que, tendo sido dada a escala argumentativa do calor,

FIGURA 9

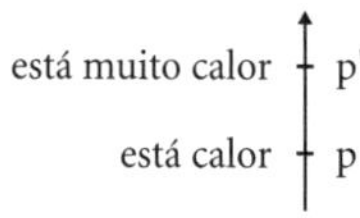

se obtenha

FIGURA 10

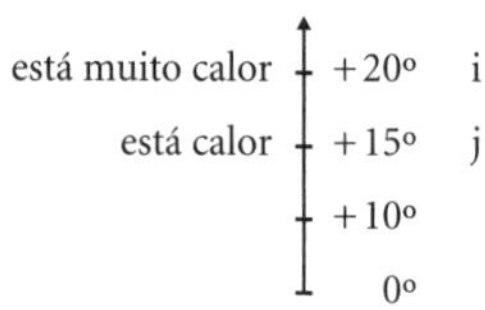

E, se o estado j verifica p e não p', podemos então escrever

R (i, j)
>

em que i é superior a j.

Assim, a escala argumentativa orienta a gradação objetiva segundo a relação R, o que produz a noção de gradação orientada, que Ducrot chama também gradação objetiva análoga de uma escala argumentativa e que ele representa da seguinte maneira, considerando-se a escala argumentativa do *frio*.

FIGURA 11

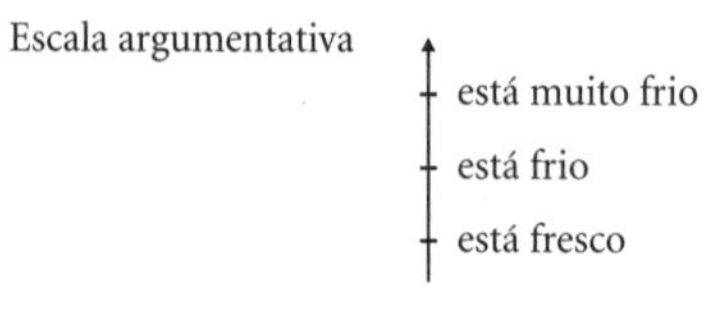

FIGURA 12

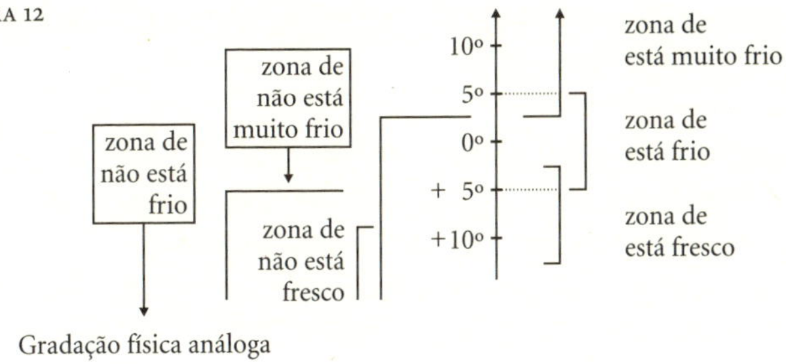

E a lei de abaixamento é, então, formulada da seguinte maneira:

Se um enunciado p de uma escala argumentativa E é verificado numa zona i da gradação análoga a E, o enunciado ~p é verificado na, e somente na, zona desta gradação que é inferior a i (p. 245).

Consideremos um exemplo, para que possamos ter medida da aplicabilidade desta lei.

Jespersen (1917, p. 80 ss.)[27], discutindo o sentido da negação em inglês e em outras línguas, diz que, ao contrário da regra geral, a negação de um numeral, por exemplo, *not four,* não significa "diferente de quatro", mas apenas o que é inferior a quatro na escala, isto é, *less than four*, assim como *not good* significa "inferior" sem jamais compreender "excelente".

Mas o próprio Jespersen (p. 82) aponta um contra-exemplo para a sua regra, quando considera os enunciados:

he spends £ 200 a year. /62/

he lives on £ 200 a year. /63/

que ele considera como praticamente sinônimos, mas cuja negação lhes revela um comportamento semântico bastante distinto, porque no primeiro caso se obtém um sentido equivalente a *menos que*, enquanto que no segundo um sentido equivalente a *mais que:*

~ /62/ = < £ 200

~ /63/ = > £ 200

27. O. Jespersen, "Negation in English and in Other Languages", *Historisk-Filologiske Meddelelser*, I, 5, 1917. (Det Kgl. Danske Videnskabernes Selskab, Copenhagen, cap. VIII: "The Meaning of Negation", pp. 80-96).

A explicação que Jespersen dá para tal fenômeno pode ser lida na seguinte passagem de seu trabalho:

> What the exact import is of a negative quantitative indication may in some instances depend on what is expected, or what is the direction of thought in each case. While the two sentences "he spends £ 200 a year" and "he lives on £ 200 a year" are practically synonymous, everything is changed if we add *not:* "he doesn't spend £ 200 a year" means "less than", "he doesn't live on £ 200 a year" means "more than"; because in the former case we expect an indication of a maximum, and in the latter of a minimum (p. 82).

É interessante notar que o que Jespersen chama de *diferença de direção de pensamento,* para explicar a diferença entre /62/ e /63/, pode ser perfeitamente traduzido em termos de diferença de escala argumentativa, segundo a terminologia de Ducrot.

Em outras palavras, se estes dois enunciados são, como diz Jespersen, sinônimos, eles o são em um nível puramente informacional, enquanto que argumentativamente eles são bastante distintos, e mesmo contrários, pois pertencem a escalas argumentativas diferentes. Basta utilizarmos o operador *mesmo* em cada caso e veremos que a ordem dos enunciados é oposta num e noutro caso como podem mostrar os esquemas abaixo:

FIGURA 13

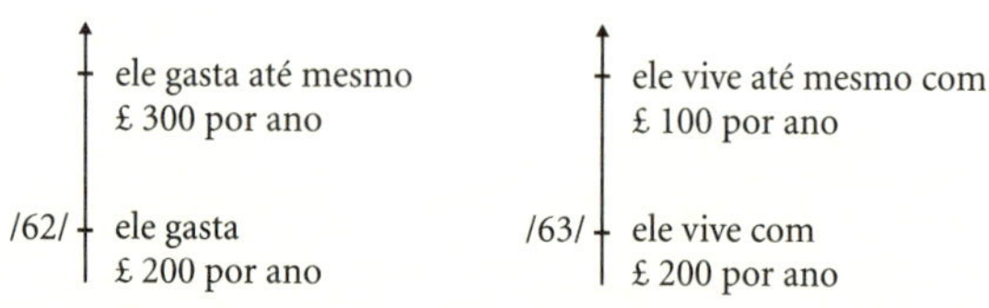

Vemos também, por outro lado, como a lei de abaixamento objetivo pode operar nestes dois enunciados e explicar o seu comportamento semântico diferente, diante da negação. Como a negação sempre escolhe abaixar o grau, e como não há nenhuma orientação precisa da escala objetiva da quantidade de dinheiro, bastará utilizar a noção mista de gradação orientada, e teremos ambos os casos explicados da mesma maneira.

Assim, no caso do enunciado /62/ cujo correspondente português é:

Ele gasta £ 200 por ano. /62/

Sabendo-se que a escala argumentativa que o orienta é

FIGURA 14

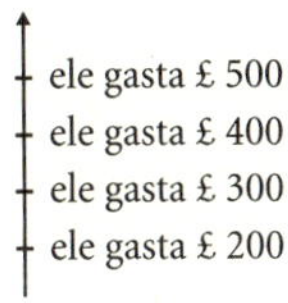

escala argumentativa orientada no sentido do *muito*, teríamos então a seguinte gradação objetiva orientada segundo esta escala:

FIGURA 15

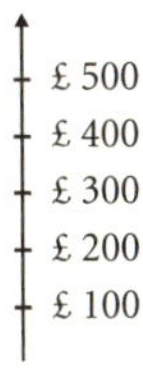

gradação orientada, ou gradação objetiva análoga.

Deste modo, o enunciado negativo:

Ele não gasta £ 200 por ano. /62 a/

em virtude da lei de abaixamento, deve verificar as quantidades que, na escala objetiva orientada, se encontram na zona inferior a £ 200, conforme mostra, no esquema abaixo, a direção da flecha:

FIGURA 16

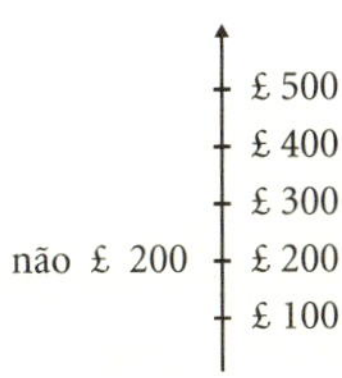

No caso do enunciado /63/, cujo equivalente português é:

Ele vive com £ 200 por ano. /63/

se a escala argumentativa é

FIGURA 17

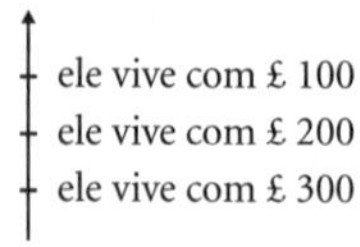

escala argumentativa orientada no sentido do *pouco*, a orientação da gradação objetiva será:

FIGURA 18

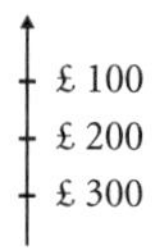

Gradação objetiva orientada

de modo que o enunciado negativo:

Ele não vive com £ 200 por ano. /63a/

em virtude da mesma lei de abaixamento, deverá verificar as quantidades inferiores a £ 200, na gradação objetiva análoga da escala argumentativa, conforme mostra, no esquema abaixo, a direção da flecha:

FIGURA 19

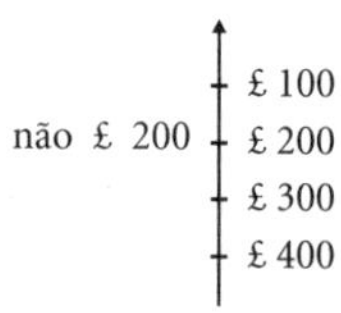

Há evidentemente um problema prático em tudo isto, mas cuja solução é interessante, na medida em que revela a necessidade de uma interação bem grande do lingüístico e do retórico, a fim de que o sentido lingüístico se produza e se explique.

Tomemos um enunciado análogo ao enunciado /62/, em que os números são aumentados apenas para efeito de facilidade da demonstração. Consideremos pois:

Ele gasta £ 2 000 por ano. /64/

É óbvio que, quando utilizo a negação deste enunciado:

Ele não gasta £ 2 000 por ano. /64a/

não quero me referir a qualquer uma das quantidades que se encontrem, na gradação orientada, abaixo de £ 2000. Em outras palavras, seria bastante bizarro, e mesmo incomum, que para me referir, por exemplo, a £ 50 eu utilizasse o enunciado /64 a/.

Ora, se a lei de abaixamento objetivo diz que, se um enunciado p verifica uma certa zona i na gradação objetiva, então ~p verifica a zona inferior a i, como explicar que ~£ 2000 não possa verificar £ 50, no caso do enunciado /64 a/?

Tal fenômeno pode, no entanto, ser facilmente explicado se recorrermos à lei retórica da exaustividade, que diz que a utilização de um enunciado pressupõe sempre que não podemos dizer um mais forte.

Na verdade, se, no caso de /64/, a escala argumentativa e a gradação análoga que ela orienta são

FIGURA 20

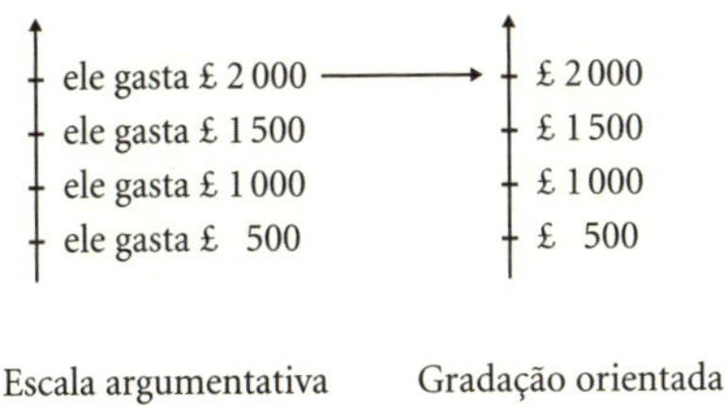

e se este enunciado verifica a situação objetiva análoga na gradação orientada, conforme indica a flecha entre as duas representações, então dizer:

Ele não gasta £ 2000 por ano. /64 a/

é – verificando, por causa da lei de abaixamento, a zona inferior a £ 2000 – determinar, graças à lei da exaustividade, um limite para tal abaixamento, de modo que não £ 2000 verifique os números compreendidos na zona entre £ 2000 e £ 1500.

E tal processo de limitação do abaixamento pela lei de exaustividade fica ainda mais claro, quando lembramos que, na Escala Argumentativa Negativa, o enunciado imediatamente mais forte será, em virtude da lei de inversão de escala:

Ele não gasta £ 1500 por ano. /65/

FIGURA 21

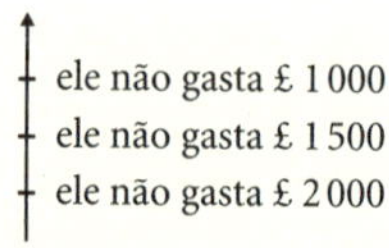

Escala argumentativa negativa

Deste modo, se o enunciado /64/, em virtude da lei de abaixamento, verifica todas as quantidades da zona inferior a £ 2 000 conforme mostra o esquema abaixo

FIGURA 22

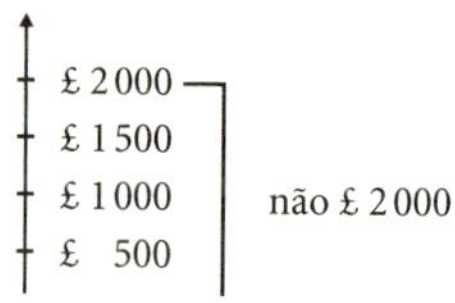

Lei de abaixamento

a lei de exaustividade restringe esta zona ao espaço entre o dito e o interdito, isto é,

FIGURA 23

Exaustividade

Vê-se aqui, mais uma vez, a exemplo do que tínhamos observado quando tratamos do operador *também*, que é difícil, quando se trata de análise semântica, manter fixos e estanques os limites entre o lingüístico e o retórico. Porque neste caso, como também no caso dos adjetivos de temperatura (cf. Ducrot, 1973, p. 246), o sentido lingüístico da negação só é dado depois que o Componente Retórico interfere. E mais. Sem a sua interferência, o que se produz é uma significação retórica, onde a ironia pode facilmente ser identificada. Por isso dizíamos que é bizarro usar o enunciado *Ele não gasta £ 2 000 por ano* para cobrir a situação em que a pessoa referida gastasse £ 50.

Portanto, se o sentido lingüístico deste enunciado é irônico, é o Componente Retórico que, corrigindo o lingüístico, produz o sentido que este não pode precisar.

Nestes termos, nossa observação encontra, mas ao mesmo tempo empurra e transborda a observação de Ducrot (1973, p. 247) quando, a propósito do tratamento que ele dá aos adjetivos de temperatura, diz o seguinte:

> On voit [...] comment la situation argumentative des énoncés (partie intégrante, dans beaucoup de cas, de leur description par le Composant Linguistique) sert de base à l'interprétation rhétorique – en précisant notamment cette notion de "force" sur laquelle se fondent diverses lois rhétoriques (litote, exhaustivité). On voit d'autre part comment nous essayons d'intégrer à la description sémantique l'indication des conditions de vérité; nous refusons d'en faire le centre de la description, car nous croyons qu'elle est déterminée par d'autres caractères sémantiques, l'argumentativité par exemple.

Depois deste longo parênteses, necessário, e de algumas digressões desejadas, podemos voltar ao problema da pretensa equivalência semântica entre os nossos dois enunciados:

Pedro é tão grande quanto João. /59/

Pedro tem a mesma altura de João. /60/

Como dissemos, Ducrot, sempre a propósito da negação, trata estes dois enunciados, para mostrar que o fenômeno de abaixamento é uma conseqüência do caráter argumentativo dos enunciados e, assim, justificar a consideração de descrição semântica de um enunciado em termos de condição de verdade, como derivada.

Que diferença poderia haver entre estes dois enunciados, de forma a mostrar que o primeiro não pode ser inteiramente traduzido pelo segundo, ainda que eles tenham o mesmo valor informativo?

Imaginemos quatro situações de discurso distintas, todas relativas a um determinado objeto, uma valise, por exemplo, colocada no alto de um armário, e que João e Pedro querem pegar. Teremos então:

situação a)

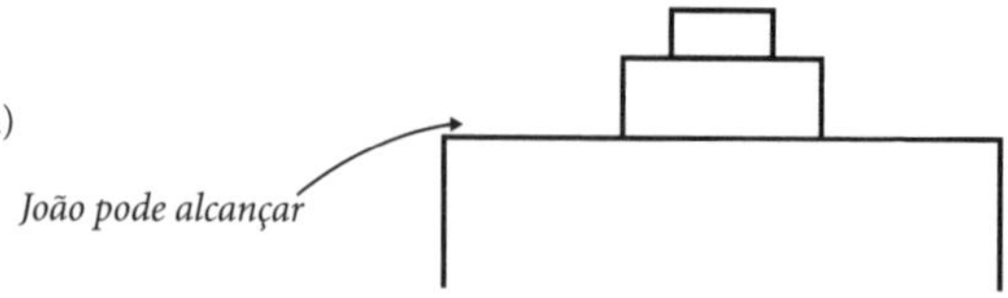

situação b)

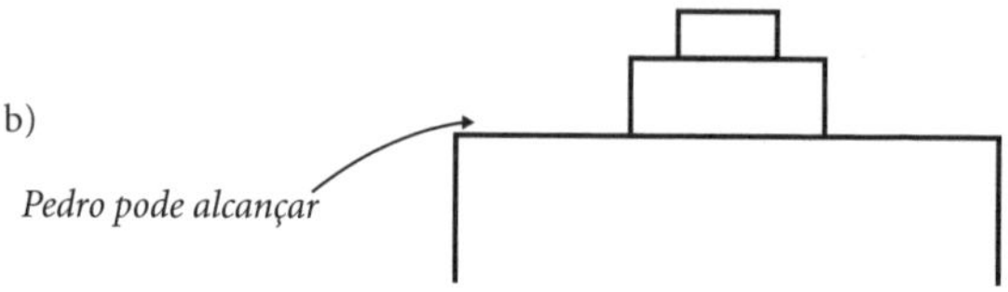

situação c)

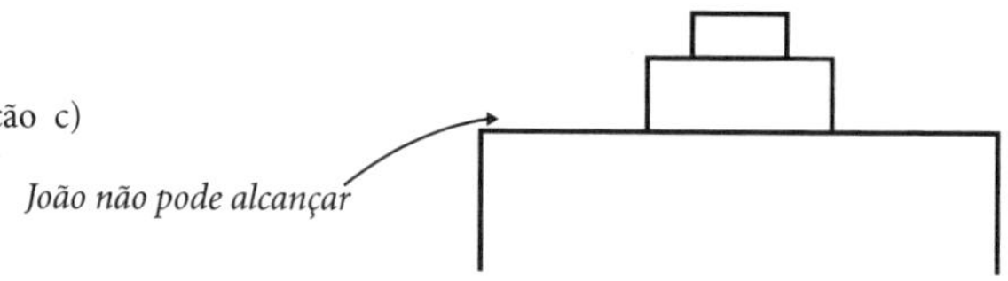

situação d)

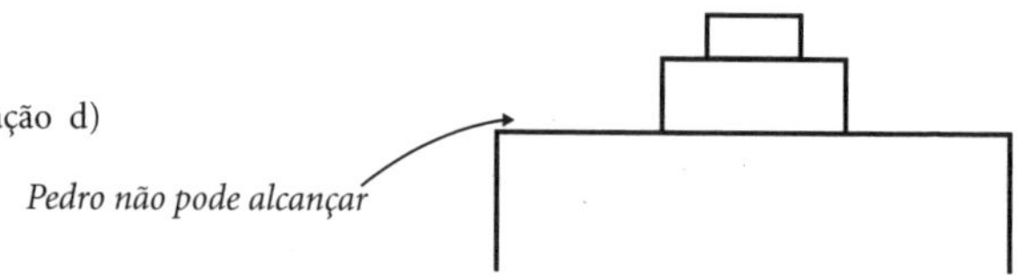

Logicamente, pode-se deduzir:
de a) – *Pedro poderá*
de b) – *João poderá*
de c) – *Pedro não poderá*
de d) – *João não poderá*

E isto é possível nas quatro situações porque "Pedro tem a mesma altura que João", ou seja, o enunciado /60/ pode, em cada uma delas, ser apresentado como uma explicação.

É bem diferente o que se passa com o enunciado /59/, já que ele não pode ser utilizado da mesma maneira que /60/, para as quatro situações.

Na verdade, ele não pode ocorrer senão em duas das quatro situações apresentadas.

Assim, poderemos ter:

situação a) *João pode alcançar a valise*
Pedro poderá porque ele é tão grande quanto João

situação d) *Pedro não pode alcançar*

João não poderá porque Pedro é tão grande quanto ele.

mas não:

* situação b) *Pedro pode alcançar*

João poderá porque Pedro é tão grande quanto ele

* situação c) *João não pode alcançar*

Pedro não poderá porque ele é tão grande quanto João

Em outras palavras, de acordo com as indicações que fizemos sobre a fluidez da relação tema e comentário num enunciado comparativo, o enunciado /59/ *Pedro é tão grande quanto João* não pode ser apresentado como explicação senão nas situações a) e d), enquanto que o enunciado /60/ *Pedro tem a mesma altura que João* pode ser apresentado com valor explicativo, indiferentemente, nas quatro situações.

Com efeito, tanto o enunciado /59/ como o enunciado /60/ podem ter ou *Pedro* ou *João* como tema ou como comentário, mas, diferentemente de /60/, em /59/ tal reciprocidade de funções semânticas não é independente do valor argumentativo da comparação, valor este ausente de /60/.

Assim, como a nossa análise mostrou, em /59/ toda vez que *Pedro* é o tema, o enunciado serve para assinalar sua "grandeza", isto é, ele se constitui de modo a fornecer um argumento de grandeza para Pedro, enquanto que, toda vez que *João* é o tema, o enunciado se dispõe de modo a assinalar a "pequenez" de João.

Em outras palavras, o enunciado /60/ é, do ponto de vista argumentativo, *favorável* a Pedro e *desfavorável* a João.

Nestes termos, compreende-se facilmente por que a comparação de igualdade representada em /59/ possa ocorrer nas situações a) e d) e excluir as situações b) e c). Na situação a), porque o tema é *Pedro* e porque a situação lhe é *favorável* o enunciado /59/ é possível, da mesma forma que na situação d) porque o tema é *João* e a situação lhe é *desfavorável* ele também é possível.

Em compensação, na situação b) onde o tema é *João*, mas a situação *favorável*, e na situação c) onde o tema é *Pedro* e a situação *desfavorável*, /59/ é impossível, e tal impossibilidade se deve à natureza argumentativa da comparação.

Vê-se, deste modo, que, mesmo que informativamente /59/ e /60/ sejam equivalentes, há entre eles diferenças que uma descrição semântica que privilegiasse a sua análise em termos de condição de verdade seria incapaz de apontar[28].

Há, assim, dois tipos de conclusão que se podem tirar de um enunciado como /59/: um primeiro tipo que se assenta na indicação de que o tamanho de Pedro não é inferior a um tamanho indicado, o de João, no caso; um segundo tipo que se fundamenta no movimento argumentativo desfavorável a João e que, neste sentido, indica uma certa inferioridade de João em relação a Pedro.

É este fenômeno de movimento contrário que apresentamos neste mesmo capítulo através do esquema onde se representa o equilíbrio da balança de que nos fala Benveniste e Sapir.

FIGURA 24

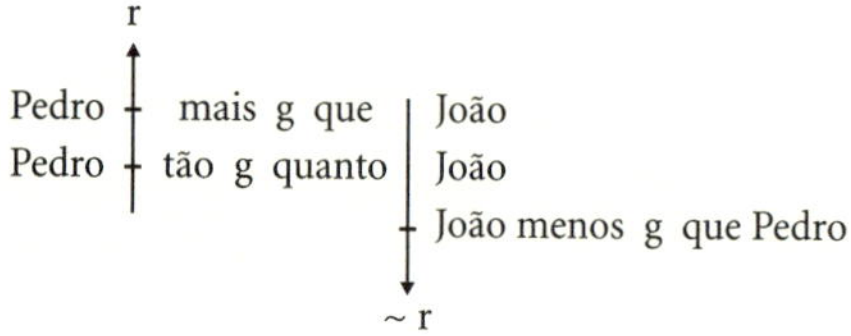

Como tal oposição de orientação argumentativa não se encontra no enunciado /60/, ele pode ocorrer indiferentemente nas quatro situações que apontamos. Isto é, não existe contrariedade nas conclusões que se podem tirar de /60/, tal como existe, necessariamente, nas que se podem tirar de /59/.

Evidentemente, /60/ pode receber uma determinada orientação argumentativa, dependendo da situação de discurso em que ocorrer, mas a sua descrição lingüística, ao contrário da de /59/, não comporta nenhuma orientação argumentativa.

É a presença desta orientação, ao nível do Componente Lingüístico, que permite situar /59/ numa escala argumentativa onde se en-

28. O. Ducrot, *La preuve et le dire*, 1973, pp. 247 ss., desenvolve a mesma análise mas não entrevê senão duas das situações aqui apontadas, porque considera que nos dois enunciados *Pedro é* necessariamente o tema. Foi ao longo das discussões que mantivemos a propósito deste trabalho que se chegou a esta modificação, apresentada por ele nos seminários de 1974, da E.P.H.E.

contraria também *mais grande que, muito mais grande que,* conforme representa o esquema abaixo, e cuja configuração pode ser fornecida pelo recurso ao critério do operador *mesmo*:

FIGURA 25

Pedro é muito mais grande do que João
Pedro é mais grande do que João
Pedro é tão grande quanto João

Outro critério, que também pode confirmar a validade desta escala, é o fato de que todas as inferências que se podem fazer a partir de /59/ poderão também, e de maneira ainda mais impositiva, ser feitas a partir dos enunciados que lhe são superiores na escala.

Assim, a diferença semântica entre estes dois enunciados – diferença que se fundamenta na presença ou na ausência de uma orientação argumentativa – é tão forte quanto a equivalência que, do ponto de vista informativo, os relaciona. Neste sentido, pode-se dizer que a igualdade na comparação já é sintoma de uma diferença. Mas não é só.

Se /59/ é argumentativamente orientado, e /60/ não o é, estes dois enunciados devem, quando submetidos à negação, revelar-se também na diferença.

Consideremos então /59 a/ e /60 a/

Pedro não é tão grande quanto João. /59 a/

Pedro não tem a mesma altura que João. /60 a/

Não é difícil aceitar que /59 a/ signifique "Pedro é menos grande que João". Isto é, feita a negação de uma igualdade, duas possibilidades podem, logicamente, apresentar-se como situação designada: a superioridade e a inferioridade. No entanto, o enunciado /59 a/ não designa senão uma delas, ou seja, a inferioridade.

E tal observação vai totalmente ao encontro da de Jespersen (1917, p. 84) quando diz:

> There is really no perfect negative corresponding to *as rich as,* comprising both "richer" and "poorer", for *not so rich as* (note the change of the first conjunction) excludes "richer" and means "less rich".

Ora, esta conseqüência, como observa Ducrot (1973, p. 250), é previsível, por um lado, quando admitimos que /59/ tem a orientação argumentativa que indicamos e, por outro, quando admitimos a lei de abaixamento.

Com efeito, se representarmos por t a altura de João, que, conhecida por suposição, serve de referência, a escala argumentativa onde se encontra /59/ orientará a gradação objetiva das alturas da seguinte maneira[29]:

FIGURA 26

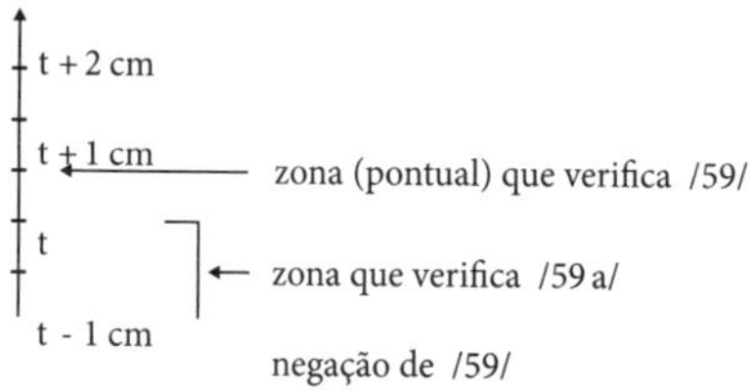

Deste modo, a lei de abaixamento implica que /59/ seja verificável se, e somente se, a altura de Pedro se encontra na zona da gradação inferior a t, ou seja, se Pedro tem uma altura inferior à de João.

O enunciado /59/ tem, pois, uma orientação argumentativa precisa e, por isso, a sua negação tem condições de verdade que se caracterizam pelo fenômeno de abaixamento.

Ao contrário, se /60/ não tem nenhuma orientação argumentativa determinada, a sua negação deverá ser, indiferentemente, verificada tanto na zona superior a t como na zona inferior.

Ora, é exatamente isto que se passa com o enunciado /60 a/ *Pedro não tem a mesma altura que João* cuja condição de verdade pode ser tanto verificada se *Pedro é menor do que João,* como se *Pedro é maior do que João.* São estes fatos que permitem a Ducrot (1973, p. 251) a seguinte conclusão:

> Tout ceci nous semble autoriser cette conclusion, non seulement qu'il y a des relations entre les conditions de vérité de l'énoncé négatif et l'orientation argumentative de l'énoncé affirmatif, mais encore que celle-ci est largement détérminante par rapport à celle-là. Un tel résultat est d'ailleurs presque tautologique, si

29. Sigo de perto, mais uma vez, a exposição feita por Ducrot (1973, pp. 250-251).

on se rappelle que, pour formuler de façon un peu precise la loi d'abaissement des conditions de vérité, nous avons dû utiliser une caractérisation des énoncés en termes de valeur argumentative: c'est la force argumentative qui permet d'orienter la graduation objective dans laquelle on peut définir l'abaissement.

Portanto, a tendência semântica que vê nesta forma de comparativo a expressão de uma igualdade perfeita, matemática, encontra, quando a teoria que trata da linguagem lhe permite, a abertura para a subjetividade e para o argumentatívo, obstáculos que o rigor lógico evita mas não soluciona.

A outra solução anotada por Campbell & Wales (1969, p. 241) e que consistiria em interpretar o comparativo de igualdade, do ponto de vista informativo, como contendo um *ao menos* ou um *no mínimo*, também apresenta problemas, uma vez que, se resolve alguns, deixados pela interpretação de justa igualdade, traz outros, não menos importantes.

Consideremos, pois, mais detalhadamente tal proposta e anotemos ao lado do enunciado /59/ a interpretação que lhe dá o enunciado /66/.

Pedro é tão grande quanto João. /59/

Pedro é no mínimo tão grande quanto João. /66/

Segundo esta interpretação, portanto,

tão grande quanto = "no mínimo tão grande quanto"

o que pode ser simbolicamente traduzido por

tão grande quanto = $\geq$

Esta solução que Ducrot (1973, p. 276-277) já havia indicado para a interpretação do quantificador *quelque* - que, num primeiro momento, deve ser lido como *au moins quelques* pelo Componente Lingüístico - conduz, no caso do comparativo de igualdade, a um impasse com o qual a descrição semântica não pode conviver[30].

30. A explicação dada por Ducrot para o valor semântico de um enunciado como *Certains ont lu quelques livres de Chomsky* que pode significar "Certains ont lu seulement quelques livres de Chomsky. Certains 1) n'ont pas lu seulement quelques livres de Chomsky, 2) les ont tous lus" é interessante, pois pressupõe a existência de trajetos que vão do C.R. ao Componente Lingüístico e, deste modo, admite uma circularidade dos mecanismos de produção do "sentido" lingüístico de um enunciado, onde a distinção

Na verdade, se ela consegue agora responder pelos traços argumentativos do comparativo de igualdade, situando um enunciado como /59/ na mesma escala argumentativa onde se encontram os enunciados com *mais que* e *muito mais que*, conseguindo desta forma explicar também o efeito da negação de /59/ como equivalente a *menos que* (<), ela não consegue evitar os embaraços que, ao nível do valor informativo, este enunciado acarreta.

De qualquer forma, ela poderia constituir uma séria objeção à descrição semântica que demos do comparativo, já que consegue explicar "informativamente" o que a nossa análise apontou como relevante da argumentatividade destas construções.

Entretanto, não é difícil mostrar que tal assimilação do argumentativo ao informativo é lingüisticamente indevida, porque, no momento em que esta solução estende este para alcançar aquele, o primeiro se perde e se desfaz na confusão e na impropriedade da análise.

Assim, se esta descrição semântica é correta, o enunciado

João é tão grande quanto Pedro. /67/

é informativamente diferente do enunciado /59/, porque haveria sempre uma situação na escala de alturas contraditoriamente verificada por um ou por outro, isto é, a situação em que Pedro fosse maior do que João ou a situação em que João fosse maior do que Pedro.

Suponhamos tal situação:

Pedro = 1,80 m

João = 1,70 m

Neste caso, porque informativamente o comparativo de igualdade implica, na sua interpretação, um "no mínimo", poder-se-ia dizer:

Pedro é tão grande quanto João. /59/

enunciado cuja condição de verdade seria obviamente verificada na escala.

Mas, para que se pudesse então dizer

João é tão grande quanto Pedro. /67/

estanque Lingüístico/Retórico perde a transparência para ganhar em espontaneidade. É no espaço em que os dois Componentes se cruzam que se produz o intervalo destas significações.

seria agora preciso que os dados objetivos estivessem invertidos de tal modo que

João = 1,80 m

Pedro = 1,70 m

Assim, a única situação que estes dois enunciados verificariam sem contradição seria a da justa igualdade, o que do ponto de vista intuitivo parece, na realidade, constituir o seu valor informativo.

Um segundo argumento contra a assimilação do traço argumentativo do comparativo ao seu valor informativo pode ser dado se considerarmos o seguinte enunciado:

Pedro é tão grande quanto João mas João não é tão grande quanto Pedro. /68/

cujo valor semântico é traduzível por

/68/ = /59/ + ~ /67/,

isto é, /68/ = Pedro ≥ João

porque em /59/ Pedro ≥ João e

em ~ /67/ João < Pedro

Se bem que tecnicamente possível, de acordo com a análise *no mínimo tão grande quanto*, tal enunciado é bastante bizarro quando considerado do ponto de vista da informação que contém.

Mas há ainda outros argumentos que desautorizam este tipo de descrição.

Considere-se assim o enunciado:

Pedro é quase tão grande quanto João. /69/

ou de um modo ainda mais explícito, no caso do francês, a possibilidade de enunciados como:

Pierre est moitié aussi grand que Jean. /70/

Pierre est deux fois aussi grand que Jean. /71/

Ora, se *tão grande quanto* fosse igual a *no mínimo tão grande quanto*, todos estes enunciados seriam absolutamente ininteligíveis, quando não é isto o que se passa.

Entretanto, os partidários desta interpretação do comparativo de igualdade poderiam ainda, para defender a sua hipótese, dizer que se /69/, /70/ e /71/ são compreensíveis é porque eles significam, respectivamente:

Pedro é no mínimo quase tão grande quanto João. /69 a/
Pierre est au moins moitié aussi grand que Jean. /70 a/
Pierre est au moins deux fois aussi grand que Jean. /71 a/

Mas, neste caso, *no mínimo* e *au moins* não estão ligados a *tão* e a *aussi*, mas a toda a enunciação, e tanto isto é verdade que, se eles se prendessem aos marcadores da igualdade, enunciados como:

Pedro é no máximo no mínimo tão grande quanto João. /72/
Pierre est au plus au moins aussi grand que Jean. /73/

seriam perfeitamente possíveis, quando na realidade não o são.

Deste modo, nem a interpretação do comparativo de igualdade como "justa igualdade", nem a interpretação "no mínimo tão", quando consideradas como alternativas exclusivas, apresentam-se como suficientes.

À primeira, foge-lhe o argumentativo, à segunda escapa-lhe o informativo.

Bastaria que considerássemos, do ponto de vista teórico, a igualdade como um elemento do seu conteúdo informacional e a diferença (*no mínimo tão*) como dependente de seu caráter argumentativo para que o impasse se desfizesse e, em seu lugar, a estrutura comparativa encontrasse os níveis lingüísticos de análise – Componente Argumentativo e Componente Informativo – capazes de harmonizar a mobilidade e a fixidez, que lhe são próprias.

5. Comparar, Pressupor e Argumentar

Uma outra solução possível para o tratamento do comparativo de igualdade poderia ser visualizada, se recorrêssemos à noção de pressuposição lingüística. Trata-se, pois, da solução que chamamos *pressuposicional.*

Assim, numa primeira abordagem dos nossos dois enunciados:

Pedro é tão grande quanto João. /59/
Pedro tem a mesma altura de João. /60/

poderíamos pensar em recorrer à noção de pressuposição para mostrar que a diferença entre /59/ e /60/ está no fato de que o primeiro comporta o pressuposto "Pedro e João são grandes" enquanto que o segundo, evidentemente, não o comporta. Entretanto, tal decisão nos parece totalmente arbitrária e sem fundamento, porque não é difícil imaginar contextos em que o enunciado /59/ ocorra para comparar Pedro e João, quando ambos são pequenos, como é o caso, por exemplo, do contexto: *João é pequeno. Pedro é, pois, tão grande quanto ele.*

Basta, para que admitamos tal possibilidade de ocorrência de /59/, lembrar que o adjetivo *grande*, conforme a nossa análise mostrou, pode ser considerado como o termo não-marcado da oposição *grande/pequeno*, e deste modo compreender que ele não exprime, na comparação, nenhuma classificação absoluta do tamanho das pessoas.

Poder-se-ia ainda recorrer à solução pressuposicional de uma forma mais sofisticada para mostrar, não a diferença entre /59/ e /60/, mas a sua equivalência. Isto é, para mostrar que o valor semântico de /59/ deve ser interpretado em termos de "justa igualdade"[31].

Se na primeira modalidade esta solução era simplista e arbitrária, na segunda ela se apresentará com todas as insuficiências que a redução do comparativo de igualdade ao seu valor puramente informativo apresentou. Embora tenhamos já discutido esse tipo de redução, valerá a pena expor este tratamento pressuposicional e, mais uma vez, mostrar a impossibilidade de fixar o valor semântico da comparação num quadro lógico-informativo, qualquer que seja tecnicamente a sua disposição.

Em que consiste, pois, esta descrição?

Ela consistiria em dizer que um enunciado como /59/ comporta dois elementos semânticos, um posto e outro pressuposto, cuja relação permitiria interpretar a igualdade entre os dois termos comparados.

Pedro é tão grande quanto João. /59/

PP: "Pedro não é maior do que João"

P: "Pedro não é menor do que João"

isto é: *Pedro = João*

Dada, assim, uma escala da grandeza onde num ponto se encontra João, /59/ diria que Pedro se encontra no mesmo ponto, conforme o representa o seguinte esquema:

31. Esta sugestão foi feita por R. Zuber, nos seminários de Ducrot, E.P.H.E., 1974.

FIGURA 27

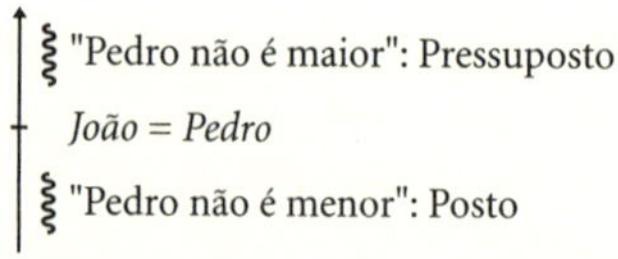

A vantagem desta solução é que ela conseguiria, de um modo relativamente simples, representar o efeito da negação em /59/, dispensando, ao menos no que concerne ao comparativo de igualdade, o recurso à lei de abaixamento. Assim, em /74/ teríamos como elementos semânticos:

Pedro não é tão grande quanto João. /74/
PP: "Pedro não é maior do que João"
P: "Pedro é menor do que João"
isto é: *Pedro ≠ João*

A escala que representaria tal diferença seria, então, a seguinte:

FIGURA 28

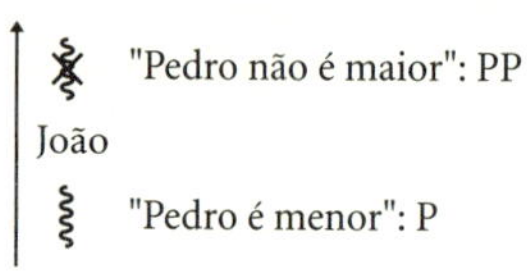

Entretanto, se tal vantagem parece existir, ela esconde uma série de inconvenientes que é preciso apontar.

O primeiro e o mais geral está ligado obviamente ao fato de se tratar de uma solução lógica que restringe o comparativo a uma função meramente informativa, que não permite entender o movimento argumentativo que na igualdade predispõe a diferença, como se pode observar no enunciado que antes já discutimos:

Pedro é tão grande quanto João e até mesmo quanto Luís.
onde, segundo a nossa análise e o valor do operador *mesmo, Luís > João* e, portanto, *Pedro > João.*

Isso significa, pelo menos, que o comparativo de igualdade não é incompatível com a diferença e tal fato fica obviamente excluído por essa análise em termos de pressuposição.

Considere-se ainda, neste sentido, o seguinte enunciado

Pedro é tão rico quanto qualquer um aqui. /75/

Considere-se, em seguida, a hipótese da *justa igualdade,* isto é, a hipótese que pretende que *tão ... quanto* signifique igual a (=).

Imaginemos, agora, uma situação S de discurso em que a riqueza de Pedro e a de outras personagens presentes (João, Antônio, Luís) seja representada da seguinte maneira:

Situação *S*

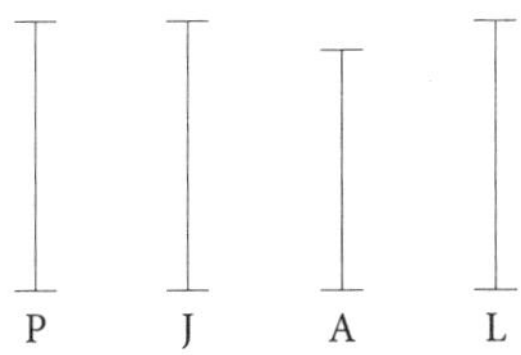

Se o enunciado /75/ puder ser dito na situação *S*, a hipótese da justa igualdade não poderá se manter.

E é isso que acontece.

Entretanto, poder-se-ia buscar uma explicação para a possibilidade de ocorrência de /75/ na situação *S* e que, de alguma forma, garantisse o valor informativo de justa igualdade do comparativo *tão ... quanto.*

Nesse caso, o que se poderia dizer é que /75/ é favorável à riqueza de *Pedro* e, por isso, o universo de discurso é reduzido a João e Luís. Mas esta redução, que permite o informativo, é, como se pode ver, processada argumentativamente.

Suponhamos agora uma outra situação S', em que todas as riquezas sejam diferentes e a de Pedro a maior delas, conforme a representação do seguinte esquema:

Situação *S'*

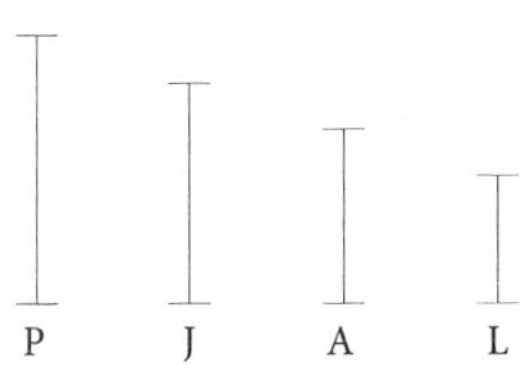

Informativamente, /75/ pode ser empregado em S e não em S'.

Em S, o seu valor argumentativo (uma certa disposição favorável a Pedro) põe entre parênteses Antônio. O universo da comparação vê-se reduzido à igualdade, porque o que interessa são as riquezas maiores como argumentos favoráveis à riqueza de Pedro.

Em S', /75/ não poderia ser utilizado, se fosse considerado simplesmente do ponto de vista informativo. Mas como há um valor argumentativo que orienta o *tão ... quanto* para *o mais*, isto é, que dispõe a igualdade para a diferença, no comparativo, o enunciado /75/ pode também ocorrer nessa situação.

Na verdade, para se empregar /75/ é dispensável que o locutor saiba se a situação é S ou S'.

Outro argumento contra este tipo de tratamento poderia ser dado, se considerássemos o seguinte enunciado:

Pedro é no máximo tão grande quanto João. /76/

onde, se quiséssemos que a descrição desse conta do valor que intuitivamente tem este enunciado, seríamos obrigados a admitir, nos termos de uma solução pressuposicional, a existência dos seguintes elementos semânticos:

PP: "Pedro não é menor"

P: "Pedro não é maior"

isto é: *Pedro = João*

Embora o resultado do procedimento analítico conduzisse também à igualdade entre *Pedro* e *João*, seria muito difícil, a não ser de um modo bastante artificial, explicar por que em /76/ o elemento pressuposto é o que é posto em /59/ e vice-versa.

Isto é, seria preciso admitir uma lei geral que dissesse que *no máximo* transforma o pressuposto em posto, quando não é isso que acontece.

Basta considerar um enunciado como:

Pedro comeu pouco. /77/

em que a descrição semântica revela os seguintes elementos:

PP: "Pedro comeu"

P: "Comida de quantidade fraca"

para, em seguida, considerar:

Pedro no máximo comeu pouco. /78/

e verificar que não acontece nenhuma inversão dos elementos semânticos acima apontados.

Se considerássemos agora o enunciado:

Pedro é no mínimo tão grande quanto João. /79/

e se quiséssemos manter a solução pressuposicional que aqui discutimos, seríamos obrigados a admitir que *no mínimo* destrói o pressuposto do enunciado /59/.

Novamente, tal fato não responderia a nenhuma lei geral e isso pode ser observado, quando se considera o enunciado:

Pedro no mínimo comeu pouco. /80/

onde o pressuposto "Pedro comeu" se mantém.

Adinitindo-se, ao contrário, o valor argumentativo da estrutura comparativa, compreenderíamos facilmente que *no máximo*, espécie de operador de restrição, incidindo sobre a enunciação de /59/, impede que *tão* realize o movimento em direção à diferença, isto é, ao *mais*, e fixe a igualdade como ponto máximo da apreciação favorável a Pedro.

Na realidade, tudo o que acontece é que, dada uma escala argumentativa:

↑ *Pedro é mais grande do que João.*
Pedro é tão grande quanto João. /59/
Pedro é quase tão grande quanto João.

o enunciado *Pedro é no máximo tão grande quanto João* /76/ significa que nenhum enunciado mais forte que /59/ é possível.

Daí a inversão argumentativa e a transformação informativa. Porque /76/ é compatível com *quase tão*, já que torna a inferioridade uma situação que pode verificar a verdade desse enunciado.

Com *no mínimo*, dá-se exatamente o contrário.

E, nesse sentido, pode-se dizer que *no máximo* e *no mínimo* são operadores *extrapredicativos*, pois o seu escopo não é o enunciado (nem mesmo um elemento dele), mas a enunciação.

Um terceiro ponto criticável nesse tipo de solução é que, do ponto de vista metodológico, não há nenhuma razão explícita para que se considere a expressão da igualdade no comparativo (*tão...quanto*) como elemento da linguagem-objeto e as expressões de diferença (*mais ... que, menos ... que*) como termos da metalinguagem descritiva. Que termos, neste caso, seriam as categorias que os descrevem e explicam?

Como explicar, por exemplo, a negação nos enunciados:

Pedro não é mais agradável que João. /81/

Pedro não é menos agradável que João. /82/

quando se sabe que no primeiro caso das duas possibilidades lógicas (= ou <) só a segunda se realiza e que no segundo ambas (> ou =) se verificam.

Esquematizando:

/76/: Interpretação

logicamente: $$\leqslant \begin{cases} \text{Pedro} = \text{João} \\ \text{ou} \\ \text{Pedro} < \text{João} \end{cases}$$

lingüisticamente: * *Pedro é tão agradável quanto João*
Pedro é menos agradável do que João

/77/: Interpretação

logicamente: $$\geqslant \begin{cases} \text{Pedro} = \text{João} \\ \text{ou} \\ \text{Pedro} > \text{João} \end{cases}$$

lingüisticamente: * *Pedro é tão agradável quanto João*
Pedro é menos agradável do que João

Como explicar ainda, sobre a rigidez de tal solução, que /76/ possa ser interpretado como "Pedro é tão desagradável quanto João", enquanto que /77/ a exclui totalmente?

Se aqui a resposta falha, a admissão de um Componente Argumentativo, no nível lingüístico da Descrição Semântica, pode encontrar o tom.

Da mesma forma que a negação de *tão ... quanto* exclui a zona da escala representada por *mais ... que*, pois, argumentativamente, o primeiro já dispõe o segundo (é neste sentido que falamos da dissimetria de relação entre os três graus) e é portanto diferença favorável ao termo comparado, a negação de *mais ... que* não pode remeter a *tão ... quanto* porque, como dissemos, eles se orientam no mesmo sentido e a negação, como vimos, tem como uma de suas propriedades a inversão da escala argumentativa.

Uma vez que /81/ é a negação de *Pedro é mais agradável do que João*, enunciado onde o movimento da enunciação é *favorável* a Pedro e *desfavorável* a João, a relação argumentativa se vê invertida, o que produz a interpretação "Pedro é menos agradável do que João" e no limite "Pedro é tão desagradável quanto João".

Com /82/ passa-se exatamente o contrário.

O enunciado afirmativo *Pedro é menos agradável do que João*, *desfavorável* a Pedro, encontra na negação os estados comparativos que lhe são favoráveis, isto é, "Pedro é tão agradável quanto João" e "Pedro é mais agradável do que João", o que, evidentemente, exclui a interpretação "Pedro é tão desagradável quanto João", francamente *desfavorável* a Pedro.

Outros argumentos podem ainda ser dados e que mostrem sempre a insuficiência da solução pressuposicional.

Consideremos, assim, a análise que Ducrot (1972, pp. 120-133) faz do correspondente francês (*seul*) do quantificador *só* do português[32].

Um enunciado como:

Pedro parou de fumar. /83/

que tem como elementos semânticos

PP: "Pedro fumava"

P: "Pedro não fuma"

quando modificado por *só*

Só Pedro parou de fumar. /84/

significa

"Só Pedro, das pessoas que fumavam, não fuma"

(mas pode ser que outras não fumassem).

32. Não entro no detalhe da análise. Apresento-a de um modo bem geral, para mostrar a fragilidade que ela pode revelar no tratamento pressuposicional do comparativo de igualdade.

Lembremos agora a análise feita pela solução pressuposicional do comparativo de igualdade, considerando o seguinte enunciado:

Pedro é tão agradável quanto João. /85/

PP: "Pedro não é mais agradável que João"

P: "Pedro não é menos agradável que João"

consideremos agora

Só Pedro é tão agradável quanto João. /86/

que, de acordo com o que dissemos acima, deverá significar

"Só Pedro, das pessoas que não são mais agradáveis que João, não é menos agradável"

(mas pode ser que outros sejam mais agradáveis).

Mas considere-se agora o enunciado:

Só Pedro é tão agradável quanto João e mesmo quanto José. /87/

em que, como vimos, Pedro pode ser mais agradável que João, o que é absolutamente contraditório com o resultado que a análise pressuposicional produziu.

Além disso, se nos lembrarmos da análise que fizemos do enunciado /59/, quando consideramos as suas possibilidades de ocorrência nas situações definidas, relativamente à valise sobre a estante, não é difícil verificar que a solução pressuposicional seria incapaz de mostrar a diferença de comportamento de /59/ e /60/. Na verdade, esta insuficiência é tautológica, já que esta solução não é senão um modo, tecnicamente diferente, mas substancialmente idêntico, da interpretação puramente informativa da igualdade, na comparação. É mais uma solução lógica para um problema cuja fluidez é transbordante. Daí a sua insuficiência.

Além disso, como explicar que no latim, por exemplo, a igualdade pudesse ser traduzida pela negação do comparativo de superioridade e de inferioridade, mas ambos como elementos postos, conforme se pode ler na observação de Jespersen (1917, pp. 83-84):

> In latin both *non magis quam* and *non minus quam* are favourite expressions for equality, though of course used in different connexions: *Caesar non minus operibus pacis florebat quam rebus in bello gestis/Pericles non magis op. pacis fl. quam r.i.b.g.* (Cauer, *Grammatica Militans*, p. 52).

Enfim, qualquer que seja a forma que tecnicamente uma análise pressuposicional, exclusiva do comparativo, possa ter, acredito que os enganos serão maiores do que os acertos.

Consideremos ainda uma outra variante da solução pressuposicional e tomemos para tanto a comparação de igualdade sob a forma interrogativa, como no enunciado:

Pedro é tão inteligente quanto João? /88/

À primeira vista, /88/ parece comportar o pressuposto: "João é inteligente". Suponhamos que este elemento semântico seja necessário para a descrição do enunciado. Neste momento, seremos também obrigados a admitir, ainda que não confundamos a distinção tema/comentário com a distinção posto/pressuposto, que a reciprocidade funcional do termo comparado e do termo comparante relativamente à distinção tema/comentário, que existe, como nossa análise mostrou, no enunciado afirmativo *Pedro é tão inteligente quanto João.* /89/, desaparece no enunciado interrogativo correspondente.

Em outras palavras, em /89/ tanto *Pedro* como *João* podem ser o tema. Quando é *Pedro*, o enunciado serve para comentar favoravelmente a sua inteligência, e quando é *João* o tema, ao contrário, ele apresenta Pedro como um argumento desfavorável à inteligência de João, e neste sentido, pode mesmo servir para falar de sua burrice.

Ora, dizer que em /88/ *Pedro é tão inteligente quanto João?* existe como pressuposto o conteúdo *João é inteligente*, significa eliminar automaticamente a possibilidade de que *João* possa ser o tema, porque, argumentativamente, o movimento da enunciação lhe seria desfavorável.

Afirmar, pois, a existência de tal pressuposto em /88/ significa dizer que este enunciado não pode ocorrer numa situação em que o locutor (L) e o destinatário (D) conhecem Pedro, e só o destinatário conhece João.

Esquematicamente:

Situação de enunciação:

L e D conhecem Pedro

D conhece João

Mas imaginemos uma situação concreta de discurso e veremos que /88/ pode perfeitamente ocorrer sem o pressuposto de inteligência como predicado do termo comparante, que à primeira vista ele parece comportar.

A e B são os interlocutores do diálogo, num fim de tarde originalmente paulistana, depois que a repartição pública (Serviço de Águas e Esgotos) onde trabalham desceu as portas laboriosas de um dia (um meio-dia) estafante de atendimento ao público.

No bar da esquina, o aperitivo e os salgadinhos, antes da volta triunfal ao lar e à televisão, eles comentam, percorrem o dia igual com a indiferença habitual, mas se detêm no novo funcionário, João, que B parece conhecer bastante e cuja capacidade ele não aprecia.

Tanto A quanto B conhecem, pela fama decantada, as limitações de um velho funcionário, figura do folclore doméstico: Pedro.

A fala de João, da sua incapacidade para decidir o que quer que seja de trivial e B, que se lembra de Pedro, diz:

B: *Neste caso, mesmo Pedro é tão inteligente quanto ele?* /90/

ao que A responde

A: *Sim, até mesmo Pedro.* /91/

Ora, se tal diálogo é possível, isto significa que /88/ pode ser utilizado para falar da "burrice de João", como pedido de precisão sobre o estado de sua inteligência. E, então, *João* é o tema e *Pedro* aparece como o comentário, que argumentativamente lhe é *desfavorável*. Recupera-se assim o mecanismo de compensação argumentativa que apontamos na comparação e que parecia, num primeiro momento, desaparecer no enunciado interrogativo.

Um último argumento para mostrar ainda que é impossível dar conta do valor semântico da estrutura comparativa nos termos de um tratamento meramente pressuposicional.

Consideremos os três seguintes enunciados:

Pedro é muito inteligente, tão inteligente quanto João. /92/

* *Pedro é pouco inteligente, tão inteligente quanto João.* /93/

Pedro é pouco inteligente, tão pouco inteligente quanto João. /94/

Dos três, apenas /93/ parece impossível.

A questão é saber se tal impossibilidade pode ser explicada em termos de pressuposição.

Parece que não.

Admitindo que as duas proposições que constituem o enunciado /93/ tenham, segundo a análise pressuposicional, os seguintes elementos semânticos[33]:

Pedro é pouco inteligente, tão inteligente quanto João. /93/

PP: "Pedro é inteligente" PP: "João é inteligente"

P: "Pouco"

Como explicar que sobre o universo comum da inteligência de Pedro e de João, que eu comparo, eu não possa afirmar a restrição desta qualidade?

Ou ainda, e dentro da mesma linha de complicação, como explicar que bastaria coordenar as duas proposições que formam o enunciado /87/ com a conjunção *mas*, para que ele se tornasse perfeitamente admissível?

Pedro é pouco inteligente, mas tão inteligente quanto João. /95/

E de tal modo que esta mesma explicação fosse capaz de excluir a possibilidade da conjunção *mas* em /86/ e em /88/?

Pedro é muito inteligente, mas tão inteligente quanto João. /96/

Pedro é pouco inteligente, mas tão pouco inteligente quanto João. /97/

Na verdade, estes problemas concernem à argumentação e não à pressuposição. E se, dentro do tratamento semântico argumentativo que ao longo deste trabalho viemos propondo para a comparação, conseguirmos explicá-los, teremos dado um passo importante no sentido de, pelo menos, mostrar a sua necessidade, quando se trata da descrição da significação lingüística.

Assim, é suficiente dizer que a impossibilidade de /87/ decorre do fato de que ele se constitui de enunciados cuja orientação argumentativa é contraditória, isto é, enunciados que pertencem a escalas argumentativas diferentes, uma vez que *pouco inteligente* é *desfavorável* a Pedro e *tão inteligente quanto* lhe é *favorável.*

33. Cf. a descrição de *pouco* (*peu* em francês) feita por Ducrot (1972, cap. 7, pp. 191 ss.).

FIGURA 29

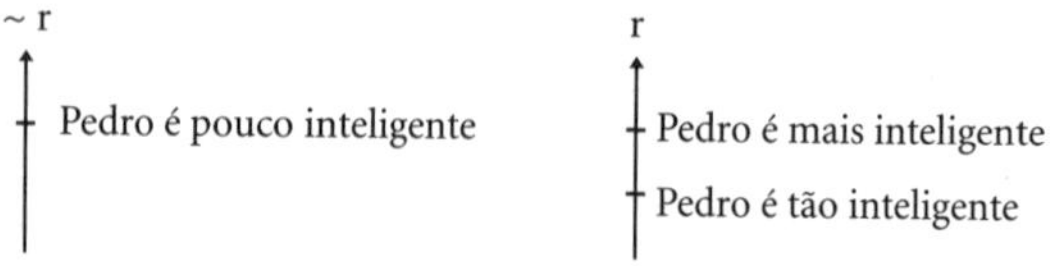

Ao contrário, a possibilidade de /92/ e /94/ explica-se, porque os enunciados que os constituem são argumentativamente orientados no mesmo sentido.

FIGURA 30

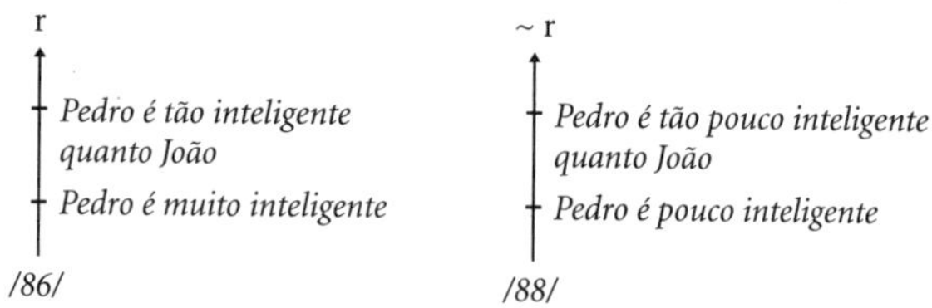

E é este mesmo mecanismo que explica ainda que /83/ é possível com *mas*, enquanto os outros dois não o são, pois esta conjunção opõe os enunciados que coordena, relativamente às conclusões que deles se podem tirar.

Evidentemente, tanto /92/ como /94/ admitiriam esta conjunção, mas agora tratar-se-ia do *mas* que trabalha contra a lei de exaustividade com que a enunciação é compreendida ou apresentada.

Conclusão

O Magali ma tant amado,
Mete la testo au fenestroun!
Escouto un pau aquesto aubado
de tambourin e de violoun
. . . .
O Magali, me fas de bèn!...
Mai, tre te veire,
Ve lis estello, o Magali,
Coume au pali!

FREDÉRIC MISTRAL, "Mireio", pp. 108-122.

Se a distinção do sujeito
e do objeto é embaralhada
em meu corpo [...], ela o
é também na coisa.

MERLEAU-PONTY, "Le philosophe et son ombre", p. 201.

Gostaria ainda, nesta parte final do trabalho, de fazer algumas observações sobre a relação entre pressuposição e argumentação.

Não creio que a pressuposição lingüística, sobretudo se considerada como ato específico de linguagem, conforme Ducrot (1972) a apresenta, possa ser vista como um caminho alternativo da argumentação para a descrição semântica de uma dada língua.

Ao contrário, embora seja prematuro afirmá-lo, pois que não dispomos ainda de indícios e dados suficientes, penso que a pressuposição é, como antes sugeri, um fenômeno cuja explicitação não se pode dar senão no interior de uma teoria semântica argumentativa.

Mas este lugar deverá ser de algum modo diferente daquele que ocupam os argumentos e a conclusão que os orienta, isto é, diferente do espaço desenhado pela própria escala argumentativa, ela mesma.

Porque, se esta organiza o universo semântico segundo a sistemática subjetiva das intenções dos falantes, aceitando a língua como código – o que a faz comunicação –, mas dispondo-o do seu próprio interior como retórica e transgressão, para criar no intervalo de si mesma o lugar privilegiado do indivíduo e da diferença, é que a língua se contém como possibilidade da língua e tal possibilidade está para sempre inscrita na história e com ela se movimenta.

Mas, se as escalas argumentativas, ao mesmo tempo que explicitam os argumentos e as intenções do locutor, isto é, se elas traduzem de maneira geral e privilegiada a problemática da linguagem como ação, da língua como lugar irrefutável da reciprocidade dos atos de fala, da enunciação, elas o fazem a um nível de significação diferente daquele em que a pressuposição, enquanto ato de fala específico, trabalha.

Na distinção posto/pressuposto, poderíamos dizer que a argumentatividade representada nas escalas argumentativas, isto é, os enunciados como argumentos para uma certa conclusão r, situar-se-ia mais do lado do posto, ou, pelo menos, representaria uma forma de organização deste com relação ao universo subjetivo das intenções dos locutores.

Foi isto que tentamos representar na figura 12 do cap. IV, quando dissemos que a conclusão r se produz como relação entre o Componente Argumentativo e o Componente Informativo, isto é, no intervalo entre o conteúdo informacional de um enunciado e o seu valor argumentativo.

É neste sentido, ainda, que se pode compreender que a pressuposição não é tocada pelo encadeamento dos enunciados num discurso, encadeamento que, como já observou Ducrot (1972), se dá apenas ao nível da posição dos enunciados.

Bastará, para tanto, entender que a evolução de um discurso, a sua progressão se faz calcada sobre um princípio de diferença necessária e que os enunciados que o constituem estabelecem entre si relações de ordem, cuja organização geral é de natureza argumentativa: tal enunciado será igual, mais, ou menos forte que tal outro segundo determinadas intenções, enquanto que outros se oporão a estes, por outras conclusões possíveis, e estabelecerão entre si, no interior da escala argumentativa a que pertencem, o mesmo tipo de hierarquia.

Na verdade, o elemento pressuposto não só não é tocado pelo encadeamento como ele pode – e é o mais freqüente – orientar-se no sentido contrário do elemento posto.

É o que acontece, por exemplo, se considerarmos um enunciado como

Pedro comeu pouco. /1/

que se analisa em

PP: "Pedro comeu"

P: "pouco"

e cujos elementos são, se considerados do ponto de vista argumentativo, contrários, pois que o pressuposto é um argumento, por exemplo, para *muito* enquanto que o posto o é para *nada.*

Essa contradição não impede que esse enunciado obedeça às leis de encadeamento e constitua, no interior de um discurso, um argumento no sentido da conclusão que o orienta.

Entretanto, se a progressão de um discurso se faz calcada na diferença, o que seria de um grupo de enunciados que respeitassem no limite absoluto esse princípio?

Creio que não é difícil ver que eles jamais constituiriam um texto. É, portanto, necessário que, de alguma forma, a evolução de um texto se faça sobre um residual de igualdade, no qual a repetição crie as condições de sua coerência e homogeneidade.

É neste sentido que tantas pesquisas se desenvolveram, ora trabalhando no nível dos eixos sintagmático e paradigmático, como o faz Jakobson, ora no nível de semas e classemas, como o faz Greimas, ora, de um modo bastante formal, no nível da distribuição de morfemas e da constituição de classes de equivalência, como o faz Harris, que permitissem a identificação de partes homogêneas num discurso e, a partir delas, a identificação da homogeneidade do todo[1].

Como já sugeriu Ducrot, a pressuposição poderia também constituir um critério importante nas pesquisas sobre as condições de coe-

1. Cf. R. Jakobson, "Linguistique et poétique", em *Essais de linguistique générale*, Paris, Minuit, cap. XI, 1963, pp. 209-248. A. J. Greimas, *Sémantique structurale*, Paris, Larousse, 1966. Z. S. Harris, "Discourse Analysis", em Fodor & Katz (eds.), *Readings in the Philosophy of Language*, pp. 355-383.

rência do discurso e na linha desta sugestão alguns trabalhos como o de Irena Bellert já apresentaram resultados bastante interessantes[2].

Ora, se por outro lado aceitarmos a noção de pressuposição, definida como ato de fala específico, cuja função é instituir, pela própria palavra, o universo no qual o discurso irá desenvolver-se, impondo desta forma ao interlocutor do discurso o lugar sobre o qual ele pode diferenciar-se e progredir, aceitaremos também, com facilidade, a idéia de que este ato, ao mesmo tempo que estabelece o quadro jurídico da fala, apresenta-se como uma espécie de acordo privilegiado que o locutor busca e impõe ao interlocutor, como premissa de sua argumentação[3].

Neste sentido, a pressuposição lingüística pode ser considerada como um ato que visa a estabelecer, como ponto de partida para o edifício da argumentação, a adesão do auditor. Isto é, ela poderia ser considerada como constituindo uma espécie de tópico, de lugar da argumentação, mas um lugar privilegiado uma vez que, embora

2. Cf. O. Ducrot, "La description sémantique des énoncés français et la notion de présupposition", *L'homme*, VII, 1, pp. 37-53. I. Bellert, *On the Logico-Semantic Structure of Utterances* (já citado).

3. Cf., por exemplo, a solução que Ducrot propõe, e que apresento na minha tese de mestrado, para o problema do encadeamento de enunciados onde o pressuposto parece ser levado em conta. Assim, considerando os dois seguintes enunciados em forma de diálogo:
a) *Ele parou de fumar*
b) *Portanto ele tem força de vontade*
e considerando que a) tem como elementos semânticos
a') PP: "ele fumava"
a") P: "ele não fuma"
parece difícil admitir que a conclusão representada em b) possa ser tirada se não se levar em conta o elemento pressuposto em a). Ducrot propõe, então, a partir de uma sugestão feita por Grize (J. B. Grize, *Logique moderne*, Paris/La Haye, Gauthier-Villars/Mouton, 1969, Fascículo I, pp. 11-25), que o pressuposto constitui o quadro geral, a hipótese de base sobre a qual o raciocínio se assenta, permitindo que, da hipótese particular representada pelo elemento posto, se tire a conclusão b), conforme mostra o seguinte esquema

a') PP: ele fumava	
	a") P: ele não fuma
	b) ele tem força de vontade

guardando a natureza do implícito, ele se apresenta com a força de uma imposição explícita, criando para o auditor certas obrigações cuja necessidade parece justificar-se pelo próprio direito de falar.

A pressuposição seria assim uma espécie de presunção de adesão dos auditores, por parte do locutor de um discurso, constituindo-se como premissa da argumentação, a que ele se presta.

Mas este acordo inicial, ao contrário das hipóteses gerais sobre as quais se assenta um raciocínio e que se apresentam de modo tácito, como uma forma de subentendido, desfruta de uma ambigüidade terrível que lhe dá originalidade e força: ganha em malícia e envolvimento, no que tem de implícito, e acrescenta em determinação e orientação do discurso, na medida em que explicita, pois que é lingüístico, mas se guarda, pois que é ato de preservação.

Preservação do espaço, do lugar, do universo no qual o locutor pretende situar o interlocutor para o desenvolvimento de seu discurso e de sua argumentação.

Deste modo, se a argumentação que visa a um determinado fim, a uma dada conclusão, se desenvolve no nível da posição dos enunciados, o pressuposto seria o acordo de base que, lingüisticamente, o sujeito dessa argumentação procura impor ao seu interlocutor. Esses elementos constituiriam o que, de um modo geral, poderíamos chamar de situação argumentativa.

E, se toda argumentação é obviamente contestável no nível dos argumentos e das conclusões, para as quais eles se dispõem, também esse tipo particular de premissa é contestável. Mas o efeito desta contestação será fatalmente diferente, conforme ela recaia sobre os argumentos ou sobre o acordo inicial.

No primeiro caso teríamos um tipo de argumentação que poderia ser aproximado daquilo que os trabalhos de retórica chamaram argumentação *ad hominem*, enquanto que no segundo teríamos, de certa forma, o correspondente do que se chamou argumentação *ad personam*[4].

4. Cf. Ch. Perelman & L. Olbrechts-Tyteca, *La nouvelle rhétorique – Traité de l'argumentation*, Paris, 1958, pp. 148-153, para a distinção argumento "ad humanitatem", "ad hominem", "ad personam" "ad rem".

Perelman (1958, p. 148) dá o seguinte exemplo de argumentação *ad hominem:*

Uma família deverá receber onze pessoas para almoçar. A empregada, assustada, diz à patroa que esse número dá azar, e esta imediatamente lhe responde:

– Não, Maria, você está enganada: é treze que dá azar.

E, considerando o exemplo, o autor diz o seguinte:

> L'argument est sans réplique et met immédiatement fin au dialogue. Cette réponse peut être considérée comme un type d'argumentation *ad hominem.* Elle ne met en cause aucun intérêt personnel de la servante, mais se base sur ce que celle-ci admet. Plus rapidement efficace que ne le serait une dissertation sur le ridicule des superstitions, elle permet d'argumenter dans le cadre du prejugé, au lieu de le combattre.

Outra coisa seria um argumento *ad personam*, que, segundo Perelman, constituiria um ataque contra a pessoa do adversário, visando a desqualificá-lo.

Assim, no caso do exemplo citado, se a réplica da boa patroa visasse ao pressuposto do ato de enunciação de nossa pobre empregada, isto é, o fato de que em seu ato existe um elemento de significação que diz que há um número que dá azar, esta réplica atingiria diretamente a figura do interlocutor e, caso aceitássemos o idílio da situação em que patrões dialogam com empregados, poderia desencadear não uma discussão, no sentido retórico do termo, mas uma discórdia.

Neste momento, estaríamos então diante do avesso do envolvimento a que a palavra se presta: a palavra envolvida em si mesma revelar-se-ia metalingüística, traduzindo no ato de refutação do pressuposto aquilo que se pode considerar como uma das manifestações da função polêmica da linguagem.

Mas tudo isto não é mais que sugestão. O fato é que as relações entre a noção de pressuposição lingüística e o valor argumentativo dos enunciados de uma dada língua não podem ser traduzidos nos termos de uma redução deste àquela, pois, como pensamos, se uma integração é possível, ela o será fatalmente no sentido de uma distinção de níveis de função e no interior de uma teoria semântica cujos fundamentos sejam argumentativos.

No caso da comparação, o seu tratamento pressuposicional, quer a sua concernência seja o termo comparante, quer, de maneira mais sofisticada e técnica, se diga que o que se pressupõe é a situação dos termos comparados numa escala dada pela qualidade, o que se faz sempre é reduzir o seu valor a uma simples classificação de tipo lógico-informativo.

Ora, tal procedimento, como vimos, se responde por um aspecto da significação do comparativo, não o faz senão enquanto este se particulariza, verificando uma situação que, apesar de objetiva, não é totalizante da sua função.

Considere-se, ainda neste sentido, o caso do comparativo com predicados diferentes, utilizando como exemplo os seguintes enunciados:

Pedro é tão inteligente quanto corajoso. /3/

Pedro é tão inteligente quanto covarde. /4/

cuja estrutura geral pode ser representada por

A é tão X quanto Y. /5/

O problema que tais construções apresentam é que elas exigem que A seja ao mesmo tempo X e Y ou ~ X e ~ Y. E isto pode fazer pensar que a estrutura representada em /5/ indique não uma compensação argumentativa mas a igualdade lógica de duas posições em escalas objetivas, tal como o representa a figura 1, abaixo:

A solução para este problema deverá partir da observação do seguinte fato:

FIGURA 1

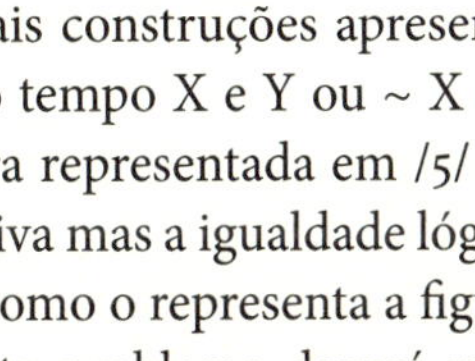

O emprego de /5/ não é possível se A tem uma posição média nas escalas determinadas por X e Y.

E os argumentos que podem ser avançados em seu favor são os seguintes:

1.º) É impossível[5] ter em tais construções a ocorrência de um operador de restrição do tipo de *apenas, simplesmente, só.* Senão confira-se:

* *Pedro é apenas tão inteligente quanto corajoso.* /6/

* *Pedro é simplesmente tão inteligente quanto corajoso.* /7/

* *Pedro é só tão inteligente quanto corajoso.* /8/

O mesmo se dá com o francês, como se pode observar nos enunciados abaixo:

* *Pierre est tout juste aussi intelligent que courageux.* /9/

* *Pierre est simplesment aussi intelligent que courageux.* /10/

* *Pierre est seulement aussi intelligent que courageux.* /11/

2.º) Numa situação em que A (Pedro) seja medíocre em tudo, parece difícil dizer, por exemplo:

Pedro é tão bom em inglês quanto em matemática. /12/

3.º) Finalmente, um argumento de ordem mais geral, mas não menos importante, que é o seguinte:

Parece absurdo que a língua possa prestar-se a comparar graus de qualidades diferentes, isto é, que ela admita um sistema de medida da *coragem,* da *inteligência,* quando o que ela faz é simplesmente *compensar* uma qualidade com a outra.

Desta forma, a estrutura representada em /5/ significa que a afirmação de que A é X *compensa* a afirmação de que A é Y, admitindo-se que as duas afirmações podem ser compreendidas de modo negativo, isto é

A é X ⟶ A não é X

A é Y ⟶ A não é Y

É este o mesmo movimento retórico que se encontra no emprego de enunciados do tipo de

5. É evidente que a impossibilidade de que falamos não é absoluta. Ela é relativa a uma dada situação de discurso. Por isso, os asteriscos não têm em nosso trabalho, como dissemos, a força "normativa" que eles têm na gramática gerativa. Basta pensar que os enunciados /6/, /7/ e /8/ seriam perfeitamente possíveis se os operadores de restrição *apenas, simplesmente* e *só* fossem usados ironicamente para produzir efeito contrário do que valem, como quando se diz de alguém que é muito rico: – Não, ele não é rico. Ele tem só cinco casas, dez carros, um iate etc.

Como ele é corajoso! /13/

para significar

Ele não é nada corajoso. /14/

ou

Como ele é covarde! /15/

E é interessante notar que este valor de compensação é o mesmo que apontamos no operador *também*, de tal forma que as duas possibilidades de compensação que nele identificamos podem aqui ser encontradas, a saber:

1.ª possibilidade:

Os dois fatos afirmados são argumentos para conclusões opostas.

Assim, um enunciado como

Pedro é tão inteligente quanto covarde. /4/

seria, então, parafraseado por um enunciado do tipo de:

Pedro é inteligente / mas também covarde. /16/

2.ª possibilidade:

Os dois argumentos vão na mesma direção, mas se opõem, já que o primeiro pode ser apresentado como pretendendo excluir o segundo, isto é, como uma afirmação exaustiva.

A compensação faz-se, então, relativamente a esta pretendida exaustividade.

Neste caso, um enunciado como

Pedro é tão inteligente quanto corajoso. /3/

deverá ser parafraseado da seguinte maneira:

Pedro não só é corajoso mas também inteligente. /17/

Deste modo, tudo o que procuramos mostrar com o comparativo é que a sua descrição semântica não pode contentar-se com a rigidez de uma representação em termos de uma metalinguagem lógica.

Não há aí, originalmente, nem medida nem grau. Há apenas a predicação original que permite, diante do que vejo e sinto, emitir um julgamento relativo, cuja especificidade está em situar a subjetividade como o espaço imprescindível da existência da linguagem.

E, como esta subjetividade não é mais do que negação da subjetividade do outro, do *tu*, de toda enunciação, é no intervalo desta negatividade que a semântica deverá produzir a linguagem como intersubjetividade.

Benveniste (1948, p. 120) para quem essa noção é tão cara, falando na linha da oposição entre os sufixos do indo-europeu *yes* e *teros*, faz a seguinte consideração sobre os advérbios latinos *in* e *inter:*

> Il faut considérer dans leur rapport les significations de *in* et *inter.* Alors que *in* indique seulement la position d'intériorité, *inter* marque aussi "dans" mais "separativement". La langue peut alors utiliser la notion de "séparation" comme prédicat de celle d'intériorité, comme c'est le cas dans beaucoup d'adverbes. Le sens est alors "à intérieur, de manière à produire séparation", d'où "entre". On voit que c'est là, cette "séparation – à l'intérieur" d'un entier qui, par voie de *conséquence,* détermine le concept de "deux" objets "entre" lesquels le procès se réalise, bien que *-ter* ne contienne pas la notion de dualité.

Vemos por aí o quanto o comparativo é privilegiado para ilustrar a necessidade desta semântica de intervalo.

Mas, se esse privilégio se evidencia como particularidade, ele não esconde, mas antes revela a necessidade de pensar a semântica para além dos limites formais que o instrumental lógico da ciência determina.

E, se, de alguma forma, é possível conceber uma pragmática integrada das línguas naturais, acredito que o espaço de sua construção deverá também desenhar-se como intervalo de toda dicotomia.

Mas tudo isto são indicações, não mais que indicações. Aventura que tenta explicitar, na paráfrase, o que a poesia de Fernando Pessoa (se não ofendo a ortodoxia dos cientistas da linguagem) atravessou no modelo:

> Porque eu sou do tamanho do que vejo
> E não do tamanho da minha altura...

Falar em predicação original, a propósito da comparação, significa, a exemplo do que faz Ducrot, quando analisa o verbo *trouver*, do francês[6], dizer que o comparativo não classifica os objetos que compara, porque não os inclui num conjunto que a qualidade poderia determinar e onde já se encontram classificados outros elementos.

Ao contrário, a predicação aí é mais primitiva, porque instanciada a partir da subjetividade do falante, no momento mesmo do ato de fala que a institui. E este ato de fala é, no comparativo, um ato de compensação argumentativa.

Na cena primeira do primeiro ato de *Le mariage de Figaro*[7], logo na abertura da peça, Figaro e Suzanne, que estão no quarto que o Conde Almaviva lhes atribui, dizem o seguinte:

> Figaro: – Dix-neuf pieds sur vingt-six.
> Suzanne: – Tiens, Figaro, voilà mon petit chapeau: le trouves-tu mieux ainsi?
> Figaro (lui prend les mains): – Sans comparaison, ma charmante...

Não é difícil observar que a questão que Suzanne põe a Figaro é toda ela calcada sobre uma estrutura comparativa: ela pede a Figaro que compare dois estados, duas disposições do chapéu e que dê o seu julgamento. É o comparativo de superioridade *mieux* que nos dá a indicação.

E a resposta de Figaro é taxativa, é conclusiva no momento em que responde com um *sem comparação,* que exclui toda e qualquer compensação possível. Os dois estados não são comparáveis e por isso não há argumentação. O que não se compara é único e irrefutável. O assunto se encerra e o diálogo sobre o fato se conclui. É por isso que, na mesma fala de Figaro, a seqüência do discurso, embora guardando o tema *chapéu de noiva*, irá desviar-se para a expressão dos desejos da personagem em relação a Suzanne "[...] Oh! que ce joli bouquet virginal, élevé sur la tête d'une belle fille, est doux, le ma-

6. O. Ducrot, "Je trouve que", inédito, onde o autor considera o verbo *trouver* como um performativo de discurso interior cujo ato de fala, que realiza, é exatamente um ato de predicação original. O artigo é ainda interessante por conter indicações preciosas para um estudo do verbo *achar,* do português.

7. Beaumarchais, *Le mariage de Figaro*, Paris, Larousse, 1971, 2 vols., col. Nouveaux Classiques Larousse, 1.º vol., p. 61.

tin des noces, à l'oeil amoureux d'un époux!..." Onde a comparação não é possível não há compensação provável e o que não se compensa apresenta-se com a exclusividade do abstrato.

Desse modo, a fala de Figaro constitui um ato de recusa da argumentatividade com que a questão de Suzanne se apresenta, mas também uma escolha decisiva: recusa de comparar, escolha definitiva.

O termo que se exclui deixa a carência de um dinamismo onde a compensação, própria da estrutura comparativa, fica ecoando como a possibilidade do diálogo que a personagem interrompe e desvia.

Enfim, sugestões, possibilidades. Aventura de um sentimento diante e dentro da linguagem. De cuja estória eu sou também personagem.

Apontamentos cuja indicação levam a Semântica para a posição crítica de aceitar necessariamente as dicotomias da ciência para invadir-lhes o intervalo com a história do homem. Neste intervalo deverá um dia haver lugar para uma lingüística do texto.

Bibliografia

1. Obras Citadas

Alencar, José de. "Iracema." In: *Obras Completas*. Rio de Janeiro, Ed. Aguillar, vol. III, 1965.

Anderson, J. M. *The Grammar of Case: Towards a Localist Theory*. London and New York, Cambridge University Press, 1971.

Anscombre, J. C. "Même le roi de France est sage", *Communications*, 20, 1973, pp. 40-82.

Arnaud & Lancelot. *Grammaire générale et raisonnée (Grammaire de Port-Royal)*. Paris, Republications Paulet, 1969.

Austin, J. L. "Comment parler?" Trad. francesa em *Langages*, 2, 1966.

______. *Philosophical Papers*. Ed. by J. O. Urmson and G. J. Warnock. Oxford University Press, 1961.

______. *How to do Things with Words*. Cambridge, Mass., Harvard University Press, 1962.

Bally, Ch. *Mélanges*. Genève, 1939.

Bazell, C. E. "On the Neutralisation of Syntactic Oppositions", *Travaux du Cercle Linguistique de Copenhague*, 1949.

BEAUMARCHAIS. *Le mariage de Figaro.* Paris, Larousse, 1971, 2 vols.

BELLERT, I. "On the Logico-Semantic Structure of Utterances", *Polska Academia Nauk/Komitet Jczykoznawstwa*, 1972.

BENVENISTE, E. *Problèmes de linguistique générale.* Paris, Gallimard, 1966.

________. *Problèmes de linguistique générale* II. Paris, Gallimard, 1974.

________. *Noms d'agent et noms d'action en indo-européen.* Paris, Adrien Maisonneuve, 1948.

________. "L'appareil formel de l'énonciation", *Langages*, 17, 1970, pp. 12-18.

________. "La philosophie analytique et le langage". In: *Problèmes de linguistique générale* I, pp. 267-276.

________. "La nature des pronoms". In: *Problèmes de linguistique générale* I, pp. 251-266.

BRÉHIER, E. *Transformation de la philosophie française.* Paris, Flammarion, 1950.

BRESNAN, J. W. "On Complementizers: Toward a Syntactic Theory of Complement Types", *Foundations of Language*, 6, 1970, pp. 270-321.

________. "Syntax of the Comparative Clause Construction in English", *Linguistic Inquiry*, 4, 3, 1973, pp. 275-343.

CAMPBELL, R. N. & WALES, R. J. "Comparative Structures in English", *Joumal of Linguistics*, 5, 2, pp. 215-251.

CHOMSKY, N. *Syntactic Structures.* Paris/La Haye, Mouton, 1957.

________. *Aspects of the Theory of Syntax.* Cambridge, Mass., MIT Press, 1965. Trad. francesa: *Aspects de la théorie syntaxique.* Paris, Seuil, 1971.

________. *Current Issues in Linguistic Theory.* La Haye, Mouton, 1964, 119 pp. Versão corrigida e aumentada de 1964: "The Logical Basis of Linguistic Theory". In: *Proceedings of the IXth International Congress of Linguistics.* La Haye, Mouton, pp. 914-978. Igualmente retomado, com ligeiras modificações, em FODOR, J. A. & KATZ, J. J. *Readings in the Philosophy of Language*, pp. 50-118.

________. "Remarks ou Nominalisations". In: JACOBS, R. A. & ROSENBAUM, P. S. (orgs.). *Readings in English Transformational Grammar.* Waltham, Mass., Ginn and Co., A Xerox Company, 1970, pp. 184-221.

________. "Deep Structure, Surface Structure, and Semantic Interpretation". In: STEINBERG & JAKOBOVITS (orgs.). *Semantics.* Cambridge University Press, 1971, pp. 183-216.

COLE, D. T. *An Introduction to Tswana Grammar.* London, Longmans, 1955.

DE MAURO, T. *Une introduction à la sémantique.* Paris, Payot, 1971.

DOHERTY, P. & SCHWARTZ, A. "The Syntax of the Compared Adjective in English", *Language*, 43, 1967, pp. 903-936.

DOUGHERTY, R. C. *The Grammar of Coordinate Conjoined Structures.* MIT, Ph. D. Dissertation, 1968, mimeogr.

DUCROT, O. *Dire et ne pas dire – Principes de sémantique linguistique.* Paris, Hermann, 1972, Col. Savoir.

______. *La preuve et le dire – Langage et logique.* Paris, Mame, 1973, Col. Repères.

______. *Langages, 2 – Logique et linguistique* – "Introduction", pp. 3-41.

______. "Présupposés et sous-entendus". In: *Langue française.* Paris, Larousse, 1969, 4: "La Sémantique", pp. 30-43.

______. "'Peu' et 'un peu'", *Cahiers de lexicologie*, 16:21-52, retomado e ampliado em *Dire et ne pas dire.*

______. "La description sémantique des énoncés français et la notion de présupposition", *L'homme*, VIII, 1, pp. 37-53.

______. "Je trouve que", *Semantikos*, 1, Paris, 1975.

DUCROT, O. & TODOROV, T. *Dictionnaire encyclopédique des sciences du langage.* Paris, Seuil, 1972.

FILLMORE, Ch. "Entailment Rules in a Semantic Theory", *Research Foundation Project on Linguistic Analysis*, Ohio State University, 10, 1965, pp. 60-82.

______. "A Proposal Concerning English Prepositions", MSLL, 17, 1967.

______. "The Case for Case". In: BACH, E. & HARMS, R. T. (orgs.). *Universals in Linguistic Theory.* New York, Holt, Rinehart & Winston, 1968, pp. 1-88.

FIRBAS, J. "On Defining the Theme in Functional Sentence Analysis", *Travaux Linguistiques de Prague*, Prague, 1964, vol. 1, pp. 267-280.

FRANCHI, C. *Esquisse d'un modèle fonctionnel du langage.* Marseille, Un. de Aix-Marseille, 1971. Tese de mestrado.

FREGE, G. "Über Sinn und Bedeutung", *Zeitschrift für Philosophie und Philosophische Kritik*, 100, 1892, pp. 25-50. Trad. francesa com o nome de "Sens et dénotation", na coletânea *Écrits logiques et philosophiques.* Paris, Seuil, 1971, pp. 102-126.

GALLIS, A. *Études sur la comparaison slave.* Oslo, Norsk Videnskaps Akad, n. 3, 1946.

GARVIN, P. L. *On Linguistic Method: Selected Papers.* La Haye, Mouton, 1964.

GLEITMAN, L. "Coordinating Conjunctions in English", *Language,* XLI, pp. 260-293.

GRANGER, G. G. "Objet, structure et significations", *Revue Internationale de Philosophie,* n. 73-74, fasc. 3-4, 1965. Retomado e ligeiramente modificado em COLIN, A. *Essai d'une philosophie du style.* Paris, 1968.

GREIMAS, A. J. *Sémantique structurale.* Paris, Larousse, 1966.

GREEN, G. "On *Too* and *Either,* and not just on *Too* and *Either,* Either". In: DARDEN, B. J. & DAVISON, A. (orgs.). *Papers from the Fourth Regional Meeting of the Chicago Linguistic Society.* Cambridge, Mass. 1968, pp. 22-39.

______. "The Lexical Expression of Emphatic Conjunction. Theoretical Implications". *Foundations of Language,* jul. 73, vol. 10, n. 2, pp. 197-248.

GREVISSE, M. *Le bon usage.* 8ª ed., Paris, Glembloux-Duculot, 1964.

GRIZE, J. B. *Logique moderne.* Paris, Gauthier-Villars, fasc. I, pp. 11-25.

HARRIS, Z. S. "Discourse Analysis". *In:* FODOR & KATZ (orgs.). *Readings in the Philosophy of Language,* pp. 355-383.

HUDDLESTONE, P. "More on the English Comparative", *Journal of Linguistics,* 3, 1967, pp. 91-102.

IVENS, W. G. *Dictionary and Grammar of the Language of Sa'a and Ulawa, Solomon Islands.* Washington, 1918.

JACOBS, R. A. & ROSENBAUM, P. S. *English Transformational Grammar.* Waltham, Mass., Xerox College Publishing, 1968.

JAKOBSON, R. "Les embrayeurs, les catégories verbales et le verbe russe". In: *Essais de linguistique générale.* Paris, Minuit, 1963, pp. 176-196.

______. "Zur Struktur des Russischen Verbums". In: *Charisteria Mathesio.* Praga, 1932, pp. 74-84.

______. "Linguistique et poétique". In: *Charisteria Mathesio.* pp. 210-248.

JESPERSEN, O. "Negation in English and in Other Languages", *Historisk-Filologiske Meddelelser.* Copenhague, I, 5, 1917.

______. *A Modern English Grammar.* London, Copenhague, Allen, Unwin & Munksgaard, 1913.

KATZ, J. J., "Interpretative Semantics vs Generative Semantics", *Foundations of Language,* 6, pp. 220-259.

______. "Generative Semantics is Interpretative Semantics", *Linguistic Inquiry*, 2, pp. 313-331.

______. "Interpretative Semantics Meets the Zombies" – inédito.

______.*Semantics Theory.* New York, Harper & Row Publishers, 1972.

______ & Fodor, J. A. "The Structure of a Semantic Theory". In: ______ (orgs.). *The Structure of Language – Readings in the Philosophy of Language.* Englewood, New Jersey, Prentice Hall Inc., 1964, pp. 479-518.

______ & Postal, P. M. *An Integrated Theory of Linguistic Description.* Cambridge, Mass. MIT Press, 1966.

Kristeva, J. (org.). "Epistémologie de la linguistique", *Langages*, 24.

Lahud, M. *Enquête autour de la notion de deixis.* Univ. de Aix-Marseille, 1973. Tese de mestrado.

Lakoff, G. "On Generative Semantics". In: Steinberg & Jakorovits (orgs.). *Semantics,* Cambridge Un. Press, 1971, pp. 232-296.

______. "The Role of Deduction in Grammar". In: Fillmore & Langedoen (orgs.). *Studies in Linguistic Semantics.* New York, Holt, Rinehart and Winston Inc., 1971, pp. 62-70.

______. "Linguistics and Natural Logic", *Synthese*. Dordrecht, Holanda, D. Reidel Publishing Company, vol. 22, n. 1-2, dez. 1970, pp. 151-271.

Lakoff, R. "IF's, AND's, and BUT'S About Conjunctions". In: Fillmore & Langedoen (orgs.), pp. 114-149.

Leenhardt. *Vocabulaire et grammaire de la langue houailou*, 1935.

Lees, R. B. *The Grammar of English Nominalizations.* Bloomington, Ind., Indiana University Press, 1960.

______. "Grammatical Analysis of the English Comparative Construction", *Word*, 17, pp. 171-185.

Lightfoot, D. "Les présuppositions dans la grammaire transformationnelle". In: *Problèmes de sémantique* (en collaboration), Les Presses de l'Université du Québec, 1973, pp. 173-260.

Lyons, J. *Introduction to Theoretical Linguistics.* London and New York, Cambridge University Press, 1968.

Malzac. *Grammaire malganaise*, 1935.

McCawley, J. D. "The Base Component of a Transformational Grammar", *Foundations of Language*, 4, pp. 243-269.

______. "The Role of Semantics in a Grammar". In: Bach & Harms (orgs.).

Universals in Linguistic Theory. New York, Holt, Rinehart & Winston, 1968, pp. 124-169.

______. "Interpretative Semantics Meets Frankenstein", *Foundations of Language*, 7, pp. 285-296.

MEILLET, A. "Le renouvellement des conjonctions". In: *Linguistique historique et linguistique générale.* Paris, Libraire Honoré Champion ed., 1965.

MILNER, J. "Wieso Pragmatik?", *Documentation et recherche en linguistique allemande contemporaine.* Paris, Vincennes, 1973, Papier n. 7.

MILNER, J. C. *Arguments linguistiques.* Paris, Mame, 1973, col. Repères, série Bleu.

MORGENSTIERNE, G. *Norsk Tideskr. for Sproguid.*, XII, 1942.

PAUL, H. *Principien der Sprachgeschichte*, 2ª ed., Halle, 1886. Trad. portuguesa: *Princípios Fundamentais da História da Língua.* Lisboa, Fundação Calouste Gulbenkian, 1970.

PEIRCE, Ch. S. "The Division of Signs". In: *The Collected Papers of Charles Sanders Peirce*, v. II, Book 2, pp. 134-155.

______. "Concerning the Author". In: *The Collected Papers of Charles Sanders Peirce*, vol. 1, Book 1, cap. 1, pp. 3-14.

PERELMAN, Ch. & OLBRECHTS-TYTECA, L. *La nouvelle rhétorique - Traité de l'argumentation.* Paris, PUF, 1958. 2 vols.

PILCH, H. "Comparative Constructions in English", *Langages*, 41, 1965, pp. 37-58.

POPPER, K. B. *The Logic of Scientific Discovery.* New York, Basic Books Inc., 1961.

PRADO JR., B. "Lecture de Rousseau", *Discurso.* São Paulo, USP, pp. 9-66.

RODERICK, A. J. & ROSENBAUM, P. S. *English Transformational Grammar.* Waltham, Mass., Toronto, Xerox College Publishing, 1968.

RODRIGUES LAPA, M. *Estilística da Língua Portuguesa.* Lisboa, Seara Nova, 1945.

ROUSSEAU, J. J. *Oeuvres Complètes.* Paris, Pléiade, 1958.

______. *Essai sur l'origine des langues. Offset* da edição Dupuis, 1817. *Cahiers pour l'analyse*, 1967.

RUWET, N. *Introduction à la grammaire générative.* Paris, Plon, 1968. Tradução e adaptação para o português: VOGT, C. *Introdução à Gramática Gerativa* (a aparecer pela Ed. Perspectiva).

Sapir, E. "O Grau: Estudo de Semântica". In: *Lingüística como Ciência. Ensaios*. Seleção, tradução e notas de J. Mattoso Câmara Jr. Rio de Janeiro, Liv. Acadêmica, 1969, pp. 161-203.

Searle, J. R. *Speech Acts*. Cambridge University Press, 1969.

Small, G. W. *The Comparison of Inegality - The Semantics and Syntax of the Comparative Particle in English*. Ph. D. dissertation. Baltimore, M. D., The John Hopkins University, 1924.

______. "The Germanic Case of Comparison", *Language Monographs*, iv, 1929.

Smith, C. S. "A Class of Complex Modifiers in English", *Language*, 41, 1961, pp. 37-58.

______. "Determiners and Relative Clauses in a Generative Grammar of English", *Language*, 40, pp. 37-52.

Stalker, Douglas S. "Some Problems with Lakoff's Natural Logic", *Foundations of Language*, 10, pp. 527-544.

Strawson, P. F. "Phrase et acte de parole", *Langages*, 17, pp. 19-33.

Swadesh, M. "Chitimacha". In: *Linguistic Structures of Native America*. New York, Viking Fund Publications in Antropology, n. 6, Cornelius Osgood editor, 1946, pp. 312-336.

______. "Chitimacha Verbs of Derogatory or Abusive Connotation with Parallels from European Languages", *Language*. Baltimore, 9, 1933, pp. 192 ss.

Thompson, L. C. *A Vietnamese Grammar*. Seattle, University of Washington Press, 1965.

Todorov, T. (org.). "L'énonciation", *Langages*, Paris, Didier/Larousse, 1970.

______. "Problèmes de l'énonciation", *Langages*, 17, pp. 3-11.

______. "Freud sur l'énonciation", *Langages*, pp. 34-41.

Togeby, K. *Structure immanente de la langue française*. Copenhague, 1951 (2ª ed. em Paris, Larousse, 1965).

Troubetzkoy, N. S. *Principes de phonologie*. Trad. francesa. Paris, Klincksieck, 1949.

Valin, R. "Esquisse d'une théorie des degrés de comparaison", *Cahiers de linguistique structurale*. Québec, Les Presses Universitaires Laval, n. 2, 1952.

Vogt, C. "A Função Polêmica da Linguagem". (Em preparação.)

______. *Une introduction au problème de la sémantique dans la grammaire générative.* Univ. de Besangon, 1971. Tese de mestrado.

______. "A Palavra Envolvente". Campinas, Unicamp, cadernos de I.F.C.H., n. 2, 1974.

VOGT, H. *The Kalispel Language*, 1928.

WEINREICH, U. "On the Semantic Structure of Language". In: GRENNBERG, J. (org.). *Universals of Language.* Cambridge, Mass., MIT. Press, 1966, pp. 142-216.

ZUBER, R. *Structure présuppositionnelle du langage, documents de linguistique quantitative.* Paris, 17, 1972.

2. BIBLIOGRAFIA GERAL

ALSTON, W. P. *The Philosophy of Language.* Englewood Cliffs, Prentice Hall Foundations of Philosophy Series, 1964.

______. "Linguistic Acts", *American Philosophical Quarterly*, 1, 2.

AMBROSE, A. "Austin's Philosophical Papers", *Philosophy*, 38, 145, pp. 201-216.

AVRAM, A. "De la langue qu'on parle aux enfants". In: To *Honor Roman Jakobson.* La Haye, Mouton, T.I., 1967, pp. 133-140.

BALLY, C. "Les notions grammaticales d'absolu et de relatif". In: *Essais sur le langage.* Paris, Ed. de Minuit, 1969, pp. 189-204 (= Journal de Psychologie, número especial, 1933).

______. *Linguistique générale et linguistique française.* Berna. A. Francke, 1944, pp. 40-44 e 50-52.

BAR-HILLEL, Y. "Indexical Expressions", *Mind*, 63, pp. 359-379.

BEKER, A. J. "Pressupposition and Types of Clause", *Mind*, 65, p. 368-378.

BENDIX, E. H. *Componential Analysis of General Vocabulary: the Semantic Structure of a Set of Verbs in English, Hindi, and Japanese.* La Haye/Bloomington, Mouton/Indiane University, 1966.

BENVENISTE, E. "Structure des relations de personne dans le verbe". In: *Problèmes de linguistique générale*, I, pp. 225-236.

BLACK, M. "Definition, "Presupposition, and Assertion", *Philosophical Review*, 61, pp. 532-550. (Retomado em BLACK, M. *Problems of Analysis.* Ithaca, Cornell University Press, 1954.)

______. "Presupposition and Implication". In: UYEDA, S. (org.). *A Way to the Philosophy of Science.* Tóquio, Waseda University Press, 1958. (Retomado em BLACK, M. *Models and Metaphors.* Ithaca, Cornell University Press, 1962.)

______. "Austin on Performatives", *Philosophy*, 38, 145, pp. 217-226.

BOOTH, W. *The Rhetoric of Fiction.* Chicago, The University of Chicago Press, 1966. (1ª ed., 1961.)

BROWN, R. W. & GILMAN, A. "The Pronouns of Pewer and Solidarity". In: SEBEOK, Th. (org.). *Style in Language.* New York/Cambridge, Wiley/Technology Press, 1960, pp. 253-276.

BUHLER, K. *Sprachtheorie.* Jena, 1934. (2ª ed., Stuttgart, 1965.)

CATON, Ch. E. (ed.), *Philosophy and Ordinary Language.* Univ. of Illinois Press, 1963.

CERF, W. "How to do Things With Words", *Mind*, 73, 289, pp. 1-26.

CHAO, Y. R. "Chinese Terms of Address", *Language*, 32, pp. 217-241.

COHEN, L. J. "Do Elocutionary Forces Exist?", *The Philosophical Quarterly*, 14, pp. 118-137.

COHEN, Y. A. "Ritualized Behaviour in Interpersonnal Relationship", *Human relatives*, 11, 1, pp. 195-215.

CRESSOT, M. "Transposition de personne et impersonnalisation", *Le français moderne*, 11, pp. 255-262.

DAMOURETTE, J. & PICHON, E. *Des mots à la pensée. Essai de grammaire de la langue française.* Paris, d'Artrey, 1911-1952, 8 vols.; vol. 1, pp. 519-597 e 591-597; vol. 2, pp. 199-200.

DAUZAT, A. *Défense de la langue française.* Paris, A. Colin, 1912, pp. 160-192.

DAVIDSON, D. & HARMAN, G. (eds.). *Semantics of Natural Language.* Dordrecht, Holanda, D. Reidel Publishing Company, 1972.

DELL HYMES (org.). *Language in Culture and Society.* New York, Evariston, 1966.

DUBOIS, J. "Énoncé et énonciation". In: *Analyse du discours*, *Langages*, 13, pp. 100-110.

Ducrot, O. "Le roi de France est sage, implication logique et présupposition linguistique". In: *Études de linguistique appliquée*, 4, pp. 39-47.

______. "Les indéfinis et l'énonciation", *Langages*, 17, 1970, pp. 91-111.

FILLMORE, Ch. J. "Deictic Categories in the Semantics of 'Come'", *Foundations of Language*, 2, pp. 219-227.

FINGARETTE, H. "Performatives", *American Philosophical Quaterly*, 4, pp. 97-117.

FURBERG, M. *Locutionary and Illocutionary Acts, a main theme in J. L. Austin's Philosophy*. Göteborg, 1963.

GARNER, R. T. "Acts and Utterances in the Philosophy of John Austin", *Nous*, 7, pp. 209-227.

GOCHET, P. "Performatif et force illocutionnaire", *Logique et analyse*, 8, 31, pp. 155-172.

GRICE, H. P. "Meaning". In: STEINBERG & JAKOBOVITS. *Semantics*, pp. 53-59.

______. *Essais linguistiques*. Paris, Minuit, 1971.

HARMAN, G. H. "Three Levels of Meaning". In: STEINBERG & JAKOBOVITS. *Semantics*, pp. 66-75.

HJELMSLEV, L. *Prolegomènes a une théorie du langage*. Paris, Minuit, 1968.

JESPERSEN, O. *La philosophie de la grammaire*. Paris, Minuit, 1971.

______. *La syntaxe analytique*. Paris, Minuit, 1971.

JONES, A. D. "Performance and Promise", *The Philosophical Quarterly*, 14, pp. 97-117.

MALINOWSKI, B. "The Problem of Meaning in Primitive Languages". *Apud:* OGDEN, C. K., RICHARDS, I. A. *The Meaning of Meaning*. International Library of Psychology, 1923, pp. 296-336.

MARTIN, R. *Logique contemporaine et formalisation*. Paris, PUF, 1964.

MORRIS, Ch. *Signs, Language, and Behavior*. Prentice-Hall, 1946.

NORDENSTAM, T. "On Austin's Theory of Speech Acts", *Mind*, 75, 297, pp. 141-143.

RYAN, A. "Faire des choses avec: des mots", *Archives de Philosophie*, 30, 1, pp. 20-35.

SAMEK, R. "Performative Utterances and the Concept of Contract", *Australasian Journal of Philosophy*, 43, 2, pp. 196-210.

SEARLE, J. R. "Meaning and Speech Acts", *The Philosophical Review*, 71, pp. 423-432.

______. "Austin ou Locutionary and Illocutionary Acts", *The Philosophical Review*, 73, pp. 439-460.

STRAWSON, P. F. "Intention and Convention in Speech-Acts", *The Philosophical Review*, 1964.

WALKER, J. D. B. "Statement and Performatives", *American Philosophical Quaterly*, 6, pp. 217-225.

WEINRICH, H. *Tempus*. Stuttgart, W. Kohlhammer Verlag, 1964. Trad. francesa. *Les temps*. Paris, Seuil, 1973.

WITTGENSTEIN, L. *Tractatus Logico-Philosophicus*. Trad. francesa. Paris, Gallimard, 1961.

ZIFF, P. *Semantic Analysis*. Ithaca, Cornell University Press, 1960.

______. "On H. P. Grice's Account of Meaning". In: STEINBERG & JAKOBOVITS (orgs.). *Semantics*, pp. 60-65.

ZUBER, R. (org.). "Logique et langage", *Langages*, Paris, Didier/Larousse, n. 30, 1973.

Título	*O Intervalo Semântico*
Autor	Carlos Vogt
Projeto gráfico	Ana Paula H. Fujita
Capa	Tomás Martins
Revisão	Geraldo Gerson de Souza
Produção	Aline Sato
Formato	14 x 21 cm
Papel	Pólen soft 80 g/m² (miolo) Cartão supremo 250 g/m² (capa)
Número de páginas	304
Tipologia	Minion Pro
Impressão	Prol Gráfica e Editora